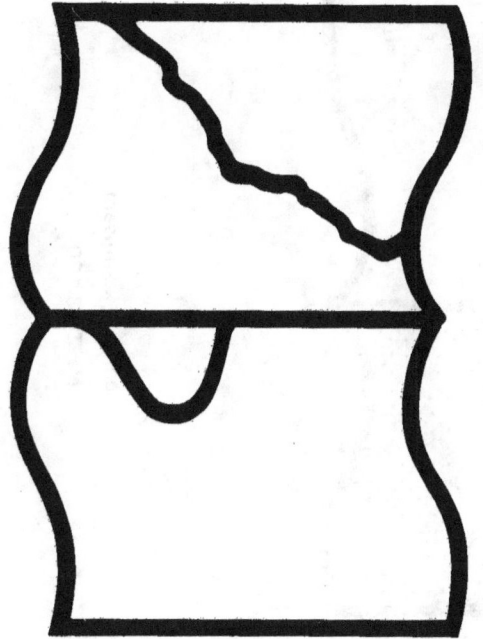

Texte détérioré — reliure défectueuse
NF Z 43-120-11

Contraste insuffisant
**NF Z 43-120-14**

COLLECTION PICARD

BIBLIOTHÈQUE D'ÉDUCATION RÉCRÉATIVE

# BLANCHE-NEIGE

SCÈNES DE LA VIE NORVÉGIENNE

PAR

## CONSTANT AMÉRO

LAURÉAT DE L'ACADÉMIE FRANÇAISE

Illustré de soixante-dix gravures de Fernand Besnier

PARIS

ALCIDE PICARD ET KAAN, ÉDITEURS

11, RUE SOUFFLOT, 11

Propriété réservée.

BIBLIOTHÈQUE D'ÉDUCATION RÉCRÉATIVE

# BLANCHE-NEIGE

PARIS. — IMPRIMERIE ALCIDE PICARD ET KAAN
192, RUE DE TOLBIAC. — 695. A. D.

BLANCHE-NEIGE

COLLECTION PICARD

BIBLIOTHÈQUE D'ÉDUCATION RÉCRÉATIVE

# BLANCHE-NEIGE

## SCÈNES DE LA VIE NORVÉGIENNE

PAR

 CONSTANT AMÉRO

LAURÉAT DE L'ACADÉMIE FRANÇAISE

Illustré de 70 gravures par Fernand Besnier

PARIS
ALCIDE PICARD ET KAAN, ÉDITEURS
11, RUE SOUFFLOT, 11,

Propriété réservée

*Si tu me l'apprenais, je te le dirais.*

# BLANCHE-NEIGE
## SCÈNES DE LA VIE NORVÉGIENNE

### CHAPITRE PREMIER

#### AU FOND DE LA MINE

— On va donc nous montrer l'enfant pétrifié ?
— Oui... Comme dit l'autre : les yeux sont libres d'impôts. Le jeune garçon semble dormir... On croirait qu'il va se réveiller et parler.
— Mais s'il est pétrifié, objecta un troisième interlocuteur, il ne doit pas avoir des couleurs naturelles ?

— Presque ! Il a le teint cuivré comme dans la mine. Les oreilles, le nez, le menton, les mains, c'est raidi et durci, voilà ; les cheveux sont collés... Et puis, la chemise, la veste, le gilet, les souliers, c'est pareil à de l'amadou.

Ainsi parlaient trois paysans qui suivaient à travers champs un chemin creusé d'ornières. Deux étaient vêtus de drap noir, l'autre de drap blanc, — couleurs des cantons en Dalécarlie. Le dernier reprit après un court silence mis à profit pour la réflexion :

— De qui peut-il bien être le fils, cet enfant ?
— Hein ?
— Je te demande à qui il est ce garçon ?
— Si tu me l'apprenais, je te le dirais.
— On n'a point entendu parler aux environs d'un garçon de cet âge ayant manqué de rentrer au gaard, et que son père et sa mère n'auraient plus revu...
— Oui, mais la Dalécarlie n'est pas toute la Suède ! observa l'homme à la lévite blanche. Depuis trois jours, on écrit dans toutes les directions, on télégraphie partout, pour faire savoir la chose au plus loin, même en Norvège et jusqu'en Finmark... Il y a des gens que ça peut intéresser... Et c'est si vrai, qu'un bourgeois a répondu de Trondhiem qu'il accourait par le chemin de fer... quand je te le dis !
— Il est arrivé... il est à la mine ; ah ! plus dégourdi que nous, celui-là !

La mine dont parlaient ces paysans n'était autre que la célèbre mine de cuivre de Falun. Une découverte vraiment surprenante venait d'y être faite. En ouvrant une galerie entre deux sols de mines à une profondeur de cent cinquante mètres, dans un endroit que de mémoire d'homme on n'avait jamais visité, quelques mineurs avaient trouvé le cadavre parfaitement conservé d'un jeune garçon de huit à dix ans. L'eau vitriolique et les alcalis, produits de la mine, l'avaient pétrifié sans lui enlever aucune des apparences de la jeunesse.

Or, en ce moment même, Lars Andersen, un armateur très connu du port de Bergen, récemment revenu d'Amérique, faisait chercher partout son neveu, disparu depuis quatre ans. L'armateur dirigeait personnellement les recherches et s'était transporté à Trondhiem, lieu le plus rapproché de l'endroit où le jeune garçon, pour échapper à un châtiment mérité, avait abandonné son père, — mort depuis.

Tandis que le groupe de paysans dalécarliens gagnait la fosse profonde de Stöten, entrée principale de la mine, Lars Andersen, se trouvait déjà sur le bord de cette fosse, semblable par ses vastes dimensions à un cratère de volcan éteint : le gouffre a été formé par un formidable effondrement des galeries, datant de deux siècles.

Un jeune homme à l'air étranger, ayant la tournure d'un marin, accompagnait l'armateur norvégien.

Lars Andersen était un homme d'une quarantaine d'années, blond, vigoureux, colossal presque. Les traits durs de son visage contrastaient avec un regard doux et clair.

Il demeurait grave, attristé par l'objet de son voyage : cet examen qu'il venait faire d'un cadavre... qui pouvait être celui de son neveu.

Son brun compagnon, par son teint hâlé et la vivacité de ses gestes, offrait avec lui une opposition marquée. Il se parlait, il est vrai, à lui-même bien plus qu'il n'adressait la parole à l'armateur, et cela pouvait s'expliquer ainsi : c'était un Breton de Saint-Malo connaissant peu l'idiome local.

Habitué à ne douter de rien, Josillon Lagatut avait

cependant la prétention d'être entendu ; mais l'armateur ne comprenait pas la moitié de ce qu'il disait.

Devant eux, s'enroulait en grinçant autour d'une roue mise en mouvement par des chevaux, le câble qui remontait du fond un large vaisseau de bois, servant à la descente des mineurs. Ils voyaient s'élever cette tonne aux douves épaisses de plusieurs pouces, cerclées de fer. Un ouvrier debout sur les bords de la benne, un bras passé autour du câble qui la tenait suspendue, en éloignait les flancs, quand ils menaçaient de se heurter aux aspérités saillantes du roc.

L'appareil vint à fleur de terre, et, dès qu'il fut évacué, l'armateur et son compagnon y prirent place. Déjà le câble se dévidait, la roue tournait, la machine criait, et la tonne flottait au dessus de l'abîme.

— Faut pas mentir ! s'écria le Breton, si ce ne serait point pour aller quérir mort ou vif, le petit monsieur, qu'était le fils de défunt ton frère, on ne se soucierait brin ni miette de s'affaler dans ce trou noir !

— As-tu peur, Josillon ? dit le Norvégien en souriant légèrement.

— Peur ! oh ! que nenni ! J'ai bien dégringolé une fois qui fut, à même la corde de la cloche du clocher de Saint-Sauveur, à chez nous, qui est le plus haut de tous les clochers de Bretagne.

La descente se précipitait.

Contre la paroi effleurée, des rochers amoncelés formaient une gigantesque muraille. Deux mineurs à genoux sur le bord de la large tonne, se cramponnant aux câbles et aux chaînes qui l'attachaient, la dirigeaient à travers les saillies...

Bientôt le Norvégien et le Breton commencèrent à distinguer les mineurs travaillant dans le fond. Ils entendaient le bruit des marteaux, battant sur les fleurets tenus à deux mains, les chants monotones des ouvriers. Le vaisseau de bois continuait à s'abaisser assez rapidement mais sans secousse. La corde énorme qui soutenait l'appareil, flottait au dessus de leurs têtes, comme un ruban fouetté par une brise légère ; en la

Lars Andersen et le Breton prirent pied sur un large espace découvert.

suivant des yeux, ils la voyaient s'amincir et presque disparaître ; il leur semblait que rien ne les soutenait plus en l'air...

Ils frôlaient dans leur descente l'ouverture de galeries profondes et noires, au bout desquelles les torches des travailleurs erraient comme des feux follets. Des explosions de fourneaux de mines produisaient sous ces voûtes des roulements prolongés. Dans des directions diverses, se percevaient le mouvement régulier des machines servant à épuiser l'eau, à élever le minerai, ou le bruissement des torrents souterrains se précipitant vers les plus bas niveaux.

Enfin Lars Andersen et le Breton prirent pied sur un large espace découvert, où avait été monté le corps du jeune garçon.

Des ouvriers, des paysans suivis de leurs femmes s'y réunissaient en foule. La plupart étaient venus au fond de la mine par les souterrains obliques, dans lesquels sont établis des escaliers de bois, sur des pentes assez rapides. Mais les femmes même n'avaient pas reculé devant une descente de plus de soixante mètres pour satisfaire une curiosité vivement surexcitée.

On se pressait autour de cette singulière momie échappée aux entrailles de la terre.

Le malheureux enfant dont on contemplait les restes devait avoir rendu le dernier soupir, couché sur le côté gauche, une main engagée sous sa tête. (1)

Un contremaître fit faire place à l'armateur et à son compagnon.

Lars Andersen s'approcha, examina attentivement le petit corps qu'il avait devant lui. Il hochait la tête comme s'il hésitait à se prononcer. Enfin à l'angoisse qui bouleversait son visage, succéda l'expression d'une profonde pitié.

— C'est bien là le fils de mon frère Henric, dit-il.

Puis après une pause :

— Je le reconnais, le pauvre enfant.

— Alors, observa Josillon, moi et toi, Lars Andersen,

(1) Une découverte semblable faite en 1719 est relatée, d'après Forsell, dans les *Esquisses du Nord* de J-J. Ampère.

nous ne sommes pas venus ici pour rien. De sûr et certain tout l'héritage te reste.

Le Breton tutoyait l'armateur pour se conformer à une habitude presque générale en Norvège.

En ce moment, une paysanne âgée qui avait fait une trouée en jouant des coudes, poussa une exclamation de douloureuse surprise.

— Qu'as-tu, Ulrique ? lui dit une commère, qui se tenait droite et raide dans son costume de femme de la campagne.

— Ce que j'ai ? Tu me le demandes ? Mais c'est mon frère, c'est le pauvre Olaf !... Je le reconnais bien, va, même ses boucles d'or aux oreilles !...

— Voyons ! que nous dis-tu là, Ulrique ? fit à son tour le paysan à l'habit blanc que nous avons vu déjà.

— Ce que je dis ?... Je dis la vérité. Il y aura cinquante ans à la Saint-Jean qu'il nous a quittés l'enfant !

— Comme si c'était possible ! répétait-on autour de la vieille femme.

— Mais non, puisqu'il vient d'être reconnu à l'instant par un Norvégien, venu tout exprès de Bergen.

— Ulrique voyage avec les anges...

Et les épaules se haussaient à la ronde.

La vieille femme passa ses doigts osseux sur ses lèvres parcheminées, et poursuivit :

— Ah ! mon cher Olaf, dans quel endroit je te retrouve ! Te revoilà comme au temps où tu allais à l'école... avec ta fossette au menton comme alors. La vieillesse est plus sage que la jeunesse, mais le matin vaut mieux que le soir ! Tu n'as pas vieilli, au moins, tandis que moi je suis toute ridée, je ne peux pas marcher sans béquilles... Il est vrai que tu es mort, que je te parle et que tu ne peux pas m'entendre !

Elle poussa un profond soupir.

— Mais si tu es là tout entier, où est ton âme, alors mon pauvre petit! ajouta-t-elle.

Les assistants secouaient la tête, incrédules.

— Elle radote, la vieille femme, fit le contremaître.

— Pas si vite! Elle est peut-être dans le vrai, répliqua

Je vous dis que c'est mon frère Olaf, j'en suis bien sûre.

l'ingénieur de la mine, qui depuis un instant s'avançait à travers les groupes.

— Je ne radote point. Apprenez cela, Andréas: Je vous dis que c'est mon frère Olaf! affirma la paysanne. J'en suis bien sûre... et que notre mère est morte de chagrin à cause de sa perte: la rouille ronge le fer et le chagrin le cœur.

— Des mots, des mots, fit le contremaître.

— Vous voulez m'injurier? allez toujours: Parole n'est pas flèche. Le père s'est remarié, ah! j'en ai bien souffert de ma belle-mère, et tant et tant que je n'ai jamais voulu épouser ni Frédéric Bellemann, ni Séverin Mora, parce que c'est elle qui me les présentait.

Et la vieille femme courba douloureusement la tête, et demeura toute songeuse.

Lars jeta sur cette malheureuse un regard de commisération et, s'avançant plein d'assurance vers l'ingénieur, il lui dit avec fermeté:

— Je te répète ce que j'ai déjà avancé : Je reconnais le corps du défunt pour celui de mon neveu, le fils de mon frère Henric, disparu il y a quatre ans déjà.

— Tu dois te tromper, répliqua l'ingénieur.

— Non pas, je suis sûr de ce que je dis. J'affirme que nous avons devant nos yeux le jeune Christian Andersen, du port de Bergen... Et je vais de ce pas remplir auprès des autorités de Falun les formalités nécessaires pour qu'il soit inhumé décemment à mes frais.

— Crois-moi, ne prends pas cette peine, Lars Andersen. Quel âge as-tu? Mettons une quarantaine d'années; le pauvre être qui gît là dans tout son embonpoint et sa grâce d'enfant, a dû périr... il y a plus de cinquante ans: l'état du sol l'indique d'une manière certaine.

— Mais pourquoi nous avoir fait venir, alors? observa Josillon. Cent cinquante lieues, c'est plus que la longueur d'une semelle...

— Je déclare que cet enfant est mon neveu, répéta l'armateur.

Il avait élevé la voix. On faisait cercle autour de lui. Ces mots circulaient de groupe en groupe:

— C'est son neveu ! Il l'a dit sans hésiter.

— Oui, mais notre ingénieur connaît son métier !

La vieille Ulrique seule, plus que dure d'oreille ne cessait de murmurer :

— Tout ça c'est des choses... des choses... Ce qu'il faut voir en prenant de l'âge ! Mon pauvre Olaf ! mon pauvre petit Olaf !...

L'ingénieur s'étonnait de l'insistance du Norvégien.

— Je te prie de prendre acte de ma déclaration, dit celui-ci sèchement et en regardant avec calme autour de lui. Je n'ai pas l'habitude de parler à la légère. Cet enfant est mon neveu... et je n'admets pas que l'on en doute une minute de plus.

Il s'était opéré un revirement. L'armateur ne rencontrait plus que de sombres visages, même des paroles menaçantes arrivèrent à ses oreilles.

Il fendit le cercle de curieux suivi de Josillon qui, devinant dans ce milieu suédois une sorte d'opposition faite à son protecteur, et presque des intentions hostiles, marchait derrière lui, faisant un moulinet avec son bâton, comme un corps d'arrière garde, à demi retourné et prêt à prendre l'offensive.

— Gaussez-vous pas vous autres... sinon !..

L'incrédulité de l'ingénieur produisait un revirement subit. Les sympathies de tous es assistants firent retour à la vieille dalécarlienne.

Chacun disait son mot :

— Sois honteux ! lui cria une femme comme il disparaissait.

L'ingénieur expliqua alors au cercle qui l'entourait que le jeune garçon dont on se disputait la dépouille mortelle, avait dû descendre seul dans la mine et s'y noyer : Un éboulement avait masqué l'endroit où il venait d'être découvert.

— Et quant au Norvégien, dit-il, il doit avoir un intérêt à persister à voir son neveu dans ce cadavre, qui n'a pu être pétrifié qu'à la suite de longues années... Mais j'y mettrai ordre, aussi vrai que je me nomme Stenon Stedingk.

---

## CHAPITRE II

### UN ONCLE CALOMNIÉ

Les mines sont à l'ouest de Falun, chef-lieu d'un *laen*, représentant l'ancienne province de Dalécarlie.

Le Norvégien et le Breton se dirigèrent vers la ville, et pour cela ils eurent à franchir les étroits défilés de véritables montagnes de pierres, provenant des déblais successifs accumulés depuis plusieurs siècles. On a vu que la fosse formée par suite de 'effondrement des voûtes de diverses fosses anciennes, est largement ouverte sur plusieurs centaines de mètres. Elle se creuse à une grande profondeur.

Lars Andersen, toujours suivi de Josillon, se rendit au siège de l'autorité communale, et déposa une somme destinée à couvrir les frais d'inhumation du corps trouvé dans la mine.

Mais le surlendemain, durant les funérailles, le Norvégien dut braver les regards irrités des mineurs du canton, accourus en grand nombre, ainsi que des paysans des environs.

Et il se produisit alors un fait des plus singuliers. La vieille femme, se disant sœur du petit Olaf, et l'armateur qui se déclarait l'oncle du petit Christian, se disputèrent en quelque sorte le douloureux honneur de conduire le deuil.

La vieille Ulrique, soutenue par les encouragements

des Dalécarliens contre les prétentions du Norvégien, ne boitait guère ce jour-là, et Lars Andersen, avec toute sa fermeté et les airs de défi de Josillon, éprouva plusieurs avanies qui lui rendirent plus pénible encore le devoir qu'il accomplissait.

Il quitta Falun, ville si triste, malgré ses larges rues coupées à angles droits, avec ses maisons basses bâties en bois et perpétuellement enveloppées par la fumée qui monte de la mine.

Très affecté, très humilié, sa mélancolie naturelle — en opposition avec sa large carrure d'épaules — reprenait le dessus, en dépit des fanfaronnades et des vantardises de son protégé, dont les gestes, sinon tout le jargon, s'imposaient à lui à force de verve.

Ils étaient venus dans cette ville en passant par Stockholm. Ils reprirent le chemin de fer qui devait les ramener jusqu'à la capitale de la Suède, mais cette fois pour se rendre de là à Goteborg, l'un des ports du Cattégat.

Comme l'armateur avait hâte de rentrer chez lui, il comptait trouver à Goteborg deux places sur le premier navire devant toucher à Bergen : il n'eut vraiment que l'embarras du choix, tant les relations sont fréquentes entre ces deux ports principaux de la Suède et de la Norvège.

Il avait donc renoncé à retourner à Trondhiem.

Cinq jours après, en débarquant à Bergen, la première chose qui frappa les regards de l'armateur dans le café où il pénétra avec Josillon, ce fut le « Courrier de Stockholm », dans les colonnes duquel son nom figurait. L'étrange découverte de la mine de Falun y était racontée dans tous ses détails, de la façon la plus irritante.

De nouveau, le séjour du corps dans la roche friable

était évalué à cinquante ou soixante ans. L'administration de la mine donnait au défunt jeune garçon, le nom l'Olaf Gustavson, et insinuait avec beaucoup de passion qu'un certain armateur de Bergen — le nom d'Andersen

L'étrange découverte de la mine de Falun était racontée dans tous ses détails dans le *Courrier de Stockholm*.

y était en toutes lettres — avait affiché des prétentions injustifiables dans un but évidemment intéressé.

Lars Andersen bondit comme sous le coup d'un outrage. Comment! il avait fait le voyage d'Amérique pour recueillir de la bouche de son frère mourant tout ce qui pouvait se rapporter à ce malheureux enfant, cause de tant de trouble et d'inquiétude ; dès son arrivée en Norvège, il avait laissé toutes ses affaires en souffrance pour aller vérifier de vagues indications, d'insignifiants rapports, montant dans le nord jusqu'à Trondhiem, n'épargnant nulle part ni sa peine ni son argent, multipliant partout les promesses ; puis sur un laconique avis, ne s'était-il pas transporté à Falun, — où certes, les ennuis ne lui avaient pas été épargnés ! Ne faisait-il pas enfin, l'impossible pour tenir sa promesse vis-à-vis de son frère ?

Et l'on venait maintenant jusque dans ses foyers l'attaquer dans son honneur ! Vraiment il était bien douloureux de voir tout un passé de loyauté terni par une calomnie !

Dans le même moment, des élections pour le parlement Norvégien — le « Storthing » — allaient avoir lieu à Bergen, Lars Andersen avait posé sa candidature. Son adversaire n'eut garde de négliger d'exploiter contre lui l'anecdote de la mine de Falun.

Les gens malveillants ne craignaient pas de dire que le riche armateur avait feint de reconnaître son neveu dans le cadavre pétrifié, afin de s'attribuer en totalité la fortune d'Henric Andersen... mais il ne serait pas donné à l'indigne frère acte de sa déclaration par les autorités de Falun, et Lars ne recueillerait de sa vilenie que la réprobation universelle.

L'armateur n'avait qu'une seule manière de répondre à ses détracteurs.

Il prit sans différer de nouvelles et énergiques mesures, capables, cette fois, d'établir sans conteste sa parfaite bonne volonté aux yeux de ceux qui pensaient que l'héritier d'Henric Andersen était vivant et souffrait ignoré dans quelque endroit perdu de la Norvège.

Mais qui était donc ce petit Christian pour lequel cet excellent oncle se donnait tant de mouvement ?

Quatre années auparavant, le jeune garçon alors âgé de huit ans, avait tourmenté son père pour être compris dans une société de parents et d'amis ayant projeté une grande promenade par mer jusqu'au Maëlstrom : c'est une des curiosités maritimes de la Norvège, et les marins du monde entier ont entendu parler du terrible gouffre...

Il s'agissait aussi d'assister aux îles Lofoden, ou plus exactement dans le Vest-fiord, à l'embarquement vers la mi-juin, de toute la morue sèche qui a été pêchée à la fin de l'hiver.

On partit donc pour une véritable partie de plaisir et tout se passa à merveille.

Grâce à son énergie et à sa connaissance des dangereux passages du Maëlstrom, le père de Christian eut même la satisfaction de tirer d'une redoutable aventure toute une noce villageoise entraînée par les eaux : elles se portent de la grande mer au devant de la marée du Vest-fiord entre les deux îles de Mosken et de Moskenoes. Sans lui, la noce entière aurait opéré la descente du tourbillon — le marié et la nouvelle épousée en tête de leur cortège, — ni plus ni moins que dans une composition de la plus sombre manière d'Edgar Poë.

Comme on revenait des îles, la barque dirigée par Henric Andersen toucha à Bodoë pour y renouveler ses vivres. Christian, polissonnant sur le rivage, se prit de querelle avec un gamin de son âge, encore plus intraitable que lui. Des injures on en vint aux coups...

Cette scène de pugilat avait pour théâtre un rocher élevé s'avançant en pointe au milieu des flots, comme l'avant effilé d'un navire, et les deux méchants garçons roulèrent, sans se lâcher, dans la mer, à l'extrémité même de cette pointe.

Christian nageait très bien, et en quelques brassées, il eut atteint une grève sablonneuse, d'où il constata avec stupeur que son adversaire ne s'était pas sauvé comme lui.

Pris de peur, craignant d'avoir, comme tout semblait

Les deux méchants garçons roulèrent, dans la mer, sans se lâcher.

l'indiquer, amené la mort de son adversaire, le pauvre enfant se déroba par la fuite à un châtiment qui prit à ses yeux des proportions épouvantables.

En vain son père pendant bien des jours, le chercha avec ses amis dans toutes les sinuosités du rivage.

Pendant ce temps, à Bodoë et sur le littoral de la presqu'île, se répandait le bruit de la disparition d'un tout jeune enfant du pays.

La coïncidence était singulière. Les deux enfants avaient-ils péri en jouant au bord de la mer? Etaient-ils partis ensemble pour un endroit éloigné du port? Un bonnet de laine reconnu pour appartenir au jeune Ivar Hansen, fut trouvé sur la roche d'où les deux irascibles garçons avaient roulé dans la mer profonde. Alors on ne sut plus à quelle supposition s'arrêter.

Henric Andersen pria ses amis de retourner sans lui à Bergen et poursuivit ses recherches d'île en île, de fiord en fiord, ne recueillant que des indications contradictoires.

Ce père infortuné demeura inconsolable.

Il était veuf depuis trois ans, et il lui fallait maintenant envisager la perte de son unique enfant. Le caractère du malheureux Henric s'altéra : sa famille, son pays, tout lui devint indifférent. Il essaya de recommencer au loin une vie nouvelle, et émigra aux États-Unis sans esprit du retour. A Chicago, où il s'établit, le besoin d'oublier le jeta dans les affaires, et, chose assez inattendue, il fit une prompte fortune en un temps fort court, et en quelque sorte sans le vouloir.

Toutefois, l'excès d'activité cérébrale, succédant à un violent chagrin mal combattu, Andersen mourut après une courte maladie, non sans avoir institué son frère légataire de la belle fortune qu'il laissait, à charge par lui d'en transmettre la portion la plus importante au petit Christian, si jamais celui-ci venait la lui réclamer.

Lars Andersen s'était empressé d'accourir à Chicago, où il recueillit le dernier soupir du pauvre père, lui jurant de ne pas attendre que Christian, s'il était encore de ce monde, vint de lui-même faire valoir ses droits, mais de donner toute son application à la recherche de l'enfant disparu.

Le Breton qui, présentement l'accompagnait, était revenu d'Amérique avec lui. L'armateur le trouva si hardi d'allures, si actif, si décidé, qu'il résolut de le garder sous sa main, dans l'espoir de l'utiliser et, grâce à son initiative, d'avoir le mot de cette douloureuse énigme.

— Tu es alerte, et tu n'es pas embarrassé de ta langue ni de tes bras, avait dit l'armateur au Breton. Tu es un de ces hommes comme il nous en faut ici ; aussi tu peux regarder ma maison comme la tienne, — ma bourse aussi, — jusqu'à ce que les obligations du service te rappellent dans ton pays.

Josillon Lagatut ayant navigué le temps voulu sur les navires de l'État, jouissait presque de la liberté de ses mouvements. Il appartenait à l'inscription maritime de Saint-Malo. S'il ne se trouvait pas présentement dans ce port, c'est que le bateau de pêche sur lequel il se rendait à Terre-Neuve avait fait naufrage. Recueilli par un navire américain, notre Malouin s'était donné de l'air en abordant à New-York, et n'avait pas été régulièrement rapatrié.

Avec Lars Andersen il s'en retournait en France, — en passant par la Norvège, — jamais pressé du reste, et avec cela assez gourmand pour désirer bien plus, on peut le croire, de connaître à fond les ressources et les secrets de la cuisine scandinave, que de se perfectionner dans l'idiome parlé par son nouvel ami le riche armateur de Bergen.

## CHAPITRE III

### LE PETIT CHRISTIAN

C'est au milieu du mois de juin que le petit Christian disparut. A Bodoë, il se trouvait sous le cercle polaire, avec de très longues journées, — un jour pour ainsi dire sans fin.

Il forma d'abord le dessein d'aller retrouver les pêcheurs de morues visités naguère par la barque frétée par son père.

Il pensait se faire bien venir d'eux à la faveur de quelque conte qu'il forgerait chemin faisant pour justifier son escapade, en taisant, bien entendu, la rixe du bord de la mer.

Il s'achemina donc à travers l'étroite presqu'île de Bodoë, se dirigeant toujours vers le Nord, ce qui le rapprochait un peu du Vest-fiord et des îles Lofoden. Il fit ainsi cinq ou six lieues, sans manger — et sans avoir faim ; soutenu autant par l'entrain apporté d'ordinaire dès les commencements d'exécution de tout projet, que poussé en avant par la peur d'une réprimande sévère et d'un châtiment redoutable ; ajoutons, comme suffisamment capable d'accélérer sa marche, le remords d'un crime commis par lui, si jeune ! et dont tout le monde vantait l'honnêteté. Ah ! certes non, il n'avait pas faim...

Pourtant lorsqu'il aperçut à l'horizon le bras de mer qui allait lui barrer la route, il ralentit sa course; il sentit venir la fatigue ; bientôt, il s'assit au pied d'une roche que débordait de tous côtés un arbuste épineux. En avançant la main, il saisit quelques baies sauvages et les porta à sa bouche. Puis, un peu revenu de tant d'émotions, il se remit en chemin.

Une heure après, il descendait les pentes abruptes d'un des mamelons tourmentés qui bordaient ce fiord entrevu comme un insurmontable obstacle.

Qu'allait-il faire ?

Sur sa gauche, il entendait gronder la mer contre les hauts rivages, sans cesse déchirés par ses lames. Devant lui, s'élargissait le fiord entre deux lignes de rochers noirs ; sur ces rochers, pas un seul brin d'herbe, si ce n'est dans de rares anfractuosités, où quelques poignées de terre avaient permis de prendre racine à un épicéa noir, à un laryx aux feuilles veloutées d'argent.

Le ciel gris distribuait un jour sans éclat, qui ne semblait pas provenir du soleil, tant il était terne et morne. La lumière tombait tremblotante dans la glauque transparence des ondes...

A la droite de l'enfant, et, pénétrant par des courbes profondes au milieu d'une succession de collines d'un âpre contour, qui s'en allaient rejoindre les sommets neigeux du Kiolen — cette puissante épine dorsale de la Scandinavie — se déroulaient immobiles, les eaux du fiord. Les vigoureuses masses de ces collines s'y reflétaient. On pouvait deviner en suivant les sinuosités de ce large fleuve ayant pour rives des montagnes, qu'il projetait des bras dans diverses directions lointaines.

La surface du fiord demeurait tranquille comme celle d'un lac qu'aucun souffle ne ride.

Devant le spectacle de ces vastes espaces, impressionné par les aspects étranges et sauvages de ce paysage, le pauvre enfant, épuisé par la longue course fournie, plein de tristesse et d'épouvante, se sentait glacé comme dans une atmosphère qui ne serait pas respirable, n'étant point faite pour la vie.

La surface du fiord demeurait tranquille comme celle d'un lac.

La solitude, le désert, le silence partout. Ce silence n'était interrompu que par un vol d'oiseaux remplissant l'air de cris stridents, pénibles à entendre.

Pas la moindre hutte, même suspendue à quelques

milliers de pieds, entre la nue et l'eau, et qu'on put tenter d'escalader; des sentiers de chèvres côtoyant des précipices, mais où nul pas humain ne se serait hasardé... Seulement, de loin en loin, le long des falaises géantes du fiord, des rivières sans nom, des torrents tumultueux, écrasaient l'écume de leurs cascades sur les roches basses et noires : par moments le vent apportait comme une plainte, le mugissement expirant de ces chutes d'eau.

Alors l'enfant se mit à pleurer.

Mais il réprima aussitôt ce mouvement de faiblesse. Ce petit Christian, si précocement batailleur, était un garçon bien doué. Avec son teint blanc de véritable enfant du Nord, ses yeux bleus et ses cheveux blonds, il ne démentait nullement l'énergie des hommes de sa race.

Il appela à lui toute sa résolution. Puisqu'il se sentait coupable, pourquoi se serait-il plaint ? Ne devait-il pas s'estimer heureux d'avoir échappé aux suites immédiates de sa faute ? Il oserait gémir lorsqu'il jetait deux familles dans la peine, la sienne et celle de ce malheureux petit garçon si cruellement puni de son agression.

Il lui fallait donc montrer plus de courage. Puisque sa faute — il n'osait pas dire son crime — était irréparable, en échappant au châtiment il épargnait à son père de rougir publiquement d'un tel fils. Point d'illusion possible... aucun espoir de toucher les juges et les geôliers. Comment parvenir à prouver que c'était l'autre qui avait commencé ? Il ne pouvait oublier que trois mois auparavant, un soir, sur un quai du Byfiord, à Bergen, deux matelots s'étant pris de querelle, l'un d'eux avait jeté son adversaire dans le fiord, où il avait péri... La justice avait mis la main sur le coupable et le tenait dans la plus noire des prisons — pour toujours !

Pour toujours ! Il préférait mourir de faim et de misère... Fuir était bien... tout le lui commandait !.. Que

Christian se mit à héler ces mariniers de qui il attendait son salut.

n'avait-il des ailes comme les grands oiseaux qui passaient en l'appelant au dessus de sa tête !

Soudain, ces ailes, il les aperçut dans un rayon de lumière plus intense : un gros bateau ponté, sa voile déployée, glissant sur la surface nacrée du fiord sans en altérer le calme. Le site lugubre et désolé l'instant d'auparavant prenait un aspect nouveau.

Quel secours inespéré ! La présence de ce bateau sur ce point du fiord ne pouvait en effet s'expliquer que par l'animation des rivages voisins, — les deux côtes du Vest-fiord en cette saison encombrées de barques de pêche.

Christian descendit de roche en roche jusqu'à un promontoire qui jetait sa grande ombre sur l'eau, et attendit patiemment que le bateau fut à portée de sa voix.

Un moment après, il pouvait distinguer à bord les trois hommes qui le montaient : des rayons de soleil passaient comme des éclairs sur leurs vareuses de cuir.

Alors, hissant sa personne exiguë sur une pointe de rocher, il se mit à héler ces mariniers de qui il attendait son salut. Sa voix enfantine se perdait-elle dans le vide ? Se confondait-elle avec un autre bruit ? Aucun mouvement n'indiquait qu'il eut été aperçu, ou bien, c'est qu'on ne comprenait pas sa détresse, l'horreur d sa situation.

Le jeune garçon trépignait d'impatience, dressait les bras dans un geste désespéré.

Trois fois, il changea de place pour recommencer à appeler, — maintenant c'était suffoqué d'indignation...

Il arracha sa jaquette grise et, par une manche, la fit voltiger en l'air — appel ou vivat. Lequel des deux serait compris ? Le voyait-on seulement ?

Le bateau avait dépassé le promontoire ; visiblement, il s'éloignait. Que faire ?

Dans un accès de colère frénétique, Christian se roula sur la roche, cherchant une inspiration — qui ne venait pas. Il se heurta aux aspérités de plusieurs fragments de roche et se blessa. Fallait-il se jeter à l'eau pour attirer l'attention de son côté ? C'était une idée, — mais il y avait mieux : ces pierres qui l'entouraient, rempliraient le même office avec moins de risques.

Agenouillé sur le roc dur, déployant toute sa force, il poussa la plus grosse de ces pierres sur le versant du promontoire et la fit rouler devant lui. La pierre l'entraînait : d'un brusque mouvement il se rejeta en arrière, très troublé, au moment où elle disparaissait dans le vide, — laissant le vide aussi sous ses pieds.

La pierre bondit avec fracas, brisant mainte aspérité, et plongea dans l'eau en la faisant rejaillir en gerbe écumante.

Pour le coup, du bateau, on regarda vers la rive méridionale du fiord.

Un deuxième fragment, puis un troisième, furent lancés aussi avant que possible par le jeune garçon, qui chaque fois faisait des gestes d'appel, poussait des cris — de véritables hurlements...

Enfin !...

On le vit du bateau, — ou plutôt on le comprit. Laissant battre la voile qu'une direction nouvelle du vent rendait inutile, les mariniers forçaient d'avirons, et, quelques minutes après, Christian sautait à leur bord, tout ému encore, mais non intimidé !

Il raconta que son père se trouvait aux îles Lofoden, où il s'était rendu en partie de plaisir pour assister à la fin de la campagne de pêche. Jusque-là, Christian ne faisait qu'une confusion de temps. Le jeune garçon ajouta en ce qui le concernait, que venu à Bodoë avec des pourvoyeurs, il s'était trouvé séparé d'eux sans qu'il y eut de sa faute; qu'il avait pris peur, perdu la tête, et par suite choisi le moyen le plus hasardeux de rejoindre son père. Il demandait maintenant qu'on le débarquât dans une des îles du golfe.

La chose parut aisée aux mariniers. C'étaient de vieux pêcheurs qui ne reprenaient l'aviron qu'au temps de la saison de pêche, non pour se joindre aux flottilles du Vest-fiord, mais pour approvisionner de vivres frais les malades de l'expédition. Le patron s'intéressa tout de suite au fugitif.

— C'est bon! c'est bon! dit-il; maintenant assez causé. En avant les nageoires! nous allons avoir un grain...

Ce bateau ponté se rendait à l'îlot de Skraaven.

Il sortit des eaux du fiord. La grande mer, d'un vert foncé, toute blanche d'écume, gémissait, faisait rage, semblant se dédommager par beaucoup de mouvement d'être retenue par de fortes barres sous-marines en dehors des fiords norvégiens où elle pénètre à peine; la voile claquait, le bateau grinçait, les bordages criaient sous la pression des lames; ces lames couraient au devant du bateau, — masses énormes d'eau s'enroulant en volutes blanchissantes d'écume et venant le frapper l'une après l'autre avec bruit. Mais les vieux praticiens du golfe occidental s'inquiétaient médiocrement de la vague et de la fureur du vent.

Le Vest-fiord retrouvait toute son animation de la pêche d'hiver, avec la clarté en plus. Comme de janvier aux premiers jours d'avril, les parages des îles Lofoden se couvraient de milliers de barques, mais cette fois pour préparer le retour. Des centaines de petits navires venus de Bergen et de Trondhiem, — goëlettes, côtres et yachts, apportaient aux pêcheurs des objets d'échange; des milliers d'hommes se rassemblaient pour enlever le poisson séché à point. Des flottilles entières prenaient leur essor en sens divers.

On apercevait à bord des navires ces robustes pêcheurs norvégiens, en vareuse bleue au collet de cuir rabattu, chaussés de grandes bottes, travailleurs infatigables, satisfaits néanmoins d'avoir fini la campagne et fumant leur pipes avec délice.

Dans le fond du paysage maritime, formant une sorte de barrière contre la haute mer, les îles semblaient enveloppées d'une buée par le vol des oiseaux de mer—pingouins, guillemots, mouettes et macareux, accoutumés à nicher sous les mottes de gazon des terrasses, et dont l'accumulation à certains moments de l'année fait donner à quelques îles des Lofoden le nom de *nyker* ou « montagnes des oiseaux. »

En approchant de l'îlot de Skraaven, l'installation temporaire des pêcheurs se découvrait tout entière.

Cette bourgade sortie de la mer ressemblait à distance à un groupe de navires jetés à la côte ; les huttes y affectaient les formes les plus étranges. Au milieu d'elles, quelque ébauche d'une rue tortueuse bordée de ces abris bâtis au hasard avec les épaves que le flot rejette, des vieilles mâtures, des voiles hors de service.

Avec plus de soin se dressaient les séchoirs formés de perches retenues assez haut sur des chevalets, et où les morues décapitées, attachées deux par deux, avaient pendu durant plusieurs mois, à la pluie comme au soleil ; les primitives usines d'où étaient sortis les barils d'huile de foie de morue, s'alignaient en regard d'appontements grossièrement établis à fleur d'eau.

Ici et là, la fumée sortait de nombre de ces huttes encore habitées. Cette fumée s'échappait par un trou ouvert dans le toit.

Ces infimes et fragiles constructions, on les retrouverait pourtant dans la nuit polaire à demi enfouies sous la neige, vienne la prochaine saison de pêche hivernale.

On accosta, et le peu encombrant passager, encore impressionné par les secousses terribles éprouvées par le bateau, et les grands bruits sourds de la haute mer, prit son élan et sauta à terre.

Le patron du bateau le vit assez embarrassé, et se mit à le questionner :

— Et où vas-tu aller ?

— Mais... je vais demander des nouvelles du yacht de mon père.

— Hein ? fit-il encore.

Et sans attendre de réponse, car il avait bien compris :

— Je crois bien, dit-il à ses camarades, que nous avons donné à un écolier paresseux le moyen de fuir la lecture et l'écriture! C'est dommage... il a l'air éveillé, ce petit... pas méchant...

Les deux marins eurent un hochement de tête, suivi d'un léger haussement d'épaules, et, ne trouvant rien à dire, l'un et l'autre ils donnèrent une direction nouvelle à la visière de leurs casquettes de peaux, rendues passablement luisantes par un long usage. Le gonflement prodigieux d'une de leurs joues expliquait ce silence : ils venaient de se partager du tabac en corde. Toutefois, le jeune garçon se vit deviné et se troubla.

— Si j'avais su, lui dit le patron en souriant, je t'aurais envoyé nager avec les poissons du fiord.

Le patron avait des yeux bons quand il souriait. Mais Christian ne vit pas le sourire et ne se montra que moins rassuré.

## CHAPITRE IV

### AUX ILES LOFODEN

Le bonhomme regrettant d'avoir effrayé le jeune garçon, s'humanisa autant qu'il le put, gagna la confiance de Christian — qui malgré cela se garda bien de changer de thèse ! — et lorsqu'après quinze jours passés à l'îlot de Skraaven, en interrogeant à la ronde par manière d'acquit, le patron Torgensen décida de retourner vers la côte norvégienne, il détermina sans peine le petit fugitif à l'accompagner.

Christian passa le reste de l'année dans la famille du vieux Ole Torgensen, très réduite par la mort de plusieurs petits-fils du brave marin, et où il y avait pour ainsi dire, place pour lui.

Lorsque la campagne de pêche suivante s'ouvrit, l'ancien pêcheur voulant épuiser tous les moyens d'être utile à ce garçon presque adopté par lui, l'y conduisit de nouveau.

Cette fois ce fut à l'île de Henningsvaaer.

Il pouvait espérer que le père, venu déjà aux Lofoden — cela paraissait certain — y reviendrait avec le désir, d'y retrouver son fils.

Christian, s'il n'eut pas craint de reparaître en criminel devant un père irrité, n'aurait pas eu trop de peine à retourner parmi les siens. Mais pour dérouter le vieux Ole il se disait tour à tour de Trondhiem, de Bergen, de Stavanger, de Kragero ou d'Arendal.

Il cachait son nom de famille ; il se donnait même un autre prénom. Si bien que, sous le costume de mousse, si ce n'est de berger, porté par le jeune Axel Lillesand, vivant toute l'année dans une chaumière perdue au fond d'un fiord, ou dans le soeter des pâtres, suspendu au flanc des montagnes, on aurait eu quelque peine à reconnaître le petit Christian Andersen, fils et neveu d'armateurs de l'un des ports principaux de la Norvège.

Les années d'après, furent visitées, sans résultat aucun, les îles Svolvaer et Flagstadoë...

Sur ces entrefaites, le père de Christian, parti pour l'Amérique, y avait eu le sort que l'on sait.

Il y avait quatre ans que Torgensen gardait Christian auprès de lui, lorsque sa fille devenue veuve, eut l'idée de se remarier. Gulik Asbiörnson, le nouveau gendre, ne voulut pas entendre parler de conserver au logis une bouche inutile, — une façon de monsieur des villes, propre à rien à la campagne.

Le fils d'Henric Andersen, il faut bien le dire, ne se faisait guère à son genre de vie, et ne montrait aucun empressement à prendre, selon ses forces, sa part du travail commun, dans la forêt ou sur les rives du fiord.

Tout au plus se rendait-il utile lorsque Ole, Gulik et quelques autres pêcheurs armaient leur meilleur bateau, et s'en allaient choisir pour la pêche du saumon une petite baie à l'entrée du fiord; ou pour mieux dire, une anse d'étroite ouverture dominée par un rivage à pic.

Là, tandis que les pêcheurs étendaient leur filet tout au fond de l'eau, et que le vieux Torgensen, crédule comme ceux de sa génération, récitait des paroles magiques pour attirer le poisson, Christian, perché sur la plus haute roche, interrogeait du regard et non sans une certaine aptitude, les profondeurs de la mer : dès

Tandis que le vieux Torgensen récitait des paroles magiques pour attirer le poisson.

qu'un saumon de belle taille pénétrait dans la baie, il le signalait. Aussitôt le filet était relevé pour couper la retraite au poisson, que les pêcheurs harponnaient ensuite tout à leur aise.

Même ces jours de grande pêche, Gulik trouvait que le petit s'épargnait trop.

Christian retombait dès le lendemain dans sa méditation obstinée, confondue par ces rudes travailleurs avec une rêverie sans objet, voisine de la paresse.

Son acte le plus décisif, le plus remarquable, fut de décharger le fusil du bonhomme Ole sur un eider domestique, exposant ses parents adoptifs à la forte amende dont est puni tout chasseur de passage qui tue un de ces oiseaux, dont le duvet est une des richesses des habitants.

Il lui semblait, à cet enfant mutin et audacieux, faire une interminable école buissonnière, et il gardait l'attitude d'un étranger qui reçoit l'hospitalité.

C'est ce qui lui valait l'aversion du gendre.

Une dernière équipée de Christian acheva de faire perdre patience à cet homme peu endurant.

Dès l'aube, un matin qu'il se trouvait seul au logis, Axel, ou plutôt Christian sauta dans le léger bateau que le gendre de Torgensen aimait à faire évoluer. A la voile c'était un fin marcheur. Le vent soufflait ce jour-là du fond du fiord: quelle plus belle occasion d'atteindre la mer, la grande mer !

Christian n'hésite pas un instant. Il a le temps de revenir avant qu'on s'aperçoive de son escapade. La voile est déployée, et vraiment il marchait bien le petit bateau ! En moins de deux heures, il atteignait la barre du fiord et la franchissait.

Il ventait frais sur la mer du Nord, mais pour Christian, maintenant âgé de douze ans, quoi de plus tentant que d'essayer de la vraie navigation ?

Il fit si bien qu'en moins de rien, en vue même du fiord, il alla se briser contre les rochers du rivage. A cet endroit dangereux, un énorme bloc se tenait suspendu au-dessus des flots. En s'avançant, il formait le toit d'une grotte marine comme on en trouve assez fréquemment le long du littoral norvégien. Au moment du flux, cette grotte était presque entièrement fermée par

Bientôt Christian s'aperçut que le requin ne cessait de passer et de repasser devant l'antre.

l'eau, mais dans le fond une place demeurait toujours à sec, hors de portée de la vague.

Le bateau fut jeté sur les rochers formant l'un des piliers de l'entrée de la grotte.

Christian ne pouvait se réfugier ailleurs...

Il nageait encore, lorsqu'il entendit un bouillonnement d'eau derrière lui. En se retournant, il vit avec horreur les grandes nagcoires bleues d'un requin. Le pauvre enfant réunit ses forces défaillantes, atteignit une roche à fleur d'eau, d'où il tenta d'effrayer le monstre par des cris, des battements de mains...

Plus mort que vif, le jeune garçon se traîna en rampant sur le sable... Qui eut pu penser qu'une si belle promenade finirait ainsi !... Et le bateau, le joli bateau si fin voilier, dont les épaves dansaient sur les vagues, multipliant à l'infini, par le mirage de la peur, le trop réel requin entrevu !

La grotte était sombre et froide... Le malheureux enfant attendait avec anxiété que les eaux de la haute mer s'abaissassent.

Il ne connaissait pas encore toute l'atrocité de sa situation. Bientôt il s'aperçut que le requin ne cessait de passer et de repasser devant l'antre, — effroyable gardien veillant sur sa proie....

La captivité de Christian dura deux jours.

On s'était mis à sa recherche. Le bateau manquant, la corde détachée de son anneau indiquaient clairement le chemin pris par le jeune garçon, — cet incorrigible et mauvais enfant, comme avait dit le gendre de Torgensen. A l'issue du fiord, les débris du bateau firent supposer que l'apprenti nautonnier avait péri...

Par le plus grand des hasards, Christian fut découvert à demi-mort de faim et d'angoisse, désespérant de jamais sortir de son antre, au moment où il allait peut-être essayer en se jetant à l'eau, d'échapper par la fuite à l'effroyable mâchoire du squale irrité et déçu, mais n'abandonnant pas son poste de surveillance.

Cette fois, Ole Torgensen fut mis en demeure de trouver

le père de l'enfant dès sa première visite aux îles et de ne pas ramener le petit.

Le dernier voyage s'accomplit donc avec une véritable tristesse. Le vieux pêcheur, ses paupières rougies par l'absence de sommeil, ne détachait pas ses regards de l'enfant. Celui-là demeurait muet et sombre.

Pour comble de malheur, un pétrel, rasant les flots, vint par sa présence de mauvais augure, effrayer le superstitieux marin... Cette circonstance acheva de décider du sort du petit Axel.

Cependant une chance se présenta, favorable au jeune garçon.

Lorsque le bateau ponté du Norvégien eut, en quittant les eaux paisibles du fiord, doublé le premier promontoire, la mer du Nord se montra, tout à coup, si grosse, que Torgensen eut un instant l'envie d'en prendre prétexte pour rétrograder, ramener l'enfant.

Rude et courte était la lame, chassée par un vent d'ouest qui balayait au loin son écume. Le vent sautait, déchaîné, par dessus les îles du Vest-fiord, et soufflait droit devant le bateau, comme pour lui couper la route, lui interdire d'avancer...

Le vieux marin devinait, au-delà, apercevait même, à travers les embruns, les longues rangées de vagues roulant en ligne et gardant dans leur désordre quelque régularité.

Leurs crêtes arrondies s'avançaient, creusant des abîmes entre elles.

Parfois, rompant l'alignement, elles se brisaient à leur centre, et les deux ailes de ces escadrons humides chevauchaient l'une contre l'autre, avec des retombées formidables.

Que le vent inclinât au sud, et le Vest-fiord devenait le principal champ de cette lutte gigantesque.

Jamais le patron Ole n'avait assisté à tant de fureur de son élément favori.

Allons ! Axel lui restait une année encore !

Mais que dirait-on dans tout le fiord ? Ole Torgensen se fait vieux, il n'est plus de force, il a peur de la mer... Il n'est plus bon qu'à naviguer sur l'étang aux canards sauvages... Non, on ne dirait pas cela ! Il irait aux îles... Tant pis pour Axel puisqu'il fallait se séparer... Tant pis pour eux tous, s'il fallait périr ! — Il put aborder aux îles.

— Cette fois, dit le vieux Ole Torgensen, il faut, mon pauvre garçon, tâcher de rencontrer quelqu'un de ton pays ; tu ne reviendras plus au gaard, tu es encore trop jeune pour mettre la main au goudron, et Gulik Asbiörnson ne veut pas te voir grandir dans un coin sans rien faire. Cherche donc un peu, mon fils. Faut pas m'en vouloir, mais c'est ainsi ! Je n'ai pas voulu t'affliger plus tôt... Tu m'avais pourtant deviné, petit hibou blanc !

Christian avait la même mine déconfite qu'à son premier débarquement à Skraaven. Le patron Torgensen en fut frappé, et ce retour de situation ramena dans son esprit les mêmes idées que le jour où il débarquait le jeune garçon sur ce rivage après l'avoir recueilli dans le fiord.

— Eh bien, Axel, j'aurais mieux fait de t'envoyer avec les poissons du fiord il y a quatre ans, dit-il comme alors, en souriant encore cette fois ; mais quelque chose comme une larme vint rouler dans ses yeux, qui étaient durs pourtant à ces sortes de faiblesses-là.

Un jeune marin, grand garçon hâlé, maigre, mais nerveux et fortement musclé, s'était approché. La pipe à la bouche, il observait curieusement cette petite scène. Malgré tout un beau et solide gars, avec des yeux d'un gris roux, très enfoncés sous leur arcade, un nez régulier, une bouche fine, un peu dédaigneux de son entourage scandinave, et comme fier de trancher par la couleur de son poil brun avec les blonds enfants de la Norvège.

Tout annonçait en lui un Breton — ils se fourrent partout, comme autrefois les Gascons. C'était, en effet, un marin de Saint-Servan, revenu de la pêche d'Islande par le chemin le plus long et le moins sûr. Sa goélette avait été crevée par un glaçon, et sur ce même glaçon des pêcheurs norvégiens l'avaient recueilli, seul survivant de la catastrophe, mais mourant de faim. Il se trouvait donc trop heureux de faire à ce prix un séjour forcé aux Lofoden, — où, du reste, il ne perdait pas son temps, se montrant aussi ingénieux que pas un pour arrimer à fond de cale l'abondante et fructueuse denrée dont venaient s'approvisionner les navires.

Il parlait assez bien le norvégien, — qui n'est pas un autre idiome que le danois avec une modification d'accent — assez bien, disons-nous, pour pouvoir prendre part à la conversation.

— Il y a quatre ans, reprit le patron Torgensen, cette fois en s'adressant à l'étranger, je l'amenai ici, honteux comme un mauvais écolier qui a enterré ses livres pour courir la campagne...

— Ce serait donc, observa le Breton, qui, au risque de n'être qu'imparfaitement compris, pliait l'idiome local aux nécessités de son élocution habituelle, ce serait donc qu'on aurait lâché père et mère pour ne pas aller à l'école?

Christian baissa les yeux sans protester.

Le débarquement des vivres apportés par le bateau était achevé. Le vieux marin, pour se donner du cœur, s'était mis à fumer.

— Tâche de faire causer le petit, dit-il au Breton.

Il ajouta :

— Étranger, je te le confie, ou pour parler plus franchement, je m'en décharge. Mais ce n'est pas sans chagrin. Gulik n'en veut plus... Gulik c'est le mari de ma fille...

Vois-tu, fils, dit-il ensuite à Christian, le fond du fiord, ça ne te vaut rien! — Ici — ne parlons plus de ton père! — ici, tu seras au milieu de vrais pêcheurs. Le jour, le grand jour où tu embarqueras pour venir faire ta campagne d'hiver aux îles, ce jour-là tu endosseras la vareuse de cuir, tu chausseras les grosses bottes, et tu seras un homme, un pêcheur. Il n'y a pas de plus beau métier en ce monde, aussi vrai qu'il n'existe nulle part de meilleur gîte qu'une cabine sur un bateau.

Que deviendrions-nous sur le rude sol de notre vieille Norvège? — cette chère Norvège où une année sur trois la rigueur du climat ne permet pas aux biens de la terre d'atteindre à leur maturité?...

Avec la pêche, si la chance est contraire aujourd'hui, elle sera certainement favorable demain. Jamais le découragement n'est de mise! Et puis tout pêcheur est pilote. Qui connaîtrait mieux que lui les tournants de la côte, les récifs à fleur d'eau, les courants? Il n'est pas rare de lui voir sauver un navire et une riche cargaison. Alors il peut espérer un salaire qui sera presque une fortune pour lui!

Axel Lillesand, jusqu'à ce jour où tu compteras parmi les gens de mer, ta place serait encore derrière le poêle avec les femmes et les petits enfants, et mon gendre Gulik ne veut plus t'y voir!

Il était ému le vieux Ole Torgensen, et comme il s'éloignait en mâchonnant ces derniers mots, pour lesquels il avait réuni tout son courage, ses paroles se perdirent dans les mille bruits de la grève.

Christian demeurait seul, abandonné.

Avec cette mine éveillée qui prévenait toujours en sa faveur, il gagna tout de suite les sympathies du jeune marin. Celui-ci, histoire de lui délier la langue, l'entraîna vers une cantine voisine, où les pêcheurs trempaient volontiers un morceau de biscuit dans un demi-verre d'eau-de-vie blanche...

Le jeune garçon enveloppait l'étranger d'un regard circonspect, et paraissait n'avoir que fort peu d'envie de répondre à l'invitation.

Bientôt, pressé de questions par le Breton, il renonça à « broder » sur son ancien thème. Il avoua tout, — avec le seul espoir que son confident ne comprendrait qu'à moitié : la fuite de Bodoë, la fameuse lutte au bord de la mer, et enfin sa terreur lorsqu'après avoir roulé tous deux du haut d'une roche s'avançant en pointe, il s'était retrouvé seul au tournant de la falaise, à moitié noyé, suffoqué, n'y voyant plus, — son adversaire ayant payé de sa vie son insolente agression.

— Et maintenant que veux-tu faire, petiot?

— J'attendrai ici... J'attendrai qu'on ait tout à fait oublié ce qui s'est passé à Bodoë... Et l'année prochaine je retournerai à...

— Où retourneras-tu?

— A... Trondhiem, — il eut assez d'empire sur lui pour ne pas avouer Bergen, — oui, et avec cela pas fâché de voir ouvrir la pêche à la morue au mois de janvier.

— Autant dire aux chandelles!... Et... qui te nourrira jusque-là?

— L'aubergiste... mon père paiera... trop heureux!...

— Vraiment? mais l'aubergiste va lever le pied; il n'a pas envie de mourir de froid en décembre : il s'en va comme les autres; tu devrais le savoir; tout le monde part.... et je t'emmène.

— Cela demande réflexion, fit Christian avec une gravité au-dessus de son âge.

— C'est pourquoi je te vais prendre par les deux oreilles donc, afin d'équilibrer ton cabochon...

Christian se sentit vaincu. Courbant la tête non comme un être docile, mais comme un indompté, il suivit le Breton.

Aussi bien à quoi lui aurait servi de résister ?

Demeurer caché aux îles, n'était pas en vérité une perspective bien réjouissante. Ramené à Trondhiem, il se trouvait en terre ferme, assez loin de Bodoë pour qu'on n'y eut pas seulement entendu parler de la bataille meurtrière livrée sur les roches de la presqu'île ; assez loin aussi de Bergen pour n'avoir immédiatement rien à craindre de son père.

Et puis, Trondhiem fascinait l'écolier. C'était la tête de ligne d'un chemin de fer conduisant à Christiania et à Stockholm ! Avec un peu d'industrie, n'était-il pas possible de prendre un air des deux capitales, tandis que la colère de papa finirait par faire place à l'ennui de ne plus voir son héritier ?

Grâce aux années écoulées, à l'oubli du passé, les gens de Bergen le protégeraient peut-être contre ceux de Bodoë, moins irrités.

On devine ce qui arriva. Le Breton ramena le petit Norvégien sur l'un des yachts qui rentraient à Trondhiem.

Ce n'était pas pour le pêcheur d'Islande le chemin le plus direct ; mais il supputait sans être trop intéressé les bénéfices d'un accueil cordial de la part d'un père ravi, malgré tout, de retrouver son fils !

— Foi d'homme ! se disait-il, mon stock de morues à moi, c'est un gars de Norvège, blond filasse !

Mais quand en débarquant, il voulut savoir de l'enfant le chemin à prendre pour se diriger vers la maison paternelle, il ne le trouva plus à ses côtés . . . Il aurait dû s'attendre à quelque chose de semblable en ne voyant aucun des marins du yacht traiter le beau garçon comme quelqu'un dont on connaît la famille.

Enfin c'était ainsi. Il s'était laissé jouer, lui, Jean-François Le Goff, de Saint-Servan proche Saint-Malo ! Et par un moutard !

Heureusement qu'il y a d'honnêtes distractions à Trondhiem... Une heure après, Jean-François, sans plus songer au petit Axel, et à la déconvenue qu'il lui avait procurée, passait et repassait devant la fenêtre basse qui encadrait si bien la tête charmante et le buste admirablement tourné de la blonde Carina, la fille du patron Johan Nordhall — un Islandais aussi celui-là !

Et un Islandais ayant bonne mémoire ; car ayant fini par s'impatienter de ces allées et venues devant sa maison, il regarda plus attentivement le marin étranger, et reconnut le Breton pour l'avoir rencontré à Reikiavick, — l'humble capitale de l'Islande, — et ensuite plusieurs fois à Patrix-fiord, lorsque leurs navires s'y trouvaient en relâche pour s'approvisionner d'eau.

Il poussa le cri guttural prolongé, qui lui était familier pour exprimer son contentement : Oût ! !

Jean-François aussitôt invité à entrer, deux verres furent posés au bord d'une table par la main effilée de Carina. On se remémora les émouvants incidents de pêche dans les mers glacées . . .

Le Norvégien se joignait chaque année aux navires frétés à Tonsberg, et sortis du golfe de Christiania pour aller dans les mers boréales pêcher — et chasser — le phoque, et poursuivre aussi les derniers squales pèlerins. Ces grands poissons s'éloignent des eaux de Norvège, où leur forte taille de douze à quinze mètres les signalait aux pêcheurs avides de s'emparer de leur foie, — donnant jusqu'à sept hectolitres d'huile !

Faute de squales pèlerins, les flottilles se rabattaient sur le puissant rorqual, capturé de nos jours par des moyens qui ont fait de l'ancien harpon des baleiniers un engin à reléguer dans les musées.

Le patron Nordhall disait les émotions de cette nouvelle pêche, lorsqu'un habile pointeur incliné sur sa pièce de canon, envoie de loin à l'énorme cétacé un harpon muni de la balle explosible qui doit le tuer, tout en assurant sa possession, grâce aux crocs que des cordes rattachent au navire.

Quant aux phoques, on en tuait jusqu'à cent mille par an, et leur valeur — transformée en francs — allait à plus d'un million et demi.

Le Breton ne demeurait pas en reste. Sa pêche à lui — la pêche à la morue sur les côtes sud de l'Islande — était plus modeste, mais non moins incidentée.

Cette pêche, racontait-il, commençait comme une cérémonie. Au commandement du capitaine, chaque homme placé au poste désigné par voie du sort, tout le long des bastingages et du côté du vent, à un mètre l'un de l'autre, jetait sa ligne à la mer. Heureux celui qui attrapait « la première morue » ! Bientôt suivie de quelques autres, puis de centaines, puis de milliers, le nombre s'en accroissant à vue d'œil jusqu'à plein chargement du navire.

Alors, le patron Nordhall se mit à vanter « l'outillage » des pêcheurs norvégiens qui se réunissent aux îles Lofoden; cette activité que leur permet l'emploi des filets. Sous les rares rayons d'un soleil presque horizontal qui passent comme des éclairs sur les vareuses mouillées, parfois dans une demi obscurité, les pêcheurs jettent leurs filets... Ils doivent les ramener à eux en les soulevant avec précaution, chargés qu'ils sont à rompre leurs mailles... Quatre ou cinq cents bateaux semblent se mêler et se confondre, bien que tout soit convenablement ordonné; et c'est un curieux tableau, et animé, que celui de tout ce monde ardent à l'œuvre, au milieu des cris d'appel, des encouragements qui se croisent, des chants qui donnent une mesure aux mouvements.

— Dans des parages plus froids, ajouta le vieux marin, le pauvre pêcheur d'Islande, aveuglé par la pluie, le givre ou la neige, recevant en plein visage les embruns glacés que leur crache le vent, malgré leur *surouët*, leur *ciré* et leurs bottes seraient gelés usqu'aux moelles s'ils n'avaient à tirer sans cesse sur leur longue et lourde ligne, terminée par un plomb de trois kilos.

Ah! ils sont courageux les braves Bretons, s'écriait encore le Norvégien, et ce sont de fiers marins, ces vaillants, qui laissent là-bas sur la terre de France, femmes et enfants, pour venir sur de petites goélettes de 150 à 200 tonneaux, affronter les grandes vagues de l'Atlantique qui les secouent, les balayent, les broient sans pitié.

— Et une fois en Islande, eprenait Jean-François, il n'y a pas de mouillage comme sur le grand banc de Terre-Neuve; les fonds sont trop bas, la pêche trop incertaine en restant sur le même point. On doit tout le temps demeurer à la cape sous la grande voile, et en cas de gros temps ou d'avarie, la côte sur plus de cent lieues n'offre pas un seul refuge : foi d'homme! il faut tenir la mer quand même!

— Moi, dit le patron Nordhall, je connais bien ton mérite et celui de tes compagnons, parce que dans les mers et sur les côtes où je vais chercher le rorqual et le phoque, je rencontre — comme les tiens — ces parages ingrats où, plusieurs fois dans une journée, sur un pont que recouvrent les embruns et souvent les paquets de mer, il faut manœuvrer les cordes toutes raides de glace, la grosse toile des voiles durcie par le givre.

Les doigts crispés saignent... Par des froids de plusieurs degrés au-dessous de zéro, les hommes arrosés à chaque instant, sentent l'eau se durcir dans leur barbe, se figer sur leurs vareuses cirées.

On est aveuglé, cinglé, battu par la mer, le vent, la neige...

Tout cela avec accompagnement de vent du nord hurlant dans les cordages, de lames qui frappent sourdement contre les flancs du navire, et des cris si tristes des goélands qui passent en tourbillonnant dans la bourrasque... Je pense à ma Carina, alors, au plaisir de la retrouver au retour... Cela soutient...

— Je ne te laisserai plus partir, père! interrompit la fille du patron Nordhall.

— Ce plaisir du retour! fit le Breton. Il n'est pas donné à tous, mam'zelle Carina.

Ce n'est pas le tout que de remplir la cale de morues. Tout à coup, le ciel s'obscurcit dans le sud, comme pour fermer le chemin de nos beaux pays. Il vente fort du sud-est, et il faut prendre tous les ris; la neige, le poudrin s'éparpillant, ne permettent plus de rien distinguer. La mer se lève furieuse, la goélette tangue, prête à s'engloutir. On est balancé, mais ce n'est pas comme dans une escarpolette...

Il faudrait tenir la cape, mais la côte est là tout proche, sous le vent. Alors, au risque de sombrer, on force de toile pour gagner le large; il faut coûte que coûte marcher droit contre le vent. Et maintenant, que le vent augmente ou qu'il s'apaise subitement, le danger est le même.

Un navire abandonné par le vent sur cette mer démontée, roule de plus en plus et fatigue horriblement.

Chaque lame qui retombe sur le pont, semble de force à l'ouvrir. Bon! une saute de vent a lieu. On n'a pas eu le temps de se sauver avant la grande danse. Ce n'est pas un grain qui pend, c'est la peau du diable!

Les vagues devenues énormes enveloppent d'écume le navire.

De temps en temps un cri est poussé : « Gare à la lame! » Chacun se cramponne à ce qu'il a devant lui, et une montagne d'eau roule et s'abat... Est-on englouti? Avant quelques secondes, on n'en sait rien. Enfin le navire se relève avec des avaries, il est meurtri, entamé; les hommes se comptent, il en manque un, deux, trois...

— Oh! c'est affreux! murmura la jeune fille.

— Et sur le rivage lointain, les femmes, les mères de ces pêcheurs pleurent le soir, quand la mer est mauvaise, et croient entendre le cri d'agonie du pauvre pêcheur d'Islande que vient d'ensevelir la vague glacée...

— C'est vrai! fit le patron Nordhall. Mais pourtant, c'est la vie ça. Pour moi, je n'en connais pas d'autre que celle du marin.

— C'est vrai! dit à son tour Jean-François, le marin sait ce que vaut la vie.

— Et il sait mourir, ajouta Carina.

Tout en trinquant et en devisant dans une sorte d'intimité, née de sympathies réciproques, le Breton apprit le passage récent à Trondhiem d'un autre Breton, de son âge, marin comme lui, remarquable en ceci qu'il ne s'écartait guère du rayon visuel de Carina — absolument retenu par les regards de la jeune fille comme par un fil invisible.

Ce Breton-là, nous l'avons entrevu déjà.

C'était Josillon Lagatut, de Saint-Malo.

## CHAPITRE V

### DEUX BRETONS EN NORVÈGE

L'arrivée de Jean-François et de Christian à Trondhiem coïncidait presque avec le départ de l'armateur de Bergen et du Malouin, quittant Trondhiem pour s'en aller à la mine de Falun, appelés par la vérification que l'on sait.

Un peu plus le neveu tombait sous la main de son oncle et les deux Bretons dans les bras l'un de l'autre, — car ils se connaissaient, ayant polissonné ensemble sur la même plage et cherché des coques toutes et quantes fois qu'il leur avait été possible de manquer l'école communale. On sait que Saint-Servan est comme un bourg détaché de Saint-Malo.

Lorsque Jean-François s'avisa de se renseigner sur le chemin qu'avait pu prendre le petit Axel — le nom adopté par Christian — il apprit que justement un armateur de Bergen, lui aussi, était en quête d'un jeune garçon. Les noms ne concordaient pas, mais âge et signalement se rapprochaient étrangement ! Si bien que le Breton pensa que son pupille pouvait bien être l'enfant cherché, — à moins que tous les gamins en Norvège eussent l'habitude de lever le pied dès qu'ils étaient sevrés !

Jean-François n'avait plus rien à faire à Trondhiem... Mais pouvait-il dire si tôt un adieu éternel à la fille de Johan Nordhall ? Ça lui était bien dur... Aussi se persuada-t-il aisément que l'obligation assumée par lui vis-à-vis du vieux pêcheur des îles, cet Ole Torgensen qui lui avait confié le jeune garçon, lui faisait un devoir de ne pas quitter Trondhiem avant d'avoir tenté quelque chose pour savoir ce que cet enfant était devenu.

Et cependant il ne faisait rien. Tout se bornait à exprimer à Carina — entre deux compliments — le dépit qu'il ressentait de s'être laissé jouer par le jeune Norvégien.

— Qui sait ce qui serait arrivé ! répétait-il volontiers à la blonde fille. Peut-être le père reconnaissant — le père ou l'oncle, puisqu'il y avait aussi un oncle — aurait voulu le garder un temps à Trondhiem... belle ville ! ajoutait-il en manière de flatterie, où les filles ont de grands yeux bleus, donc !

Carina souriait, le voyait venir...

— Il est vrai qu'il n'y en a pas beaucoup d'aussi bleus que les tiens, ajoutait-il.

Elle tâchait de faire dévier l'entretien sur un autre sujet; elle lui demandait si les femmes de son pays étaient blondes ou brunes; si la Bretagne était plus belle que la Norvège; s'il se plaisait au bord du fiord...

Jean-François mettait en une égale bonne place brunes et blondes; mais sur son pays, il ne capitulait pas. Oh! la Bretagne ! rien n'était à comparer...

Il ne parvenait point à convaincre Carina. Elle affirmait qu'il devait se tromper; « il connaissait si peu son pays à elle! Il n'y en avait certes pas de plus beau et de meilleur sur la terre! »

En cette fin de juin, ces bouts de conversation, renouvelés plusieurs fois par jour, avaient lieu à travers la fenêtre ouverte de la maison de bois du patron Nordhall — laquelle sentait la saumure et la mer comme la plupart des logis de Trondhiem.

Carina écoutait le jeune marin, tout en travaillant à un ouvrage de couture. De temps en temps, son regard s'arrêtait sur lui avec douceur et surprise. Le Breton se dandinait au dehors, bombait sa poitrine, cambrait ses reins.

Un matin que Jean-François, décidément fin connaisseur, déclarait à la jeune fille qu'en fait de belles bouches à Trondhiem, la sienne avait les lèvres les plus rouges, et qu'il hésitait à les comparer à une cerise — ou à une fraise, une large et rude main s'abattit sur son épaule.

— Que fais-tu là, Jean-François?

C'était Josillon, le sac au dos, revenu de Bergen, attiré par le magnétisme des yeux de la fille de Josillon Nordhall.

A cette voix bien connue, Jean-François se retourna en poussant un véritable hurlement de joie. Sa figure s'éclaira comme d'un coup de soleil.

Un joyeux drille se tenait debout derrière lui, tout épanoui de la surprise qu'il causait. Il en renversait la tête dans un rire éclatant comme une fanfare, qui mettait à découvert toutes les dents de sa large bouche.

Jean-François, abasourdi, s'était planté sur ses jambes écartées et se balançait ainsi qu'au roulis, tout en ouvrant ses bras :

— Sur mon cœur, donc! cria-t-il.

Le Malouin recula de deux pas pour prendre son élan, et se précipita. Le choc fut formidable,

— Jarnigod! toi ici, mon fignolet! toi ici! répétait Josillon en secouant son camarade : il y mettait une force à déraciner un arbre.

— Foi d'homme! voilà des aventures! s'écria Jean François quand il put parler. Te voilà tout requinqué, tout rafistolé, tout renluminé!

Josillon gambadait maintenant :

— Point de goutte aux orteils ! Vivent les francs marins et des ruades à la faraudaille ! !

— Ça va ? fit Jean-François.

— Comme tu vois ! Houp là ! Hardi ! Pousse !...

Ils sautaient tous deux comme de grands enfants.

— Jamais quelqu'un de plus surpris depuis le premier matin du monde ! dit Jean-François. Quel vent t'amène ?

— Et toi... que fais-tu là, devant cette fenêtre ?

Ce fut seulement alors que Josillon aperçut la fille du patron Nordhall.

Sans trop de gaucherie, il lui présenta ses salutations. L'aimable Norvégienne s'était levée depuis un moment. Elle reçut avec plaisir la bonne poignée de main que lui donna le Malouin.

— Te voilà parée, lui dit-il, comme une hirondelle de mer.

Elle sourit, son étonnement disait assez qu'elle ne pensait pas revoir si tôt le jeune marin.

Josillon devina sa surprise.

— C'est pour toi, Carina, que je suis revenu, dit-il, pas pour une autre.

— Si tu parles franchement, je t'en remercie, répondit-elle. Mais on voyait bien qu'elle prenait la chose sur le ton du badinage.

Dans le fond de la salle deux hommes parurent. L'un d'eux, — d'une grande taille, courbée par le peu d'élévation des entreponts et qui signalait un marin tout autant que son épais tricot de laine rayé rouge et blanc, serrant le torse et s'enfonçant dans la ceinture du pantalon. — Nous le connaissons déjà.

Un collier de barbe brune et frisée encadrait un visage animé par des yeux d'un bleu gris d'une expression assez douce, un peu vague toutefois, ce qui n'excluait pas une certaine finesse. Un nez mince, très accentué, une grande bouche, des cheveux rares et soyeux, un front large et ridé : tels étaient les traits qui frappaient

Carina, ouvre la porte, il ne faut pas laisser les amis dehors.

d'abord dans cette physionomie de rude marin. L'ensemble disait la force et la bonhomie.

C'était le patron Johan Nordhall, ce vieil enfant du vieil Océan.

A sa ceinture de cuir, pendait dans sa gaîne un couteau dont la poignée, formée d'une dent de morse, était incrustée d'argent. Il avait chaussé les grandes bottes en peau de phoque du pêcheur norvégien.

Celui qui se tenait à ses côtés, un grand jeune homme d'une trentaine d'années, vêtu comme un bourgeois peu aisé, mais très soigneux de sa tenue, présentait le type du véritable Norvégien de la plaine, avec son œil bleu, placide et froid, immobile dans l'orbite, un bas de visage large et carré, un fort menton et une mâchoire pesante. Un sang riche colorait sa joue grasse et pendante, sans que l'animation et la vie en fussent plus ardentes. Son attitude paraissait indécise et assez molle; de larges mains, emmanchées à des bras démesurés retombaient le long du corps.

Malgré tout l'impression était avantageuse.

Ce visiteur, vis-à-vis de qui le patron Nordhall montrait quelque familiarité, était maître d'école.

— Jean-François, il faut entrer et de même ton ami, dit le vieux marin. Il ajouta de sa voix forte et rude : Carina, ouvre la porte, il ne faut pas laisser les amis dehors! Va, Magnus ne sera pas jaloux.

Magnus c'était le jeune homme grave, correct et réservé, à la physionomie impénétrable.

— Faut-il passer par la fenêtre pour être plus tôt arrivé? demanda le Malouin en riant, — ou par la cheminée? ajouta-t-il prêt à tenter l'escalade.

— Par la porte, répliqua vivement Magnus; on prend toujours assez tôt le chemin de la fenêtre... et la cheminée est le grand chemin des sorcières.

— Eh! fit le patron Nordhall, surpris de ce ton.

— Oui, je sais, Johan Nordhall : par la barbe de saint Olaf! mieux vaut gagner de l'esprit que des querelles!

Les deux Bretons ne comprirent qu'à demi, malgré l'air railleur du maître d'école.

Et tandis qu'ils allaient chercher la porte de la maison

de bois, ils lâchèrent l'un et l'autre une bordée de menaces — dans leur langue et sans contrainte.

— Faudrait pas que cet oiseau de nuit de Norvège me regarde avec des yeux de travers ! fit Josillon. Faut pas mentir, v'là l'envie qui me talonne de lui flanquer une mère volée...

— D'un croc-en-jambe, je voudrais le voir s'affaler dans l'entre-pont et lui clouer la grande écoutille sur l'œil, dit à son tour Jean-François.

— Attention à la manœuvre ! cria Josillon ; ce gars-là, vois-tu, fignolet, on va l'amariner... On dirait qu'il louche...

— Un instant, fit Jean-François, qui tape un louche devient borgne, qui tape un borgne devient aveugle.

Déjà le patron Johan redressant sa grande taille, débouchait une bouteille de rhum.

D'une main, il recevait les étreintes qu'on lui prodiguait ; de l'autre il remplissait les verres.

Josillon déchargea ses épaules du lourd sac charrié par lui en guise de valise.

On trinqua à coups redoublés et les verres résonnèrent joyeusement. L'entretien s'anima.

— Buvons à la destruction des méchants par eux-mêmes, et qu'il n'en reste plus un seul, dit Nordhall qui avala son verre de rhum d'une lampée.

Magnus choquait froidement, trempait à peine ses lèvres dans la liqueur à la saveur brûlante. Il se tenait dans une attitude pleine de réserve vis-à-vis des étrangers. Mais quand son verre toucha celui de Carina avec un joli son cristallin, les yeux du Norvégien reluisirent, le sang lui monta au visage, et il prononça ce souhait :

— Puissent tous tes désirs se réaliser !

— Magnus, c'est une bonne parole ; je te remercie, répondit la fille du vieux marin.

— Eh bien à Falun? questionna le patron Nordhall ; ce voyage si important avec Lars Andersen?

— Je vas vous déhaler main sur main toute l'histoire, répondit le Malouin. C'était bien notre petit monsieur, mais voilà, — il était en pierre.

— En pierre ! firent-ils tous d'une voix.

— En pierre ? demanda Carina, avec plus d'étonnement. Et de ses yeux clairs et francs, elle questionnait aussi.

— Pétrifié, quoi ! Pensez donc ! Depuis quatre ans dans une mine d'où on sort du cuivre en un jour plus qu'il n'en faudrait pour doubler la carène des navires de toute la Norvège !

— C'est singulier ce que tu dis là, murmura la fille de Johan, demeurée incrédule. En pierre? vraiment, en pierre ?

— C'est un fait, affirma Josillon.

— Magnus qui est savant et maître d'école, va nous faire connaître son opinion, dit le patron Nordhall.

— Cela se voit... cela s'est vu, répondit Magnus en prenant un air capable.

— Lars Andersen, reprit Josillon, ne doit pas être si sûr que ça de son affaire, puisqu'il m'envoie fureter dans le pays... Attrape à courir!....

— En tout cas, observa Jean-François, ça ne peut pas être celui qui m'a faussé compagnie l'autre jour...

Le Malouin avait besoin d'être mis au courant. C'est ce que fit son compatriote en quelques mots: un gars recueilli aux îles Lofoden, ramené de force, échappé en posant le pied sur les quais de Trondhiem; de parents inconnus dans cette ville, malgré son dire.

Pendant cette explication faite en français, Magnus avait repris la parole.

— Vous n'avez pas vu la belle lépreuse ? dit-il en s'adressant à Carina et à son père. On n'a pas voulu la laisser entrer à Trondhiem... Et c'est sa faute, aussi ! Elle criait : Ne m'approchez pas ! j'ai la maladie ! Je vous perdrais tous ! tous !

Les enfants lui ont jeté des pierres. Un matelot a dit : Mais c'est la Blanche-Neige, c'est la Belle Lépreuse de Bergen ! une pauvre fille qui devient folle par la crainte d'être attaquée du mal dont se meurent ses deux cousines.

Alors, en entendant cela, on lui a donné du pain. Je ne sais pas si elle est lépreuse, mais pour belle elle l'est; oh ! oui : des yeux d'un bleu noir et des cheveux bruns, mis en désordre par les quatre vents du ciel.

Les deux Bretons finirent par écouter. Ça les intriguait une belle lépreuse ! Comment pouvait-elle être à la fois atteinte de l'horrible lèpre, et avec cela être belle à faire l'admiration des gens ?

— Tu l'as peut-être rencontrée à Bergen, toi, le Maloin ? dit Johan Nordhall. Sa famille est [de cette ville.

— Oh ! que non point du tout ! A Bergen, comme ici, comme partout en Norvège, repartit Josillon, j'étais tellement occupé par le petit jeune homme, qui est le neveu de mon armateur... que je n'ai rien vu.

— Excepté la belle Carina, corrigea Jean-François.

— Tu l'as dit, excepté, bien entendu, Carina la belle, répéta Josillon, un peu tard.

La jeune fille sourit ; son père également.

— Oût ! fit celui-ci en se frottant les mains.

Mais le front de Magnus se rembrunit.

Les deux Bretons, sans trop savoir jusqu'à quel point ils rivalisaient d'admiration pour la blonde fille, comprenaient d'instinct que Magnus se trouvait là pour les gêner.

Josillon ouvrit les hostilités.

— Je ne t'avais jamais rencontré ici, toi ? dit-il à l'instituteur.

Les deux jeunes hommes se mesurèrent du regard.

— Je vais et je viens, répondit le Norvégien laconiquement.

Je ne t'avais jamais rencontré ici, toi ?

— Eh bien, moi aussi, je vais et je viens, répliqua Josillon, et je ne m'en porte pas plus mal. Mais un maître d'école, ça doit rester assis devant une table, — comme un gabier dans sa hune — entouré des moussaillons de la moussaille ?

— Tu te trompes, il n'en est pas toujours ainsi, fit Magnus dédaigneux.

Johan Nordhall jugea bon d'intervenir. Et développant sa large carrure, se plaçant entre les interlocuteurs passablement agressifs :

— Je vais te conter la chose, Malouin. Il y a chez nous des maîtres d'école qui vont d'une localité à une autre pour enseigner ce qu'il est utile de connaître. Le pays n'est pas riche et il n'y pas assez d'écoles pour tous les enfants... On ne peut pas, non, leur demander de venir de dix à quinze lieues à ces pauvres enfants ; alors on va les trouver. Quinze jours dans un endroit, quinze jours dans l'autre... Souvent beaucoup moins.

Si tu connaissais notre Norvège, tu aurais vu quelquefois, en été, descendre d'un de ces steamers qui font escale tout le long des fiords, un homme qui ne voyage pas précisément pour son plaisir, un livre sous le bras, un siège pliant à la main. Les enfants, garçons et filles, l'attendent sur le rivage, forment un cercle autour de lui dès qu'il est débarqué... et là, quand il repasse à jour dit, ses élèves, — je parle des bons — sont comme qui dirait des jeunes plantes qui ont profité... Ils ont grandi en savoir...

— Ce doit être un agréable métier, observa Jean-François, heureux de savoir le professeur itinérant souvent éloigné de Trondhiem.

— Il est honorable, fit simplement Magnus.

— Mais alors, si tu vas partout, comme ça, toi, reprit Josillon, tu vas m'aider ! Tu demanderas des nouvelles du petit Christian Andersen.

— N'as-tu pas dit l'avoir vu là-bas,... en pierre ? objecta Carina.

— Ça ne fait rien ! Il y a des méchants gueux qui disent que le garçon n'est pas mort — tout de même c'est peut-être bien possible d'après ce que j'ai vu d'une vieille femme qui réclamait aussi le corps de pierre !

Ils disent que c'est pour garder son bien que son oncle l'armateur a fait semblant de le reconnaître. Il est bon de leur caler la bouche. Quand on aura demandé le gars à un chacun, il faudra bien qu'on accorde à Lars Andersen qu'il n'y a pas mis de mauvaise volonté. C'est à ça que je travaille... quand je ne pense pas à toi, Carina!...

## CHAPITRE VI

### LA BELLE LÉPREUSE

Trondhiem occupe le fond d'une baie, sur la rive méridionale du large fiord qui porte son nom. Il est pour ainsi dire détaché du littoral par le cours du Nidelven qui, au lieu de se jeter tout de suite dans le fiord, revient en arrière comme pour entourer la ville dans une courbe.

Dans un plus vaste circuit, des collines inégales, dernières pentes du massif montagneux du Dovre, pressent mollement l'ancienne capitale de la Norvège.

A l'ouest — du côté de la mer — ces collines dressent plus haut leurs murailles perpendiculaires, qui semblent placées là pour arrêter les tempêtes venant du large.

Sur un fond bas, des maisons s'alignent le long de boulevards, sur des places tracées à angles droits. Mais toutes ces constructions sont en bois, même un palais, unique en son genre. Il n'est habité que de loin en loin : lorsque le souverain vient se faire couronner dans l'antique métropole. Au-dessus des maisons, la vieille cathédrale, décapitée de ses tours, informe et fruste, présente encore quelque chose de sa masse énorme.

En face de la cité maritime, sur un îlot, gisent les ruines d'une citadelle, dominées par une tour chancelante.

Les navires de commerce, aux flancs robustes, et comme on les construit dans le Nord, débordent à droite et à gauche des quais de débarquement. Et, pour ajouter un dernier trait à ce croquis, des essaims de blanches mouettes se confondent et se mêlent, planant sur les eaux du fiord, en quête de la nourriture qu'elles leur offrent.

Christian en s'échappant des mains de Jean-François, le Breton, vit un peu tout cela. Mais il avait hâte de s'éloigner. Il passa donc vivement le fleuve qui ceint la ville et marcha vers les collines de l'est, s'éloignant ainsi de la route séculaire qui mène à Christiania et à Stockholm : on pouvait avoir l'idée de courir après lui ; or les routes frayées servent mal les fuyards.

Les environs de Trondhiem sont égayés de villas et de chalets, jetés sans nombre partout, sur les bords du fiord, sur les pentes les plus adoucies. Ce sont des chalets de bois, à un seul étage, avec balcon régnant sur les quatre faces. Un toit large et léger en briques de couleur, avance assez pour abriter ce balcon. Ces villas, pour la plupart tournées vers le fiord, occupent le milieu de pelouses, piquées de bouquets de laryx aux feuilles argentées, de trembles, de bouleaux, ou d'épicéas à la ramure noire.

Dès qu'il eut atteint les premiers sommets, le jeune garçon s'arrêta pour réfléchir au parti qu'il prendrait.

Il dominait un vaste paysage.

Le fiord, fécond en détours capricieux, creusait les terres, se glissait dans toutes les vallées ; çà et là, les rives du fleuve marin s'élargissaient, s'arrondissaient, et alors se formait comme une suite de petits lacs enserrés de rochers que hérissaient par place de hauts sapins ; on aurait pu prendre ces bassins tranquilles pour des lacs de montagne, sans la marque blanche et brillante du sel laissé sur les berges par le flot de la marée.

Parfois, entre le rivage et la montagne, il y avait tout

juste la place d'une modeste exploitation agricole ; les petits corps de logis d'un gaard se groupaient sur un rocher ; les sillons d'avoine grimpaient la colline ; les chèvres et les vaches paissaient dans les éclaircies du

La ligne du chemin de fer franchit des vallées sur quelque viaduc aérien.

bois. En bas, un bateau dormait dans sa crique : à ses heures, le fermier devenu pêcheur, recueille à pleins filets sans sortir de son domaine, les produits de la mer.

Aux rives du fiord aboutissaient, espacées, des vallées

d'un inégal niveau, lui apportant un tribut d'eaux douces, rivières paisibles ou torrents tumultueux.

De loin, il aperçut la voie ferrée conduisant dans les deux capitales du double royaume. Elle serpente à travers les obstacles que le sol montueux lui oppose ; et avant que l'œil l'ait perdue de vue, elle chevauche hardiment d'une cime à l'autre, se suspend aux flancs de la montagne, franchit des vallées sur quelque viaduc aérien...

Pour le moment, Christian ne pensait qu'à une chose : se dérober à toute poursuite. Il lui semblait que sa faute fut écrite sur son front. Si, malgré sa jeunesse, on allait lui faire expier par la prison la violence commise à Bodoë ? Quelle honte pour lui ! Quel désespoir pour son père ! Déjà cet excellent homme vivement affecté de la disparition de son fils ne s'était-il pas exilé ?

Cette émigration de l'armateur aux États-Unis — on en parlait à bord du navire sur lequel il était revenu des Lofoden ramené par le Breton Jean-François, — ne signifiait pas autre chose pour le jeune garçon. Sa tâche à lui était difficile à remplir.

Il lui fallait devenir un homme, se rendre utile, réclamer l'oubli du passé... et il y parviendrait en s'instruisant, en travaillant, en devenant l'honneur de Bergen comme il en était présentement la honte. Quatre ou cinq ans suffisaient pour cela — avec du courage ; et il se sentait un grand courage...

Alors, il dépouillerait son nom d'emprunt ; il réclamerait bien haut celui de son père, et il supplierait l'auteur de ses jours de rentrer dans ses foyers, où il n'aurait plus à rougir de son fils.

— Assassin ! murmurait-il dans la crainte de provoquer un écho qui l'eut glacé de terreur. Assassin ! j'a fait périr un enfant de mon âge ! Il est vrai que bien des torts sont de son côté... Mais enfin, j'ai plongé deux familles dans la désolation... Que de choses il me faudra accomplir pour redevenir Christian Andersen !..

Je rachèterai mes torts, je viendrai en aide aux parents de mon petit ennemi... Je leur ferai présent d'une barque, s'ils sont pêcheurs ; j'ajouterai des terres défrichées à leurs champs, s'ils sont cultivateurs. Oh ! que de bien on peut faire avec de la bonne volonté ! »

Dire qu'un jour viendrait où il oserait affronter des regards si irrités maintenant... Et qu'on ne pourrait lui refuser son pardon !

Mais il fallait pour commencer se rendre à Christiania. Il avait entendu dire que là seulement on pouvait étudier pour devenir médecin, ingénieur, avocat. Il se mettrait en apprentissage chez quelque petit industriel ; qu'on lui donnât seulement son pain, et il passerait une partie des nuits le front sur ses livres. D'autres l'ont fait ; il n'eut pu citer un nom, mais il avait été frappé d'un fait de semblable énergie venu à sa connaissance par hasard.

Le commencement seul était difficile : s'enfuir de Trondhiem par le chemin de fer, — sans argent.

Mais ce qu'il comptait exécuter pour ses études, il l'essayerait pour se défrayer de ce long voyage : il prierait un chauffeur de le prendre avec lui sur sa machine, en qualité d'aide, sans rétribution : à cet âge, et avec un tel caractère on ne doute de rien.

Pour l'entière réussite de ses plans, il fallait seulement dissimuler sa présence près de Trondhiem durant une huitaine de jours. Après ce temps, il serait oublié. Il devait donc chercher un gaard hospitalier, tout en ne s'éloignant pas trop de la voie ferrée où, — si ce n'était à une station ce serait à la suivante — on accorderait un service imploré par un enfant dans le dénûment.

Ces réflexions allumaient son jeune cerveau. Vagues

d'abord et parfois contradictoires, elles finissaient par prendre la forme de résolutions très arrêtées. Dès qu'un point devenait précis, son allure s'accélérait aussitôt.

Il avait fait bien du chemin tout en songeant au parti qu'il devait adopter.

La journée s'avançait; le soleil déclinait lentement; sa lumière jaunie donnait un relief sombre aux cimes des sapins, et jetait sur les sites tourmentés, sur les amoncellements de roches, une teinte d'une ineffable douceur. Il avait même disparu à l'horizon que le crépuscule persistait, avec des blancheurs diaphanes répandues en larges effluves.

Sous cette latitude boréale et en ce temps si proche du solstice d'été, il n'y a plus de nuit obscure. Le crépuscule ne s'efface que devant l'aube matinale.

Le vaillant enfant se jeta dans une vallée boisée, avec l'espoir de découvrir une demeure où on l'accueillerait — car il avait faim.

Cette vallée, fort engageante, du reste, était d'abord d'un aspect riant. Des chênes, des hêtres, des frênes y croissaient comme en un climat plus favorisé. Un tranquille ruisseau y courait sans bruit. Pas un souffle de brise dans l'air. Christian n'entendait que le murmure étouffé d'une cascade se mourant dans le lointain. Bientôt le site devint sauvage, avec un silence absolu, une solitude complète.

A mi-côte, le jeune garçon s'assit pour voir si, dans le demi-jour, un peu brumeux au fond de la vallée, ne s'allumaient pas quelque part des feux pour le repas du soir. Ce serait le phare vers lequel il marcherait.

Son espoir ne fut pas déçu.

Il y a peu de villages en Norvège. La population rurale y est très disséminée. Chaque famille vit dans les cinq ou six maisonnettes qui composent un gaard — prononcez gaur; — plusieurs gaards, distants les uns des autres composent une agglomération dont l'église forme le centre.

Tout à coup Christian entendit les sons d'un cornet.

La lumière attendue étincela au loin, sur l'autre versant. Elle ne serait pas facile à atteindre, à cause de la rivière... N'importe ; il fallait essayer. Grâce à la clarté pâle et diffuse de cette nuit exceptionnelle, jetant un demi-jour terne sur les campagnes, il ne pouvait manquer le premier pont rustique qui se présenterait.

Tout à coup, il entendit les sons d'un cornet.

Une forte poitrine devait faire retentir l'instrument.

— Voilà de l'aide ! pensa le jeune garçon.

Il s'arrêta pour attendre un peu.

Le silence se fit ; puis le cornet fut de nouveau embouché, mais très près de lui cette fois, et comme si la personne qui en tirait des sons avait rapproché en courant la distance qui la séparait du jeune voyageur.

— Qui va là ? cria soudain de loin une voix pleine et sonore.

— Qui es-tu, et en quoi peux-tu me secourir ? demanda Christian ; je suis un étranger perdu dans le pays... La journée est finie depuis longtemps...

— Trop claire est la nuit ! si tu me voyais, je te ferais horreur ?

C'était une femme qui parlait. Mais Christian recula un peu effrayé : des contes de nourrice lui revinrent à l'esprit. Il évoqua en une seconde tout un monde de génies, de fées et de lutins.

Sous la pâle clarté de ce crépuscule tenant lieu de nuit, il regarda plus attentivement dans la direction indiquée par la voix, et il vit alors, approchant à grands pas, une jeune fille de haute stature, qui semblait âgée de vingt et quelques années.

Une épaisse chevelure brune descendait en boucles sur ses épaules. Un étroit corsage rouge, découpé et ouvert sur la poitrine serrait sa taille, et un jupon de grosse étoffe d'un vert foncé, remonté en deux ou trois endroits sur les hanches par dessus le ceinturon de cuir — auquel était suspendu un couteau et sa gaîne, — laissait voir ses pieds nus aux fines chevilles.

Le cornet entendu par Christian était pendu à un cordon jeté en sautoir sur son épaule.

## CHAPITRE VII

### ENLISEMENT

Elle marchait d'un pas rapide, fiévreux, et les lignes de son corps s'accusaient avec un singulier relief dans cette lumière des jours d'été indéfiniment prolongée dans les régions boréales. A onze heures du soir, le soleil s'abaissait lentement sur l'horizon et un crépuscule n'ayant rien de fugitif embrasait le ciel, répandait partout de l'or en fusion.

Quand elle fut plus près de lui, le jeune garçon remarqua sur le visage aux traits délicats de l'inconnue, une expression de hardiesse, d'étrange vivacité et presque d'égarement, tempérée par un air de franchise et même de bonté.

Avec ses grands yeux d'un bleu sombre, les lignes pures de son profil, et une fraîcheur de carnation dont rien n'approche dans les autres races, cette forte fille était vraiment belle.

Aussi le jeune garçon ne s'expliquait-il nullement la question qui lui avait été adressée.

— Mais pourquoi me ferais-tu horreur? demanda-t-il enfin.

— Pourquoi? Tu ne crains donc pas de gagner mon mal? Tu n'as donc pas peur?

— Quel mal? Peur de quoi?

— C'est que je suis Miol, la fille de Ole Borneman Bull.

Je suis la Belle Lépreuse. Mes deux cousines sont horribles à voir... si elles sont encore de ce monde...

Christian eut un mouvement de surprise.

— On les a mises à la léproserie de Bergen... Je ne veux pas y aller, moi ! Et je cours à travers les fields et le long de la mer. Il y a un remède, je veux l'essayer : se tremper dans l'eau de treize lacs et de treize fiords. Pas des étangs, des lacs ; et je vais, je vais de l'un à l'autre jusqu'à ce que j'aie mon compte — et ma guérison. Alors ; je retournerai à Bergen, si j'ai encore des talons à mes pieds. Je m'entendrai dire comme autrefois par les garçons de la marine : — Te voilà Miol ? te voilà Blanche-Neige ? Les plus hardis ajoutaient : — En grandissant, tu deviens belle entre toutes les belles...

Elle soupira, secoua sa tête d'un air de doute et reprit :

— Mais toi, qui es-tu ?

— Un enfant de Bergen, aussi, répondit Christian ; et maintenant je me ressouviens bien de toi, Miol... et même de tes cousines. Vous aimiez beaucoup la danse, et partout où l'on s'amusait, on était sûr de vous rencontrer toutes trois.

— C'était avant le mal ! Je suis fâchée de t'avoir trouvé sur mon chemin.

— Pourquoi cela ?

— Parce que tu iras dire là-bas que tu m'as vue, et que j'ai les mains et le visage comme elles... Ne m'approche pas ! Tiens, regarde... sur ma main... cette tache rouge...

Et elle montra au jeune garçon sa main gauche, rougie seulement par son ardeur à la frotter.

Puis, changeant subitement de ton, comme lorsque l'esprit est égaré :

— Où vas-tu ? dit-elle.

— Mais toi ?
— Moi, partout où il y a de l'eau... pour laver mes mains et mon visage. En suivant cette rivière on va au lac Soelbo... Est-ce que tu crois que je suis déjà laide à faire peur ? Non, n'est-ce pas ? je serais devenue folle avant cela... Une tache sur ma main gauche, voilà tout... une rougeur... Oh!... cette tache! Tu ne m'as pas dit où tu vas ?..

— Je cherche à atteindre un gaard où je voyais les foyers allumés tantôt... sur la droite: d'ici, on ne voit plus rien.

Et il ajouta.

— J'ai faim !

— Moi, j'ai mangé le pain qu'on m'a jeté à la ville — avec des pierres. Des pierres à la filleule d'une fée ! d'une grande dame... qui m'avait promis de me doter aussi richement que sa fille, cette chère Sarah, ma sœur de lait !..

J'ai ramassé le pain, et au lieu de leur renvoyer leurs pierres, j'avais bien envie de leur faire sentir la pointe de mon couteau... J'ai apaisé ma faim ; mais j'irai avec toi. Je te recommande par dessus tout de te garder de dire qui je suis... pour voir s'ils auront peur...

Partons, dit-elle ; le chemin est humide. Passe devant, je te suivrai.

Une étroite rivière les séparait des collines derrière lesquelles se trouvait le gaard. Christian un moment arrêté par cet obstacle aperçut un pont rustique situé en aval du cours d'eau.

— Viens par ici, dit-il à la Belle Lépreuse.

Il fallait pour atteindre le pont, se frayer un passage à travers des herbes de marécage, courtes et drues. Miol pour ne pas y blesser ses pieds nus, faisait de légers détours, glissant parfois sur la surface argileuse, mais ne se laissant point distancer par le jeune garçon.

Celui-ci, avisant un sol plus uni, s'y précipita et y attira la jeune fille. Mais dès qu'elle y eut hasardé quelques pas, elle suspendit sa marche, surprise et même un peu alarmée.

— Où me conduis-tu, enfant? fit-elle sur le ton du reproche.

Christian avait fait un mouvement pour rétrograder, mais en vain ; il demeurait cloué sur place.

Il se trouvait avec Miol sur un sol inondé durant tout un hiver ; la terre n'avait pas encore achevé d'absorber cette eau, ni le soleil de la sécher.

Il s'était formé en cet endroit un de ces marais si dangereux, bien connus dans le pays sous le nom de « télégroeb, » qui se dissimulent perfidement sous une surface d'apparence ferme et solide.

Le jeune garçon reconnaissait enfin le danger de la situation. Il tendit la main à Miol. Celle-ci au plus léger contact leva les bras en l'air :

— Ne m'approche pas ! cria-t-elle. Je suis toujours la Lépreuse... Me crois-tu déjà hors de ce monde ?

Elle ajouta :

— La tache ? Ah ! elle disparaîtra maintenant avec la main et la main avec le corps... Elle sera humide notre fosse.

Les voilà allumés tes foyers du soir ! Quelque lutin, chassant devant lui un feu follet t'aura égaré à plaisir.

Tu as peut-être aperçu des aunes, allumant une torche pour leur danse, faute d'un rayon de lune ; ou, qui sait, si ce qui flambait dans le demi jour, ce n'était pas les yeux de Feuris le loup gigantesque de l'Edda ?

Vois-tu autant vaut mourir ici que plus loin..

Les géants Jothun et Wither ne nous tireraient pas

de là, même aidés de Vaulund, le forgeron des dieux.

Pourtant je n'avais plus que cinq lacs et cinq fiords à visiter, purifiant mon sang en salissant leurs eaux de ma tache maudite...

Tandis que la jeune fille parlait avec tant d'animation,

Le marais montait autour d'eux.

l'adolescent palissait, comme en face d'une mort affreuse.

Le marais montait autour d'eux... Déjà Christian se sentait serré au dessus des chevilles. L'enlacement semblable aux anneaux d'un serpent était visqueux et froid.

C'était fait pour glacer le cœur, paralyser toute énergie...

La jeune fille rencontrait sous ses pieds un terrain moins détrempé.

— Personne ne viendra donc à notre secours ! s'écria Christian terrifié. Mais je ne veux pas mourir, moi ! Non, non ; sonne du cor, Miol, sonne !

— Dis-moi ton nom, petit, fit la Belle Lépreuse ; que je le sache, si nous devons être séparés pour des éternités...

Tout en parlant, elle ramenait convulsivement à ses lèvres la corne de bouquetin.

— Eh ! que t'importe mon nom !... Je te le dirai Miol ; sonne d'abord, sonne !

La forte fille emboucha le cornet et poussa des sons prolongés, véritables appels de voyageurs en détresse.

Elle y mit tout son souffle.

Un plus grand effort de sa poitrine, gonflée à se rompre, n'était pas possible.

— Télégroeb ! criait de son côté Christian : il ne voulait pas s'épargner plus que sa compagne. A l'aide ! à l'aide ! répétait-il sur un ton qui indiquait un grand péril.

Mais le cornet de Miol couvrait sa voix grêle.

Et ils enfonçaient de plus en plus... Ils se sentaient attirés par une force irrésistible dans l'impossibilité de ne pouvoir échapper à une puissance inconnue.

Sous la lumière blafarde de ce long crépuscule de toute une nuit, Christian enlisé maintenant presque jusqu'aux genoux, les bras battant dans le vide, la bouche ouverte et crispée, les yeux agrandis par l'effroi, prenait des aspects informes, monstrueux.

Miol résistait mieux à son invisible et cruel ravisseur. Le poing sur la hanche, un sourire dédaigneux plissait ses lèvres, elle semblait le défier.

— Nous sommes perdus, dit Christian.

Sa voix affaiblie sortait malaisément, comme si déjà l'étreinte redoutée pressait ses flancs.

— Personne ne viendra à notre secours! dit Miol à son tour. Ah! ils devinent tous que c'est un enfant et une lépreuse... Une lépreuse, c'est dangereux à tirer d'un mauvais pas ; on ne se dérange point, si belle soit-elle!

Surtout, mon ami, ajouta la vaillante fille, garde-toi de te laisser choir!... debout tu peux gagner quelques minutes encore. Si tu te couchais dans ce linceul humide, tu disparaîtrais à l'instant.

— Mais tu n'enfonces pas, toi, remarqua Christian avec terreur. Tu me fais peur! Quel sombre génie te protège? Lui as-tu promis pour te libérer de me livrer à lui? Pour mon malheur, fille, je t'ai rencontrée...

Miol se mit à rire, et ce rire d'une folle ramena Christian à la raison.

— J'ai bien des fois sonné de mon cornet à faire trembler les rochers des fields, observa la belle fille levant la tête avec orgueil. Qui m'eut dit, ajouta-t-elle, lorsque je prenais un dangereux plaisir à me risquer aux flancs les plus escarpés des falaises, à suivre des sentiers étroits tracés par le pied des chèvres au dessus des abîmes, et où toute chute devait être mortelle, lorsque je traversais les fiords assise sur un tronc de sapin échoué sur la berge, m'exposant à être noyée vingt fois, lorsque je m'enfonçais dans les grands bois au risque de m'y perdre, d'y périr de faim ou d'être dévorée par les loups, qui m'eut dit que c'est ici, aujourd'hui, que je rencontrerais du même coup la mort et la tombe... les deux à la fois. Pas de bière, pas de cloche qui sonne à l'église: rien... rien que la fange d'un marais qui vous engloutit traîtreusement.

— Oh ! Miol, qu'allons-nous devenir ?

— Des âmes ! répondit-elle. Là-bas, de l'autre côté des montagnes, plus loin que les Kiolen aux cimes neigeuses où miroitent les glaciers, brûle au nord, l'étoile polaire ; c'est le centre du champ où se développent les aurores boréales : plus loin encore est la résidence des anciens dieux, — qui n'ont pas perdu toute puissance sur nos destinées : le Walhalla...
Sans ambitionner de monter jusqu'à ceux qui l'habitent, je me mêlerai à la troupe des Elfes, ces vierges divines qui viennent promener sur nos lacs leurs doux visages et leurs corps transparents, laissant flotter derrière elles leur robe de brume légère, effleurant l'onde de leurs pieds qui ne la rident pas, et s'enlaçant dans les capricieux festons d'une ronde aérienne...

— Ah ! Miol, murmura le pauvre Christian qui se sentait enfoncer de plus en plus, avec ton esprit troublé tu ne feras rien pour nous sauver !

La jeune fille sembla n'avoir pas entendu. Elle poursuivit ses réflexions à voix haute :

— Alors, poursuivit-elle, plus rien des maux de ce monde... Cette tache sur ma main, que ne laveraient pas toutes les eaux de la mer du Nord et qui irait s'agrandissant jusqu'à ronger mon cœur, malgré les treize fiords — cette tache s'effacera baignée par les crépuscules et les aubes ; cette chair dont l'odeur mauvaise domine le parfum des résines, deviendra rosée, transparente et parfumée... Je ne serai plus de ce monde ; je serai oubliée de ceux qui me poursuivent de ce cri : la lépreuse ! la Belle Lépreuse !

— Par pitié, Miol, si tu donnais encore un son de ton cornet ! Dis, fais-le... pour moi, qui n'ai aucune place dans tes rêveries...

— Je ne sais pourquoi, observa froidement la jeune

fille, j'enfonce davantage quand je souffle désespérément dans ce cornet : on dirait que je puise ma force dans mes talons...

— Miol, par pitié !!

Par pitié, Miol, si tu donnais encore un coup de ton cornet !

Miol recommença à faire résonner sa corne de bouquetin, en répétant cette même note lugubre, désolée, lamentable qui avait attristé déjà la solitude de ces campagnes.

Cette fois les sons furent entendus, — compris.

Vers le haut, sur la droite, un cri étrange, ou plutôt une suite de cris — quelque chose comme un aboiement humain, répondait aux appels des voyageurs.

Était-ce le secours réclamé que l'on promettait de la sorte, — ou bien des esprits malfaisants se faisaient-ils un jeu d'insulter à la détresse des victimes du télégroeb?

---

## CHAPITRE VIII

#### JONAS LE LAPON

Ce n'était pas un esprit qui avait répondu aux demandes de secours.

Au sommet de la colline — amas de roches amoncelées — un homme s'était couché pour reposer ses membres fatigués d'une longue course, se réglant pour dormir sur la nature qui conserve ses lois, malgré la persistance du jour : il se dégageait de tout souci avec le vent qui s'apaise, avec la vague des lacs et des fiords qui s'assoupit ; il s'abandonnait au sommeil, comme dans le silence s'endorment les oiseaux jusqu'au retour de l'aube.

Cet être passablement étrange d'aspect s'était fait un oreiller de son bissac de peau.

Il entendit les sons lamentables du cornet, les appels désespérés de Christian ; il découvrit bientôt au loin les deux imprudents piétons engagés dans le dangereux marais ; et il s'élança.

Coiffé d'un bonnet conique, couvert d'un sayon d'un pelage roux, semblable à quelque animal dont il aurait eu la légèreté, il se laissa couler entre les blocs de schiste formant le versant abrupt de la colline.

Il se cramponnait aux aspérités, glissant dans les creux, posant à peine son pied sur les pentes, où il semblait moins chercher un point d'appui que prendre un élan nouveau pour précipiter sa descente dans le vide. Quiconque l'eut vu d'en haut disparaître si subitement, n'eut pas manqué de croire à une chute au fond de l'abîme.

Il se laissa couler entre les blocs de schiste formant le versant abrut de la colline.

Soudain, le généreux inconnu s'arrête et tire de sa gaîne de cuir un couteau large et fort : sur une roche suspendue entre terre et ciel, trois jeunes sapins étendaient leurs frondaisons. Il coupe les branches les moins épaisses et les réunit en deux brassées qu'il emporte.

Ce fut vite fait.

Il avait retrouvé son agilité, sa hardiesse, la téméraire ardeur avec laquelle il se précipitait au secours de ceux dont il allait disputer la vie au télégroeb. Il leur cria de ne pas bouger, qu'il les sauverait...

Au bas de l'âpre colline, l'homme au bonnet conique se mit à courir, traversa le pont étroit et branlant jeté sur la rivière, et aborda les vases mouvantes, découvrant avec une rare adresse les parties solides du sol, sautant d'une touffe de ces herbes grasses et piquantes à une autre touffe, — et pourtant ses pieds n'étaient chaussés que de sandales.

Parvenu à quelques mètres de Christian et de sa compagne, il jeta les rameaux de sapins sur la vase molle, en les espaçant de manière à pouvoir atteindre le jeune garçon.

Il se hasarda enfin sur ce plancher mouvant, et tendit un bras vigoureux au jeune Norvégien, en lui faisant signe de s'emparer à son tour de la main de la jeune fille.

Mais Miol résista à Christian :

— Ne me touche pas! lui dit-elle. Arrière! C'est pour toi que j'ai sonné du cor. On est mieux ici qu'à l'hospice pour mourir. J'appartiens au marais. Si tu atteins Bergen, tu diras aux autres ce que tu as vu — la dernière minute de la Blanche-Neige.

Elle parlait encore...

Christian s'efforça de la saisir. Il la conjura d'être raisonnable..,

La jeune fille fit un signe de refus très énergique.

Devant cette attitude incompréhensible, le sauveteur attira à lui le jeune garçon, que déjà il tenait par la main.

Il le poussa vers un terrain solide du côté du pont, et courut au secours de cette insensée qui voulait mourir.

Droite et pâle, d'un geste impérieux, elle lui défendait d'avancer.

Loin de lui obéir, il la saisit avec énergie par la ceinture et l'enleva.

Les branches de sapin criaient et s'enfonçaient dans la vase sous le double poids dont elles étaient chargées.

En approchant du jeune garçon, il l'appela à son aide; car la forte fille résistait encore, se débattait; et il fallut que Christian la prit par les pieds, paralysa ses mouvements pour que son sauveur réussit à la tirer tout à fait de danger.

— Vous voilà tous deux en sûreté, dit l'homme avec une rude cordialité, et une satisfaction qui se faisait sentir dans le ton de sa voix.

Miol s'assit alors, comme humiliée qu'on se fut rendu maître d'elle, — courroucée presque.

— Qui t'a fait si fort, toi? dit-elle à l'ami inconnu qui s'était dévoué.

Celui-ci souriait. Il n'était nullement beau, avec son visage noir, aux pommettes saillantes, ses yeux bridés, ses doigts noueux, et la peau rude de ses mains, son dos courbé, ses genoux arqués. Son sourire ajoutait à sa physionomie une expression de placidité sur des traits marqués d'une plus profonde empreinte : la tristesse et la résignation.

C'était un Lapon, non pas de courte taille comme la majorité des hommes de sa race, mais monté sur de grandes jambes, gratifié de longs, d'interminables bras.

— Tu n'as donc pas peur de moi? reprit Miol.

Puis le voyant si noir de peau, si disgrâcié dans toute sa personne :

— Serais-tu lépreux, toi aussi ?... Non, je t'ai déjà vu dans mes mauvais rêves... Tu es de l'autre côté des montagnes... As-tu perdu le roi des rennes que tu sois venu le chercher si loin?

Pour toute réponse l'inconnu secoua la tête.

— Enfin, je te remercie, va! Tu as un cœur chaud. Nous étions deux dans le télégroeb... un peu plus nous y aurions été trois. Tu viens d'échapper au marais; éloigne-toi, si tu ne veux pas recevoir de moi le mal pour le bien. Je suis la Belle Lépreuse de Bergen. Tremble donc !

A cet aveu, l'homme au bonnet pointu se mit à rire. Sa bouche se fendit jusqu'aux oreilles, ses yeux disparurent dans les plis de la peau. En même temps, il levait les épaules d'un air de parfaite insouciance : il avait compris, il ne craignait pas la contagion.

— Oh ! elle n'est pas lépreuse, dit Christian; je l'ai entendu dire par des pêcheurs.

Le Lapon mit un doigt au front. Puis il tira son couteau à courte lame, constata qu'il ne l'avait pas trop ébréché et, satisfait, le remit dans sa gaîne.

— Il pourra servir une autre fois, dit-il.

Il s'exprimait en cherchant ses mots; encore était-il facile aux deux Norvégiens de le comprendre.

— Et à présent, ajouta-t-il, puisque tu me renvoies toi, la fille, et que tu ne me retiens pas, toi, « jeune garçon », je m'en vais. Adieu ! Une autre fois restez mieux sur le bon chemin.

— Toi parti, observa Christian, nous sommes dans le même souci que tantôt.

— Quel souci ?

— Avoir de quoi manger...

Une besace de peau tout à fait plate battait les flancs maigres du Lapon. Il passa la main dessus pour mieux montrer combien elle était vide. Ce geste n'était que trop éloquent.

— J'avais découvert un gaard, reprit Christian.

— Oui, fit le Lapon, il est là, derrière la première pente des collines.

— Si tu voulais nous y conduire ?

— J'y étais ce matin. . . Mais Jonas peut repasser sans crainte par la porte qu'on a fermée derrière lui. Tu as avisé un toit hospitalier. . . Fille, et toi enfant, suivez-moi.

Au crépuscule avait succédé une lumière unie, blanche, dans laquelle les corps ne projetaient plus d'ombre...

Le Lapon, Miol et le jeune garçon semblaient eux-mêmes des ombres errant dans une atmosphère fantastique.

Le ciel se nuançait, d'un gris perle ayant des transparences d'opale ; au bord de l'horizon glissaient des vapeurs irrisées, indication du couchant et prélude de l'aurore.

Le Lapon faisait de grandes enjambées. Il mettait presque autant d'entrain à gravir les pentes des collines, que tantôt à se laisser dévaler de plusieurs centaines de pieds. Miol avait de la peine à le suivre ; Christian courait pour le rattraper, puis attendait la Belle Lépreuse, afin qu'elle ne se décourageât point d'être menée si vite et ne s'avisât pas de demeurer en arrière.

Tout en arpentant le chemin, le Lapon très loquace, comme tous ceux de sa race, pérorait, renseignait ceux qu'il dirigeait :

— Tout ce qui nous entoure, dit-il, appartient à Halfdan Kiérulf, le descendant des vieux iarls. Les maisons que vous voyez là-bas sont habitées par ses gens, et ils ont toujours ce qu'il leur faut, quand il devrait ne rien rester pour lui et sa famille.

Il n'e méprise par les Lapons, et le dieu Joubmala le protège.

Il partage son pain avec les pauvres : cela porte bonheur. Cet hiver il y a eu une grande misère; mais tant

Une fois, six rennes tombèrent dans les rochers; le jeune Kiérulf les trouva.

qu'il s'est trouvé chez le gaardsmœnd un grain d'avoine ou de blé, la corbeille à pain est restée sur la table pour tout le monde, et la marmite de gruau sur le feu.

Arnold, son fils, chassait, et tout ce qu'il rapportait

était partagé. Une fois, six rennes tombèrent d'un écueil dans les rochers ; le jeune Kiérulf les trouva ; ils lui appartenaient, c'est sur sa propriété qu'ils se trouvaient ; mais Arnold Kiérulf a dans sa poitrine un grand cœur : il donna tout à ceux qui avaient faim.

Oui, vraiment, ajouta le Lapon, les Kiérulf sont de vrais Norvégiens, de sang pur, des hommes fiers et qui aiment leur pays par dessus tout.

Enfin le gaard apparut à peu de distance, tout entier établi sur un étroit plateau, bien abrité des aquilons du nord par plusieurs rangées d'arbres.

On eut dit un hameau.

Autour d'une habitation principale surmontée d'une mince tourelle en bois sculpté où se balançait une cloche se groupaient cinq ou six maisonnettes destinées aux membres de la famille, agrandie des petits-enfants, et aux serviteurs.

Ces maisonnettes, très modestes chalets, offraient le luxe d'un cordon de sculpture courant le long des corniches ; des balcons en saillie s'accrochaient aux fenêtres et, pour chacune d'elles, un escalier à jour enroulait sa spirale à un angle. Ces légères constructions, édifiées sur une forte base en madriers de vingt pieds de haut, reposaient elles-mêmes sur des blocs de pierre, au milieu desquels un espace laissé libre servait de hangar durant l'été ; l'hiver, les neiges venant s'accumuler au pied des madriers, justifiaient l'intelligente ordonnance de ces demeures.

De nombreuses vaches étaient enfermées dans une étable formant la partie basse de la maison de maître.

Le Lapon s'arrêta enfin.

Il cherchait un moyen d'annoncer aux habitants du gaard sa présence et celle des deux Norvégiens. Avisant le cornet de Miol, il fit signe à la jeune fille d'en détacher quelques sons, avec mesure; mieux que cela — il souriait : avec gaieté.

Miol comprit et s'exécuta.

Aussitôt des enfants, les jambes nues, accoururent aux balcons.

Des portes s'ouvrirent.

Plusieurs serviteurs se montrèrent.

Dès les premiers mots balbutiés par Christian, ils comprirent qu'on réclamait les bénéfices de l'hospitalité. Par l'escalier extérieur du principal corps de logis, Miol, Christian et le Lapon furent introduits dans la grande salle.

Ce dernier faisait de petits gestes semblant dire qu'on devait le reconnaître, en sa qualité de familier du gaard, de protégé du jeune gaardsmœnd Arnold.

Miol s'était dirigée tout de suite dans le coin le plus obscur, où elle s'affaissa, croisant ses mains au-dessus de son front.

Christian entendait s'approcher un pas assuré, annonçant l'apparition du maître.

Il jeta un coup d'œil autour de lui, et sur les murs de cette salle : des carabines, des fusils, des gibernes, des filets étaient suspendus aux parois, entourant une lourde épée rouillée qui occupait la place d'honneur. Des lignes encombraient un coin, et sur le plancher on avait étendu des peaux d'animaux.

Dans un immense poêle, brûlait un feu récemment attisé, devant lequel était un de ces lourds sièges de bois sculptés, chaise à bras toute taillée d'une pièce dans un tronc d'arbre. Plusieurs sièges semblables entouraient la grande et massive table du milieu.

Il rencontrait en ce lieu un luxe auquel il n'avait pas été accoutumé dans les gaards habités ou visités par lui jusque-là.

Sur les murs, suivant la coutume, l'exemplaire de la Constitution nationale faisant vis-à-vis à un portrait du roi de Suède et de Norvège régnant, non pas une grossière enluminure comme partout ailleurs dans les gaards, mais un beau portrait. Le pendant était fourni par une gravure encadrée représentant Napoléon Ier en redingote grise, coiffé du petit chapeau.

Un jeune homme entra, c'était le fils de la maison.

Noble et fier comme un de ces Norvégiens libres des vieux âges, qui élevaient leur voix dans l'assemblée populaire, on voyait en lui, dès le premier abord, un véritable enfant de cette puissante terre qui se montre souvent si magnifique en prodiguant à ses fils la force et la beauté.

L'expression de son visage était froide, réfléchie, un peu triste, et témoignait d'une vie passée dans des solitudes où les fréquentations sont rares.

Le costume du jeune gaardsmœnd, — bien que revêtu à la hâte, semblait être celui d'un gentilhomme campagnard : un habit à la française, à basques flottantes, à collet rabattu, laissait voir le gilet brodé. Un tel habit réclamait la culotte courte ; il la portait ainsi, mais avec des bas de laine chinés. Ses souliers découverts étaient à boucles de métal. — Ce vêtement rappelant notre costume du siècle dernier, est celui de tous les paysans aisés de la région.

— Que le bonheur soit avec toi, petit père, et aussi avec moi pour te servir, lui dit le Lapon ; voici des voyageurs égarés qui ont faim, et je te les ai amenés.

— Jonas, tu as bien fait, dit le jeune maître du gaard. Tu es, je le sais, un garçon qui a dans sa tête plate plus de cervelle que d'autres dans leur grosse caboche.

Arnold jeta à peine un regard sur Christian ; mais étonné

de l'attitude de la jeune fille, toujours accroupie au fond de la salle, il fit un pas vers elle et lui dit :

— Pourquoi ne viens-tu pas plus près de moi? Que fais-tu là-bas — comme honteuse? As-tu de la peine? Tu ne me feras pas l'affront de garder cette posture si humble?..

Et questionnant le Lapon.

— Qui est-elle, Jonas?

Le Lapon désigna Christian comme plus en état de donner la réponse attendue.

## CHAPITRE IX

### LE GAARD DES SORBIERS

Mais Miol s'était levée :
— Je suis... une malheureuse fille...
— As-tu faim ? demanda le jeune gaardsmœnd avec un réel intérêt.
— J'ai faim aussi.
— Que ne le disais-tu plus tôt ! Je suis envoyé par mon père Halfdan Kiérulf, que son grand âge prive du plaisir d'exercer lui-même l'hospitalité à cette heure avancée de la nuit.
Arnold donna à demi-voix quelques ordres à une servante et reprit :
— Chez les descendants du iarl Guttorm aux Larges Épaules, on sert, quand il l'exige, dans des vases d'argent le voyageur qui se présente — fut-ce un mendiant.
— Je n'ai besoin que d'un morceau de pain, murmura Miol.
Le jeune homme la regardait. Il ne la trouvait plus humble, mais plutôt altière jusqu'à en être farouche; et il éprouvait une pénible contrainte devant cette belle fille.
— Avance, lui dit-il d'une voix émue, et viens prendre place à cette table.
Miol, encouragée par l'accent de franchise de cette voix, se dressa, et fit quelques pas, en fixant sur le jeune

homme ses yeux toujours ardents de fièvre, où le péril évité naguère mettait un redoublement de flamme.

Le fils de Halfdan Kiérulf l'examina à son tour longuement. Il n'eût pas osé dire sa pensée ; mais il crut voir

Donne-moi ta main, lui dit-il avec respect.

une grande dame des temps passés, et en demeura singulièrement troublé. C'est ainsi, se dit-il, que devait être Ingeborge, cette belle princesse de Norvège qui avait douze frères de qui elle savait se faire obéir... les corrigeant à l'occasion.

— Donne-moi ta main, lui dit-il avec respect.

Elle le regardait toujours. Une étrange expression animait ses grands yeux. Ce qu'elle avouait à tout le monde; ce qu'elle criait en manière de défi aux gens qui la poursuivaient dans les rues des villes, elle n'osait pas le répéter à cet inconnu ; craignant soudain pour la première fois de sa vie d'inspirer de la répugnance, d'être un objet d'effroi.

Elle recula d'un pas, sans pouvoir prononcer un mot, le terrible aveu ne voulait pas sortir de sa bouche.

— Souffres-tu ? demanda avec bonté le jeune gaardsmœnd.

Et il fit un mouvement vers elle.

— Ne m'approche pas! lui cria-t-elle enfin.

Elle écarta de son front les boucles brunes qui s'y mêlaient.

— Je suis lépreuse, dit encore la pauvre fille, très abattue, la force lui manquant tout à fait.

— Oh! non, fit-il, tu ne serais pas si belle.

— Hélas! il est vrai, on m'appelle la Belle Lépreuse de Bergen. Crains pour toi.

Le jeune homme sourit.

— Je suis fils de fils de iarls, ducs, presque rois, car ils ont commandé en souverains dans ce pays. J'ai hérité de leur noblesse et à la fois de leur courage. Ce serait la première fois que j'aurais peur, aussi vrai que mon nom est Arnold Kiérulf.

— Fils de iarls ! murmura Miol, se parlant à elle-même.

— En doutes-tu ? dit le dernier rejeton de Guttorm aux Larges Épaules.

— Oh! non, fit-elle ; mais d'une voix si basse qu'il n'entendit pas.

Il fit un signe à l'un des serviteurs, qui ouvrit une

porte à deux battants. Le jeune paysan approcha la lampe qu'on venait d'allumer, et Miol aperçut — ainsi que Christian qui s'était aussi avancé — sur de hauts dressoirs des pièces d'ancienne orfèvrerie, des hanaps ciselés, des vidrecomes, des plats d'argent et de cuivre, des assiettes en bois de frêne sculptées et peintes.

Bien en vue, sur un socle, une couronne étincelante d'ornements, comme en possèdent, du reste, les familles aisées pour les poser sur le front des épousées au jour de leurs noces.

Dans cette sorte de sanctuaire, dont le parquet était semé de fines branches de sapin, saturant l'air de leur pénétrant parfum, les poutrelles saillantes du plafond se détachaient en vermillon sur un fond d'azur.

Le riche héritier des iarls montra du doigt à la jeune fille la couronne placée sur le dressoir. Il éleva son luminaire, et les pierres de la couronne jetèrent des éclairs.

Miol éblouie porta une main à ses yeux, et dit :

— Je n'en mettrai jamais une semblable sur ma tête !

— Pourquoi cela ? répliqua vivement le jeune homme. Tu es assez belle pour trouver un mari...

— J'ai épousé le mal !

Il secoua la tête d'un air incrédule.

— Mais regarde, regarde donc ! fit-elle.

Elle avançait sa main gauche, dont elle montrait le revers.

— Je ne vois rien, dit-il, tes mains sont bien faites, et la peau m'en paraît douce.

— Cette tache ! cette tache ! regarde ici, je t'en prie ! vois ! regarde ! oh ! elle s'est encore agrandie depuis ce matin. Oh ! oh ! oh ! la tache ! c'est de là que sortira la lèpre qui doit me dévorer tout entière.

La colère remplaçait maintenant cette craintive réserve qu'elle avait montrée d'abord.

Elle se mit à frotter vivement sa main.

— Elle ne disparaîtra jamais ! jamais ! jamais !

Puis à la colère succéda l'abattement et le désespoir. Ses joues pâlirent. Tout ce qui lui restait d'ardeur semblait s'être réfugié dans ses yeux, où brillait une intensité de vie extraordinaire.

Arnold observa attentivement les diverses expressions de ce visage de jeune fille où, démentant le langage qu'elle tenait, la délicatesse des traits s'alliait à la force et à la santé.

Elle sentit s'attacher sur elle ce regard sympathique qui l'étudiait avec un touchant intérêt. Troublée, mais désireuse d'échapper à cet examen, elle reprit :

— On m'appelle la Belle Lépreuse pour me faire de la peine ; mon nom est Miol. Je suis l'une des filles de Ole Borneman Bull, de Bergen, dont la maison peinte en rouge avec des volets verts, se voit tout au bout des Tydske Bodurne. Hélas ! nous habitions là, mes deux cousines et moi avec le père... L'avenir nous appartenait... Qui eut pu croire à tant de malheur ! Mes cousines.. j'aimerais mieux les savoir mortes ! Et mon père que fera-t-il quand il n'aura plus même une seule de ses enfants ?

— Mais que leur est-il arrivé à ces filles ?

— Elles sont à la léproserie de Saint-Jorgen... horreur !

— Je comprends, dit le jeune homme gravement.

Il attira à lui Christian, et à voix basse :

— Tu es avec elle ? d'où la connais-tu ?

— Je l'ai rencontrée tantôt ; je ne lui avais jamais parlé avant ce soir. Mais elle dit vrai. Je suis de Bergen comme elle. Ses sœurs sont lépreuses... ou ses cousines, je ne sais plus... Pour ce qui est d'elle, il faut le croire puisqu'elle en souffre tant !

— Je crois, observa le fils de Halfdan Kiérulf que le mal qu'elle redoute lui a troublé l'esprit. Pauvre fille !

si jeune, et si belle ! — Et Jonas ? poursuivit-il en questionnant de nouveau Christian.

Celui-ci savait depuis un moment que c'était le nom du Lapon à qui lui et Miol devaient la vie. Le jeune garçon raconta de quelle façon et avec quel dévouement le Lapon les avait tirés du plus grand des périls et sauvés de la plus horrible des morts.

— Avance, Jonas, dit Arnold, tu as bien agi... Prends ma bourse, je te la donne sans compter.

— Tu le récompenses ? demanda Miol.

— Oui... pour l'amour de toi !

Elle rougit ; des larmes d'émotion mouillèrent ses longs cils bruns. Les remerciements du Lapon, et le geste gai avec lequel, redressant fièrement son corps long et osseux, il mit dans sa poche, après l'avoir soupesée, la bourse du riche fermier, fils de rois, firent diversion à la confusion de la Belle Lépreuse.

Arnold en vit pourtant quelque chose. Et tandis que Jonas, mettant de côté, toute fausse honte, s'apprêtait à vérifier le contenu de la bourse, le jeune Norvégien se détournait vers le coin le plus obscur de la pièce pour s'isoler avec sa pensée ; il se frappait le front de la paume de la main, comme pour y appeler la réflexion.

— Miol, dit-il enfin — et quelques domestiques qui s'étaient introduits un à un dans la grande salle en entendant l'accent grave de leur maître se pressèrent, attentifs, autour de la jeune fille, de Christian et du Lapon Jonas, plus épanoui que jamais — Miol, dit Arnold, quel chemin comptes-tu prendre... Oh ! quand tu nous quitteras ! — Ce sera toujours trop tôt. Mais je t'interroge ; mon père a pourtant fait inscrire sur la porte de la demeure du voyageur dans notre gaard : « Crains de fatiguer l'hôte que tu reçois ; il a besoin de repos, de vêtements secs et non de questions. » Eh bien ! je voudrais savoir, malgré tout, où tu veux aller!... Sur mon honneur et ma vie, il faut que je le sache !

— Je peux te le dire, répondit la jeune fille. Je continuerai mon pèlerinage d'humilité en quêtant mon pain sur ma route, de fiord en fiord et de lac en lac... J'en ai visité sept qui ont des « vertus ». Une vieille femme, rencontrée dans mes journées de marche, prétend que le lac de Tannförsen possède à lui seul plus de vertus pour guérir mon mal que toutes les eaux éprouvées l'une après l'autre. Si c'était vrai !

— N'en doute point ! s'écria vivement le gaardsmœnd, saisissant avec empressement ce moyen d'agir sur l'imagination de la jeune fille, qu'elle-même lui présentait. Cette femme t'a donné un avis précieux, et il faut faire ce qu'elle a dit. Tu plongeras dans les eaux de ce lac ta main malade, et elle sera bientôt guérie, et le germe du mal détruit. La cure est de sept jours. — Qui oserait me contredire? ajouta-t-il en promenant autour de lui un regard presque menaçant.

Et maintenant, fille d'Ole Borneman, efface les inquiétudes écrites dans ton cerveau.

Elle poussa un léger soupir et croisa les mains. Puis, comme si elle obéissait à une injonction mystérieuse, ses yeux perdirent leur fixité toujours effrayante, un éclair d'intelligence y brilla, ses lèvres pâles d'émotion se colorèrent, le sang monta à ses joues, sa poitrine se souleva par un mouvement plus rapide.

— Dans quelques heures, tu salueras mon père, et si tu veux te reposer encore un jour dans sa demeure, tu le peux. Mais après cela, ne perds pas un moment et mets-toi en route. D'ici, il n'y a pas bien loin au défilé qui met la Norvège et la Suède en communication. Au pied de la cascade de Tannförsen, s'arrondit un lac avec une petite île au milieu.

Tu t'y rendras : je le veux. Jonas connait cet endroit, je crois...

— Si je le connais ! Tu le demandes, petit père ! s'écria celui-ci en gesticulant.

Que dis-tu ? fit la belle enfant radieuse.

Arnold lui imposa silence de la main, comme il eût fait à un chien intelligent.

— Le moment n'est pas éloigné, reprit-il, où tu pourras retourner en toute confiance dans ta famille... à moins que... Nous verrons cela, Miol... Le mal ne reparaîtra plus jamais.

— Que dis-tu ! fit la belle enfant radieuse.

Arnold put voir dans ses yeux une rapide expression de bonheur, qui ne s'y était pas montrée depuis longtemps, et sur ses lèvres un sourire fugitif et voilé comme un premier rayon de soleil après l'orage. Ce sourire enveloppa le jeune homme comme d'une chaste caresse.

— Mais puis-je te croire? demanda Miol redevenue soudain inquiète et attristée.

— Crois au moins à ma sincérité, dit Arnold.

Sur la couronne de mes pères, ici resplendissante, je te jure, Miol que... je m'intéresse à toi. Où tu iras, je te suivrai en pensée; j'écarterai de toi tout danger...

Fie-toi à moi; ce qu'un homme peut faire, je le ferai pour mériter ta fidèle amitié.

La sauvage jeune fille était touchée de ce langage. Les mots semblaient avoir pour elle une valeur nouvelle. Dans la bouche de ce jeune homme, ils prenaient un accent qui la remplissait de trouble. Au cœur de la désespérée naissait une espérance. Celle qui n'avait jamais voulu être consolée, cherchait maintenant le regard qui lui donnait tant de force...

Lui aussi se sentit ému, comme il l'eût été en entendant un cri de reconnaissance.

Arnold s'était occupé de faire préparer un repas pour les trois voyageurs. Sur ses indications, ils se rendirent dans la salle où toute la famille venait d'ordinaire s'asseoir autour de la grande table de chêne.

Une servante déposa sur la table, dans une jatte de bois, la moitié d'un énorme saumon bouilli, du miel de Hedemarken, de la crème et du beurre, plusieurs tiges d'angélique, des mûres, des baies de myrtille et des airelles avec trois galettes rondes et plates.

Le fils de Halfden Kiérulf exerçant l'hospitalité au nom

de son père, reparut au moment où il jugea que ses hôtes étaient rassasiés : le Lapon et Christian seuls avaient fait honneur aux aliments froids servis à profusion. Le jeune fermier présenta de la bière à Miol, dans une corne montée en argent; puis il la fit conduire dans la maisonnette du gaard réservée aux voyageurs.

Christian et Jonas déclarèrent qu'un coin de l'écurie leur suffirait.

— Tu iras au lac de Tannförsen? demanda Christian à celle à qui il commençait à s'attacher.

— J'irai, oui, certainement j'irai, répondit-elle. Et si tu rentres à Bergen avant moi...

— Non, non, Blanche-Neige, ma « guérison », à moi, est plus longue à obtenir.

Tu seras heureuse et calmée, tu retourneras à Bergen au milieu de ceux qui t'aiment avant qu'un pareil bonheur me soit donné... C'est moi qui te confierai plusieurs missions; et tu pourras me rendre grandement service!...

Mais avant ce moment je ne te quitte pas; nous ne sommes pas étrangers l'un à l'autre, puisque nous avons vu le jour sur le même coin de terre; je t'accompagnerai à Tannförsen... Qui sait? il y a peut-être encore des télégroebs sur ta route, ou d'autres dangers.

Je serai là.

Et il haussa sa courte taille pour donner plus de valeur à ses engagements.

— J'aurais bien envie de ne pas accepter...

— Que dis-tu ?

— ... Si je n'avais pas tant besoin de toi.

— Merci, Miol !

— Tu es un brave enfant, et c'est moi qui te suis obligée.

## CHAPITRE X

### TROIS RIVAUX

— Laissons un peu mam'zelle Carina... avait dit Jean-François à Josillon, en se retrouvant tête à tête à Trondhiem avec son camarade d'enfance. O vas-tu avec ton sac, tout bouclé, à l'épaule ? Et répète un peu cette histoire d'un neveu... en pierre ?

— V'là ce que c'est, répondit Josillon... C'est pas avec toi que je voudrais mentir. Il y a un oncle de sûr et certain.

— Va toujours ! Après ?

— Et il y a un neveu.

— Naturellement... puisqu'il y a un oncle !

— Attends donc ! Il est mort le neveu... ou il est vivant... S'il est mort, il est enterré. C'est bon ! S'il est encore de ce monde, faudrait voir à le dénicher cet oiseau-là ! Et me voilà prêt... sac au dos !.. Belle brise de travers et le cap en route ! Au petit bonheur !

— Tu y tiens donc bien ?

— C'est pas moi qui y tiens ; c'est Lars Andersen, l'armateur, puisqu'il baillera cinq mille francs de sa poche à celui qui le ramènera.

— Enfin ! tu cesses de louvoyer ; tu t'expliques !

— Puisque tu me persécutes ! C'est pire que la bouline !

— Dis donc que tu voulais laisser à fond de cale les

cinq mille francs. Tu clouais dessus la grande écoutille... Tu as donc l'idée de les gagner?

— Je te crois! mais il faut pour ça qu'il soit vivant et frétillant...

Va toujours! Après?

— Et que tu le pêches

— Comme tu dis... Et c'est même plus de cinq mille francs, c'est mille... attends un peu... mille speciesdalers, mettons que le surplus est pour le change en bon argent blanc de France.

— Tu penses donc déjà au change? Foi d'homme! tu

y vois clair... et de loin... Pas de danger d'abordage avec toi !

— Il faut bien penser à tout !

— Alors, tu vas te mettre en campagne ? De quel côté mets-tu le cap ?

— Tout le long du fiord... après je verrai. Quand j'ai une idée, elle n'est pas mauvaise...

— Je te souhaite bonne chance, donc !

— On dirait que tu me vois quitter Trondhiem, la belle ville, avec plaisir ?

— Puisque tu es en passe de faire fortune !

— Et que tu en as déjà assez de ton camarade Josillon ?

— Si tu prends ce ton-là... il est inutile de continuer la conversation !

— Et que tu te prépares à être aimable tout seul avec la belle mam'zelle Carina ?

— Nous y voilà en plein ! Tu y es venu... mais tu as joliment couru des bordées.

Josillon devint rouge et serra les poings.

— Ah ! si je savais ! si je savais ! murmura-t-il d'un air menaçant. Si je savais, dit-il d'une voix qui faisait explosion, que tu ne sois plus pour moi, Jean-François, comme moi pour toi, Josillon ! à la vie, à la mort l'un pour l'autre !

— Eh bien ?

— C'est moi qui la détesterais cette Carina !

— Ça, c'est bien parlé. Amitié pour amitié. Je vais t'apprendre une chose. Je crois bien que le moussaillon que tu cherches est celui qui m'a échappé... Je l'avais ramené des îles Lofoden... pas sans peine...

— Oh ! ce serait un hasard !... la Norvège est grande...

— Mais la population est petite. Mon gars avait un air sournois... comme un enfant qui n'a pas la conscience nette, donc !

Josillon réfléchissait.

Ils suivaient en ce moment une large rue de fin de ville, où les maisons de bois tournaient à la cabane, au hangar, avec de grands espaces vides.

Un large pont de sapin se présenta, — celui qui est jeté sur le cours d'eau qui encercle Trondhiem. Ils s'y engagèrent. Le pont retentit sous leurs pas. Sur le bord d'un îlot, un pêcheur mélancolique, accroupi dans la vase, détourna un moment ses yeux du flotteur de sa ligne pour les regarder passer.

Mais Josillon, très absorbé, ralentit soudain son allure. Il se mit à regarder couler la rivière, comme si elle devait lui apporter une idée, un conseil.

De temps en temps, il imprimait une secousse à son sac, comme on fait pour le mieux sentir sur ses épaules, ou peut-être qu'avec le découragement ce sac s'était subitement alourdi. Tout à coup, vivement :

— Et combien y a-t-il de temps qu'il t'a faussé compagnie ?

— Qui donc ?

— Mais ce moussaillon de malheur !

— Ça se passait avant-hier... dans la matinée, approchant midi.

— Trois jours ! fit le Malouin exaspéré. Attrappe à courir !

Et violemment, il se déchargea de son sac qui bondit dans la poussière.

— Enfin te voilà raisonnable, lui dit Jean-François.

— C'est pourtant ce chemin qu'il a pris ! observa Josillon.

— Tiens ! tiens !.. Comment le sais-tu ?

— On me l'a dit, pardine ! Si on a une langue...

— Alors, tu n'étais pas si ignorant ?

— Parole sacrée !... j'ignorais le jour.

Jean-François éclata de rire.

— Tiens, tiens! tu étais vraiment bien renseigné! Par qui donc?

— Jarnigod!... il y a des gens tout le long du chemin pour vous répondre.

Et puisque tu ne viens pas avec moi... Eh bien! je t'accompagne alors.

— Il y a aussi mam'zelle Carina?
— Peut-être ben!
— Et tu t'ensauvais comme ça sans lui dire un petit bonjour, à la Norvégienne?
— C'est pas que je l'oublie, au moins. Ah! mais non!

*Fé dann Doué!* elle est froide, oui, mais n'y a glace qui ne dégèle.

— Et maintenant, Josillon, que vas-tu faire ?
— Je vais ramasser mon sac.

C'est ce qu'il fit.

— Et puis ?
— Et puis, je vais continuer sur cette route, puisqu'elle longe le fiord... A cet âge on aime l'eau... un bateau qu'on peut décrocher, ça vous fait perdre une demi journée... Et toi, où vas-tu Fignolet ?
— Je vais dire à Carina que tu t'es mis en chemin, donc !
— Je ne suis pas encore parti ! ah ! mais non ! Et puisque tu ne viens pas avec moi... Eh bien ! je t'accompagne alors, je ne te quitte pas.

Jean-François sourit.

— Est-ce par amitié ? dit-il.
— Faut pas en douter ou je cogne.
— Mais par amitié pour moi ?
— Cette question ! Et puis aussi j'ai un mot à dire à Johan Nordhall.
— Ça se trouve bien ! fit Jean-François prenant son parti du revirement d'idées de son camarade. Allons-y ensemble.

Les voilà revenant sur leurs pas. Les riverains de la voie avançaient un peu sur le seuil de leurs portes, les regardaient curieusement. A eux deux, ces Bretons, avec leurs gestes, leurs balancements de corps, leurs mouvements indécis tenaient toute la route.

Ils arrivèrent chez le patron de barque Nordhall.

De gais éclats de rire retentissaient dans la salle basse, où Magnus, assis devant Carina, tenait l'écheveau de laine qu'elle devidait, lorsque les deux jeunes marins firent invasion comme une trombe.

La présence de l'instituteur mit Josillon hors de lui. Jean-François pâlit légèrement.

— Je te croyais parti et bien loin, dit Carina à Josillon.

— Parti ?

— On t'avait vu avec ton sac sur le dos...

— C'est pourquoi je te retrouve si chagrine ! fit le Malouin d'un ton ironique.

Il tutoyait la fille du patron Nordhall suivant l'habitude du pays.

Une légère rougeur passa sur le front de Carina ; mais elle leva fièrement la tête, regarda son interlocuteur et répondit ensuite :

— Et pourquoi veux-tu que j'aie du chagrin ?

Magnus allait répliquer aussi et cherchait quelque parole mordante, lorsque Josillon reprit :

— C'est pas tout ça, il faut que je parle au patron Nordhall.

— Il est là, mon père, dit Carina en montrant la chambre du fond.

Avant que Josillon se fut retourné, Johan Nordhall lui cria qu'il allait venir.

— Non, non, ne te dérange pas, patron, dit le Malouin ; j'ai une communication à te faire entre quatre-s-yeux.

Il se dirigea vers la chambre où le patron pêcheur assis devant un petit bureau mettait de l'ordre dans ses écritures ; tandis que Carina qui s'était levée, gracieuse et souriante, offrait un siège à Jean-François, — ce que vit Josillon au moment où lui-même s'asseyait sans façon sur un escabeau et fermait la porte de l'étroite pièce.

— Voici la chose, patron Nordhall. Faut pas mentir : elle est jolie ta Carina !

— Ma fille ou ma goélette ? dit le marin. Toutes deux portent le même nom.

— Ta goélette ?

— Mais oui, et je vais l'armer pour la pêche du hareng d'été.

— On le pêche donc aussi l'été ? Va bien ! Je voulais causer un brin de ta fille. Il y a donc que c'est une fille superbe ! avec un regard franc et limpide comme l'eau de la mer dans un creux de roche...

— Tu ne le savais donc pas ? On le pêche depuis Bergen au sud, jusqu'au Nordland. Le poisson s'approche du rivage à la recherche des crevettes, dont il se nourrit de préférence...

— Alors tu vas partir ? Ça me contrarie dans mes projets... Jarnigod ! comment m'expliquer avec toi si tu es en train de haler sur l'amarre ?

— C'est comme tu dis... Que je sois changé en requin plutôt que de manquer une seule de ces pêches d'été. Le hareng est plus petit, c'est vrai, plus petit que celui de la pêche d'hiver, mais en revanche, il est plus gras, plus délicat...

— Oh ! je ne vas pas à l'encontre !... Et moi, je suis un mollusque, une huître ! V'là un quart d'heure que je louvoie comme un sabot pour te parler honnêtement de Carina, parce que le cœur m'en cause...

— Il y a temps pour tout ! fit Johan Nordhall désireux d'éviter cet entretien. Après la pêche d'hiver, vois-tu, la pêche d'été. Convenablement salé, il est préférable au hareng hollandais.

— Conséquemment, faudra que j'attende pour m'expliquer... Ta Carina me fait perdre la tramontane ; il n'y a que toi pour me remettre au vent de la bouée.

— Oût ! fit le patron Nordhall, disposé soudain à se gausser un brin du pauvre gars. Tu veux donc l'épouser ?

— En mariage. V'là une heure que je t'envoie la chose.

— Mais Josillon, on n'entre pas en ménage sans aucun avoir...

— Jarnigod! à qui le dis-tu? Aussi, j'ai à moi, ou c'est tout comme, mille... attends donc... mille species... dalers.

— Par toutes les morues du Vest-fiord, ce n'est pas possible, mon ami! dit le vieux marin en secouant la tête d'un air d'incrédulité.

— C'est comme ça, affirma Josillon. On ne peut pas mentir, pas vrai? Ça me vient de l'oncle... de l'armateur...

— D'un oncle à toi?

— Non, de l'oncle au petit monsieur que je suis en train de quérir. Je le lui ramène donnant donnant.

— Mais pour cela, il faudrait le tenir? l'avoir retrouvé? Ne m'as-tu pas conté qu'il était enterré, à Falun, en pierre, dessus, dessous et dedans.

— Possible que ça serait son portrait seulement; une photographie en pierre. Ça se fait peut-être... Mais Jean-François l'a vu; il l'a amené ici, il y a trois jours. Le moussaillon court une bordée, il s'agit tant seulement de lui jeter le grappin dessus.

— Ton camarade Jean-François, voudra la moitié des mille speciesdalers?

— Allons donc, patron, ça ne se partage pas ces choses-là!

— Alors, il serait en droit de tout garder : il aura plus tôt fait que toi de rattraper ce garçon, puisque déjà il l'a tenu à longueur de gaffe.

— Qu'est-ce qu'il ferait de tant d'argent, Jean-François? Moi, c'est pour entrer en ménage.

— Voyons, fais-le venir, que je sache un peu les choses avant de te répondre sur l'article mariage.

Josillon, comme s'il tombait de son escabeau, se précipita sur la porte du cabinet et appela son compatriote, qui en deux bonds vint le rejoindre.

— As-tu quelque idée de te marier, toi aussi? lui demanda brusquement le patron Nordhall.

— Oui..., depuis que j'ai vu Carina, répondit Jean-François. Pour elle, je crois que je renoncerais à tout!

— Aux mille speciesdalers?

— Non, je pensais à mon pays; à ma Bretagne...

— Il est de Saint-Servan, moi de Saint-Malo? observa Josillon rentrant de vive force dans la conversation; deux villes qui s'avoisinent; mais il n'y a pas de comparaison à faire.

— Laisse-moi donc tranquille avec ton Saint-Malo! répliqua Jean-François Le Goff, assez vexé d'être dénoncé comme n'étant que de Saint-Servan.

— Je te dis moi, que saint Servan n'est pas digne de cirer les souliers de saint Malo!

— Et les mille speciesdalers promis? fit Johan Nordhall.

— Malheureusement, je ne les tiens pas encore!

— Tu y prétends donc, toi aussi? fit le vieux marin.

— Pourquoi non? repartit Jean-François, si ça devait me faire bien venir à tes yeux, et me permettre...

— De me demander ma Carina en mariage? Doucement! Tu forces de toile, mon ami. D'abord Carina ne peut prendre qu'un mari, et je ne veux donner ma fille en mariage qu'à un vrai marin.

— Et Magnus Lindeman? dirent d'une seule voix les deux Bretons.

— Rien de fait avec lui!

— Patron Nordhall, dit Jean-François, tu m'as vu à la mer? Nous nous sommes amarrés bord à bord en Islande? Tu sais que j'en vaux bien un autre.

— Patron Nordhall, dit à son tour Josillon, moi aussi j'ai bourlingué; apprends-le; et j'ai passé plus de temps sur l'empointure d'une vergue de hune qu'à me pomoyer sur le plancher des vaches! Je vais rester ici, en

Carina, ma fille, donne-nous du punch, donne-l e bouillant.

panne, jusqu'à ce que tu me donnes ta fille. Voilà comme nous sommes tous à Saint-Malo, beau port de mer!

Johan Nordhall s'amusait de la verve de Josillon. Assez embarrassé de son rôle, il voulut mettre fin à cet entretien. Il se leva et, poussant familièrement hors du réduit les deux Bretons, il leur dit :

— Allons boire un coup d'abord ; que je sois changé en requin si je n'étrangle de soif. Pour votre affaire... eh bien, nous verrons plus tard...

Carina, ma fille, donne-nous du punch, donne-le bouillant.

Il fera froid cette nuit. On voit cela aux raies blanches qui rasent le ciel et les arêtes des rochers.

Il reprit :

— En attendant, ne négligez ni l'oncle ni le neveu. Mille speciesdalers, c'est une jolie entrée de jeu. Grâce à cette somme, on pourrait trouver un frère à ma goélette et un mari à ma fille.

Magnus Lindeman, tout en causant avec Carina, avançait une oreille du côté de la petite salle. Le maître d'école était assez norvégien pour éprouver pour l'argent une convoitise soudaine — qui se peignit sur son visage ; — et suffisamment assidu auprès de Carina pour ne pas se la laisser enlever sans batailler.

— Le proverbe a raison, dit-il : l'ordre des demandeurs est le plus considérable de tous les ordres. Je voudrais aussi placer mon mot. Les instituteurs itinérants en sont-ils, père Johan ?

— T'a jamais pâqué de la toile, toi ! fit Josillon, avec dédain.

— C'est juste, dit Magnus. Johan Nordhall a un faible pour les marins, pour les pêcheurs.

Le patron protesta.

— Oh ! j'ai bien aussi de l'amitié pour toi.

— Je t'en remercie, repartit l'instituteur : le son des fifres est agréable, mais un propos amical est encore plus doux ! Et puis, ajouta-t-il en appelant Carina à son secours, je sais des yeux qui pourraient plaider en faveur d'un simple maître d'école, si dans les hasards de ces allées et venues, il mettait la main...

— Achève, fit le père de la séduisante Norvégienne.

— S'il mettait la main sur les mille speciesdalers de la récompense. Ta fille est jolie comme une gélinotte des neiges et l'on ne saurait se donner trop de peine pour se rendre digne d'elle.

Le patron Nordhall accueillit bien cette déclaration, faite, non sans crânerie, par celui que Carina encourageait volontiers d'ordinaire.

Il avança son verre, on trinqua, et de nouveau les verres furent remplis...

Il buvait beaucoup, le patron, — comme tous les Norvégiens, il faut bien le dire.

En posant son verre pour la seconde fois, légèrement mis en gaieté par ce supplément aux liquides déjà ingurgités par lui, il poussa son cri favori : Oût! Puis il se mit à rire bruyamment.

— Après cela, conclut-il, je ne veux pas m'en mêler davantage : adressez-vous tous à ma fille, et faites valoir vos moyens.

— Bien parlé, mon vieil ami! dit Magnus.

Puis tout à coup, Johan Nordhall, devenant très grave :

— Ce sont des bêtises, dit-il, des imaginations... d'où est-il ce garçon? Voyons, le sais-tu?

— De Bergen, répondit Josillon.

— Et où l'a-t-on perdu de vue?

— A Bodoë. C'est là qu'il a quitté son père, après avoir fait périr au fond de l'eau un autre gars du même âge...

— Et il s'agit de le chercher... où ça? dit encore le patron Nordhall, très pressant.

— Mais... partout, patron, partout...

— Carina, fit le vieux marin, désormais fixé sur tout ce qu'avaient de chimérique les projets de tous ces jeunes hommes, par toutes les morues du Vestfiord ! si tu n'es mariée qu'à celui qui te ramènera le neveu de l'armateur par les oreilles, tu risques fort de rester fille...

— Oh ! il y a d'autres moyens à faire valoir pour avoir des droits, objecta Magnus Linderman.

— Lesquels? dit le père de Carina.

— Lesquels?... Quand demain, le jour viendra, viendra aussi le conseil. En attendant, patron, n'oublie pas le proverbe : Mange ton poisson, tandis qu'il est frais, et marie ta fille pendant qu'elle est jeune.

— Bien parlé! conclut Josillon! Laisse arriver! voiles largues! Et remplis les verres, ma belle enfant. Tout à la noce!

## CHAPITRE XI

### TRAITÉ D'ALLIANCE

Les deux Bretons sortirent de chez Johan Nordhall en s'essuyant les lèvres, mais avec le dépit de laisser auprès de Carina le maître d'école, qui s'était si franchement déclaré leur rival.

Ce fut d'abord une critique des faits et gestes des deux Norvégiens.

— Bien sûr, dit Josillon, qu'ils vont se boissonner jusqu'à ce qu'ils aient leur plein de liquide...

— Ils vont boire toute la cantine! observa à son tour Jean-François, aussi mal disposé que son camarade.

— J'aurais préféré à son tafia des grogs à la flibustière.

— Foi d'homme! il nous a pourtant bien reçu le vieux marsouin — soit dit sans lui faire de tort!

— Et puis son tafia... ça vous caresse la basane, tout de même... surtout quand on s'est affalé la carcasse à faire des déclarations de sentiment pendant plus d'un quart d'heure.

— Ça vous débrouille le tempérament, donc! fit Jean-François distraitement.

— Ces deux bidonniers-là, avant de se quitter s'en vont trinquer jusqu'à s'ivrer.

— Ça me chavire de les voir ensemble, unis comme l'ancre et le jas.

Josillon prit soudain un air grave, et se gratta l'oreille en disant:

— Jean-François... faudrait voir, pourtant à nous associer pour démolir ce failli merle de Magnus ! ce gros lascar ! ce ratapiat ! ce vilain oiseau ! Je ne donnerais pas une queue de sardine de toutes les belles choses qu'il peut enseigner à ces moussaillons de la moussaille, de long en large du pays !

— Quand je pense, observa Jean-François, qu'en ce moment, il est là, tout le temps, à dégoiser des douceurs à la belle, en meilleur langage que nous... malgré qu'on soit de fins marins...

Et il blêmissait de colère.

— Pardine ! s'écria Josillon, il a l'assiette au beurre devers lui !

— C'est du propre... qu'il faille supporter ça !

— Mais je vas lui couler un chien de ma chienne ! Ce serait fort de voir deux vrais Bretons de Saint-Malo et de Saint-Servan — c'est tout comme — se laisser enfoncer par un magister...

Ma fille, j'ai mon plan !.. ajouta-t-il subitement radouci.

— Parlons-en, mon Josillon ; allons-y en franchise, mon garçon, répliqua Jean-François, sur le même ton affectueux.

Les deux bons camarades se tâtaient mutuellement à seule fin de se supplanter. On verrait après comment on évincerait le maître d'école.

— Le voici mon plan... D'abord il y a que tu es un cœur !..

— Pas de flatterie !..

— C'est bon ! Il faut qu'un de nous, toi ou moi, reste à Trondhiem à portée de la cambuse du patron Nordhall, pendant que l'autre cherchera partout le gars. Nous ferons chacun notre quart...

— C'est bon ! fit à son tour Jean-François.

Il ajouta :

— Et si nous le trouvons... nous partagerons à nous deux les cinq mille francs ?

— Ah ! mais... ça dépend mon fignolet !

— Comment ça dépend ? Lequel de toi ou de moi se met en campagne ?

— Moi, dit Josillon ; cela vaut mieux.

— Ta raison ?

— C'est qu'il te reconnaîtrait du plus loin qu'il te verrait venir.

— Alors tu me charges de nos intérêts auprès de la blonde ?

— Dame ! il le faut bien, dit le Malouin très hésitant. On verra plus tard... si c'est une ingrate...

— Alors une supposition : tu le rencontres, tu le ramènes ; l'oncle tire sa bourse : nous partageons ?

— Mais si c'est moi qui l'ai trouvé ?

— Eh bien ! garde la place chaude auprès de Carina, moi j'irai à la recherche du gars...

— Tu le feras ensauver, voilà tout ! Tandis que par rapport à la belle tu parles mieux que moi la langue du pays.

— Foi d'homme ! si elle allait m'écouter, Josillon ?

Josillon devint vert. Puis il pensa que les mille spéciesdalers formeraient un bel appoint, rétabliraient ses avantages, et il réussit à prendre un air dégagé.

— Jarnigod ! j'en cours le risque, fit-il avec un sourire forcé.

— C'est topé... la main dans la main ?.. C'est dit..., c'est entendu... c'est convenu, dit Jean-François. Donc, si nous allions manger un morceau ?

— Ce n'est point de refus, répondit Josillon. J'ai l'estomac plus bas que mes talons. Ici, ils font leurs cinq repas chaque jour, et ils se rincent le gosier le reste du temps... Ce n'est pas un vilain pays pour ça, non !

Ils entrèrent dans une auberge, ouverte surtout pour les marins et les pêcheurs.

On leur servit du saumon fumé et des œufs durs.

Le saumon est dans le nord le pain du peuple, qui le mange de toutes les façons: grillé, bouilli, fumé, salé

Ils questionnèrent l'hôtelier sur le chemin qu'avait pu prendre un jeune homme étranger au pays.

et même cru; c'est la grande ressource du voyageur, tant qu'il reste à quelques lieues de la mer.

Tout en dévorant leur poisson et buvant leur miod — sorte de bière norvégienne — ils questionnèrent l'hôtelier sur le chemin qu'avait bien pu prendre un jeune garçon étranger au pays, et qui n'appartenait pas à la marine... Justement, le fils de l'hôtelier avait remarqué cet enfant : il sortait de Trondhiem par le pont du Nidelven.

— C'est la route que tu suivais ce matin, dit Jean-François à Josillon.

— J'étais si sûr du bon chemin ! Tout un chacun n'a pas mon intelligence !... C'est toi qui m'as fait virer de bord...

— Ah ! mais non, c'est bien toi ! Tu voulais t'expliquer avec le patron Nordhall... Le plus court pour toi, si tu veux amariner le gars, c'est de haler sur l'amarre et de filer ton nœud du même côté. Attrape à ne pas grouiller, donc !

— C'est facile à dire !

— Si tu veux, je te ferai un brin de conduite... jusqu'au bout du pont.

— Te v'là heureux, débarrassé de moi ! dit Josillon en se levant.

Et il jeta son sac sur ses épaules, avec une mauvaise humeur mal dissimulée.

— N'est-ce pas convenu ?

— Oui et non. Viens tout de même me faire un bout de conduite.

— Nous parlerons de mam'selle Carina, dit Jean-François avec une nuance d'ironie.

— Non, nous n'en parlerons pas ! Crois-tu que ça m'amuse de naviguer dans des parages que je ne connais brin ni miette ?...

Mais déjà ils étaient en route.

Cette fois, ils passèrent sans hésitation le pont de fortes charpentes jeté sur le fleuve qui isole la ville du côté de la terre, et se précipite et roule avec le bruit d'un torrent.

Bientôt Trondhiem se trouva derrière eux, blotti et

presque caché au fond d'une échancrure creusée par le fiord dans une triple enceinte de rochers et de montagnes.

En suivant la route qui longe le littoral du fiord, ils tournèrent brusquement et perdirent de vue la ville. Cette route taillée en corniche dans le roc, surplombait le fiord dont les eaux grondaient sous leurs pieds ; les lames déferlaient, la marée s'engouffrait dans des cavernes et se brisait contre les falaises.

— On dirait un coin de notre chère Bretagne, observa Jean-François.

— Oui, répliqua Josillon; mais il y a en trop, pour me gâter le plaisir de la vue, le vis-à-vis... ces grandes collines avec leurs sapins...

Les souvenirs du pays se présentèrent en foule. Ils parlèrent de leur enfance, de leur bonne amitié, et peu à peu ils s'attendrirent.

— Va, crois-moi, dit Jean-François, naviguons de conserve, pour nous entendre ; et à la papa avec du largue dans l'écoute.

— Va bien ! fit Josillon. Hohé ! Holà, hé, houp !

Le fiord s'élargissait, prenant les vastes proportions d'une mer intérieure. Les habitations clairsemées aux environs de la ville étaient devenues rares.

De loin en loin, sur le bord de la route, quelque petit champ de blé jaunissait au soleil de juillet la courte tige de ses épis ; une prairie se présentait entourée d'un buisson, par dessus lequel une vache étonnée les regardait passer ; mais d'habitation point. Un torrent annoncé par un murmure monotone coupait la voie, se précipitant sur un lit de gravier noir...

Ils cherchaient partout un toit hospitalier...

Au loin, sur les hauteurs, des bois de sapins leur faisait l'effet d'une mousse d'un vert foncé...

Les deux marins commençaient à s'effrayer un peu de l'entreprise commencée pourtant, par eux avec tant d'entrain.

— Elles seront longues les étapes, observa Jean-François.

— Bah ! fit son camarade ; il n'y en pas encore épais à Saint-Malo pour marcher si droits que nous, frais comme la rose...

Et il s'en allait d'un bon pas, se balançant comme au roulis, avec méthode.

— C'est pourtant par ici qu'il s'est ensauvé le failli drôle, reprit-il. Mais il ne faut pas aller plus loin sans demander de ses nouvelles...

— Si par malheur nous l'avions dépassé ?

— Vère ! En ce cas, nous ne le rattraperions jamais. Faut s'enquérir.

## CHAPITRE XII

### SUR LE CHEMIN DE LAVANGER

Au-dessus de leur tête, une sorte de chalet se dressait tout au bord d'une roche ronde comme par un miracle d'équilibre.

Retranchée derrière le balcon circulaire, une jeune fille les regardait curieusement.

Sa tête, remarquablement petite, avait une pose muline. Son teint pâle était bruni par le soleil ; la bouche seule tranchait par son éclat sur un visage gâté par la vie des champs. Ses cheveux partagés en deux tresses flottaient sur son dos. De son costume, on ne voyait que son corsage bleu attaché sur le devant par des lacets de laine rouge, et qui laissaient échapper à gros plis sur la gorge une chemise de toile bise.

— Faut y parler, dit Josillon. Parles-y toi, qui sait mieux son baragouin, puisque t'as passé plus longtemps avec tes trancheurs de morue... D'abord, soyons honnêtes, bonnets à la main...

Les deux Bretons se découvrirent cérémonieusement ; ce que voyant, la jeune Norvégienne, plus d'à demi sauvage, s'enfuit effrayée, ou peut-être intimidée par ces marques de respect.

— Elle n'est pas effrontée pour son âge, la petiote ! observa Josillon.

Une très vieille femme, aux cheveux jaunes, vêtue de guenilles rouges, la remplaça sur le balcon.

— Jarnigod! fit Josillon en se grattant l'oreille; nous n'avons pas gagné au change! Donc va toujours, Jean-

Une très vieille femme, aux cheveux jaunes, vêtue de guenilles rouges,
la remplaça sur le balcon.

François; dégoise-lui ton compliment, à la vieille au gréement filasse.

— Pardon, excuse, cria l'ami de Josillon — et il enflait sa voix en voyant la paysanne norvégienne se faire un cornet de sa main droite pour mieux l'entendre — où allons-nous en marchant tout droit, si ce n'est pas trop te demander?

— Hein? fit la vieille.

— Crie plus fort, Jean-François ; à révérence parler, elle est sourde comme un pot!

Elle n'était pas sourde, mais elle affectait de l'être : prudente comme les gens du pays, elle se tenait sur la réserve, observait les voyageurs...

— Dis-moi où nous allons? répéta le jeune marin en répliquant au cornet de la bonne femme par un porte-voix formé de ses deux fortes mains.

— Où vous allez?

— Oui.

— Comment le saurais-je, si vous-même l'ignorez?

— Au fait, c'est vrai, dit Josillon qui avait compris la réponse.

— Foi d'homme! murmura Jean-François, il n'est pas facile de s'expliquer à vingt brasses l'un de l'autre...

La vieille femme devina l'impatience de son mouvement.

— Mais aussi, dit-elle, tu es comme le chien Saur, que le roi Eysten avait donné pour souverain à ses sujets : tu prononces deux mots de Norvégien, et tu aboyes le troisième!

Jean-François vit bien au ricanement qui accompagnait cette observation que l'on se moquait de lui, là-haut, sur le balcon...

Il ne perdit pas courage et questionna de nouveau :

— Où mène ce chemin, bonne vieille?

— A Trondhiem, d'un côté...

— Nous en venons.

— A Lavanger, de l'autre côté.

— Qu'est-ce qu'elle te conte? demanda Josillon.

Son camarade lui donna une courte explication.

— Et Lavanger, c'est un fiord? un étang? un glacier? une ville? continua celui-ci en s'adressant à la bonne femme.

— C'est une ville... un port.

— Jean-François, parles-y du petit.

Alors, avec toute sorte de malentendus, de questions répétées, de réponses emportées par le vent, le *yes* de la langue anglaise remplaçant le plus souvent le *ya* norvégien dans la bouche de la vieille — elle prenait les deux piétons pour des Anglais — Jean-François finit par savoir qu'un jeune garçon avait cheminé l'avant-veille, non sur cette même route de Lavanger, mais sur la haute route en arrière... Il s'en allait un peu comme au hasard...

— Mais, cet autre chemin conduit aussi à Lavanger?

— L'autre chemin? répéta la paysanne surprise, non vraiment. Celui que tu vois là-haut est commode et sûr pour les hommes et les chevaux, mais non pour des gens comme vous, qui n'êtes guère accoutumés à marcher sur les rochers.

— Mais tu dis que l'enfant a pris ce chemin avant-hier?

— Lui et toi, répondit naïvement la vieille, cela fait deux : tu ne viendras peut-être pas te comparer à lui! L'enfant norvégien a des pieds de renne; il va, vient, monte, descend en courant, là même où nul autre ne s'aventurerait.

— Nous v'là renseignés, dit Jean-François à son compagnon. Il faut allonger le pas... forcer de toile...

Josillon pendant ces pourparlers avait soulagé ses

épaules du sac pesant et rebondi apporté par lui de Bergen.

Au moment de le reprendre, il se ravisa enfin.

— Jean-François, dit-il, ça t'es facile d'allonger le pas ! Tu t'en vas léger comme une demoiselle à la danse... Où est ton sac ? où as-tu laissé ton pouillement, tes frusques ?

— Mon sac ? Mais j'ai tout sur moi... tout ce que j'ai sauvé d'Islande... tout ce que j'ai rapporté des îles Lofoden...

— Tu as donc perdu ton avoir, alors, fignolet ?

— Oui, tout, excepté ce que j'ai sur le dos... ma voilure de rechange.

— Comment, ta voilure de rechange ? T'as qu'un bonnet ?

— Oui, mais j'ai trois vareuses et deux pantalons...

— Jarnigod ! c'est pour ça que tu me paraissais si dodu ! Ah ! mais oui, pour bonne elle est bonne celle-là !

Et Josillon pirouetta en s'esclaffant de rire.

— Et que tu me paraissais si rose de peau !

— C'est que j'ai trop chaud, tout en ne possédant presque plus rien... Si nous allions loin, tu me prêterais bien quelque chose.

— Possible... mais alors, vois-tu, il faut charger le sac... chacun à son tour, ma fille !

— Est-ce qu'il reste de la place dans ton sac... pour y arrimer deux de mes trois vareuses ?

— Essaye voir.

— Et aussi ma double culotte ?

Avant même d'examiner l'ampleur du sac, Jean-François mit bas successivement deux de ses vareuses. Il s'assit sur le bord du chemin, et Josillon l'aida à tirer son double pantalon.

— C'est comme si je dépouillerais un lapin! observa-t-il de son air le plus sérieux.

— Et maintenant, dit Jean-François en se secouant, suis-je bien comme ça ?

Josillon l'aida à tirer son double pantalon.

— Saperbleure de bois! s'écria Josillon, faut-il pas encore que je te serve de miroir?

— Allons! allons, ne te fâche pas.

Du haut du balcon, la vieille — et la jeune fille attirée cette fois par la curiosité — étudiaient, non sans rire aux éclats, cette singulière opération.

Le surcroît de vêtements fut roulé sur le sac, maintenu sous des courroies, et Jean-François, véritablement soulagé malgré tout, chargea allègrement ses épaules de cette trop riche garde-robe.

— Moi au gouvernail, toi à la manœuvre, en route ! Bonne prise et beau temps ! dit-il.

— Minute ! fit Josillon.

Et s'adressant aux Norvégiennes du chalet :

— Combien d'heures pour arriver à Lavanger ?

— Yes, répondit la plus âgée.

— Par sainte None et saint Divi son fils, j'en sais juste autant qu'avant.

— Avale ta langue et mets tes jambes au trot, dit Jean-François.

Et ils se remirent en route d'un pas souple et nerveux avec des refrains du pays, ou de bord, chantonnés.

Josillon enfonça son bonnet sur l'oreille gauche et se mit à siffler comme une douzaine de loriots.

Le fiord cotoyé par eux à une centaine de pas, se rétrécissait sensiblement ; ce n'était plus à certains endroits qu'un fleuve encaissé serpentant au milieu d'une accumulation de montagnes jetées en désordre et comme au hasard. Le moment d'après, les rives s'élargissaient de nouveau, et les flots verts se frangeant sur les bords d'une écume d'argent, venaient se briser sur un lit de cailloux. Il s'élargissait encore, et alors c'était un lac paresseusement endormi au pied d'une muraille de rochers ; de minute en minute on le perdait de vue pour le voir réapparaître à l'extrémité d'une gorge.

Un moment, ils perdaient le fiord de vue, mais toujours ils le retrouvaient.

Quant aux beautés du site, elles les laissaient plus que froids.

Si pittoresques que fussent les collines, elles ne présentaient pour eux qu'une suite d'ascensions pénibles. Quand ils atteignaient les sommets, c'était avec un ouf! de soulagement et une parfaite indifférence pour les merveilleux horizons tout à coup révélés.

Du côté du fiord suivi par eux, ainsi que sur la rive opposée, de longues vallées dont un cours d'eau occupait le fond, venaient aboutir au fiord, que l'on pouvait considérer lui-même comme une immense vallée remplie par la mer.

Ces fiords sont un des traits les plus remarquables de la Norvège.

## CHAPITRE XIII

#### RENCONTRE INATTENDUE

La journée s'allongeait indéfiniment, avec un crépuscule destiné à durer jusqu'à l'aube.

Mais nos deux Bretons exténués, affamés, commençaient à se demander avec inquiétude en quel lieu ils trouveraient à se reposer et à calmer les tiraillements de leur estomac. Jean-François se montrait ordinairement sobre, mais Josillon était, comme on dit, porté sur sa bouche... Cela se voyait à sa forte machoire si bien endentée.

Et personne à qui s'adresser pour se renseigner sur un gîte ! Pas la moindre hutte suspendue aux flancs des coteaux.

Tout à coup, à un tournant du chemin, les deux voyageurs perçurent le trot de plusieurs chevaux.

— Tiens-toi droit tous les deux, v'là du monde ! s'écria Josillon.

Ils pressèrent le pas et bientôt, ils virent, débouchant d'un chemin transversal qui venait rejoindre la route, deux dames à cheval.

Un jeune garçon courait à côté de leurs montures.

— Si c'était notre gars ? exclama Josillon, en ouvrant de grands yeux.

— Il n'en a pas la tournure, repartit son ami... Il ne lui ressemble pas plus qu'un chaland à un yacht. C'est ce qu'ils appellent ici un *skydsgut,* ou un *skyds* tout court : ces gars-là, ça accompagne les chevaux de louage ou les karrioles et ça les ramène.

En quelques minutes, ils arrivèrent à l'intersection des deux voies.

Les voyageuse étaient, à ne pas s'y méprendre, des Anglaises.

Les voyageuses étaient, à ne pas s'y méprendre, des Anglaises, — l'une toute jeune, très jolie, bien prise dans sa robe de cheval. Un mignon chapeau de paille coquettement posé sur de beaux cheveux blonds très ondulés, laissait flotter au vent un long voile de gaze. De sa main finement gantée, elle secouait un stick à pomme d'or.

Si l'on ajoute les fortes et hautes bottines dénonçant une voyageuse qui ne craint pas les rochers, de longs gants de peau montant jusqu'au coude, et l'inévitable sac de maroquin pendu au côté et contenant la lorgnette le guide et la bourse, on aura plus que le signalement de la jeune miss.

L'autre, Anglaise, âgée de plus du double, brune et très maigre, avec des façons de gouvernante ou de demoiselle de compagnie, semblait l'escorter, sans doute avec charge de réfréner au besoin des fantaisies par trop « britanniques ». Sous son chapeau de paille noir, son voile vert rabattu, elle semblait serrée dans son caoutchouc comme dans une gaîne.

Tandis que la séduisante miss regardait de tous ses yeux, dans toutes les directions, afin de charger sa mémoire de l'entière physionomie du paysage, la gouvernante, abandonnée à l'allure de sa monture, paraissait indifférente à tout ce qui n'était pas dans ses attributions.

Les chevaux étaient ceux du pays, — de petits chevaux couleur café au lait, guère plus haut sur jambes que des poulains, dodus et râblés. On les devinait doux et dociles.

Ils étaient, comme l'avait vu tout de suite Jean-François, sous la conduite d'un skydsgut.

Ce jeune garçon semblait avoir de douze à treize ans, mais il ne possédait rien de l'aménité de ses chevaux : son front bas, donnait à son visage une expression dure ; des cheveux d'un blond très pâle presque blancs, collés aux tempes, des yeux comme en ont les albinos, en faisaient presque un être disgracié.

Dès qu'ils se virent aperçus, les deux Bretons saluèrent les dames très cérémonieusement. Même Jean-François prit la liberté de leur adresser la parole :

— Sommes-nous bien, Mesdames, sur le chemin de Lavanger ?

Il s'exprimait dans l'idiome local — avec quelque difficulté selon son habitude. Son accent étranger amena un sourire sur les lèvres de la jeune miss, qui se fit un malin plaisir de lui faire entendre par signe qu'elle ne comprenait pas.

Josillon déjà avait deviné la nationalité des voyageuses — comme Jean-François, du reste, dès qu'il s'était approché.

— C'est des mistress Rosbif, dit-il à son compagnon en le poussant du coude.

La jeune Anglaise n'entendit pas précisément cette observation inconvenante : l'accent seul du Breton la frappa.

— Vous êtes Français ? dit-elle à Jean-François.

— Français et Bretons descendants de Bretons... pour vous servir, mam'zelle répondit le jeune marin, tandis que derrière lui Josillon esquissait une révérence et, de son pied ramené en arrière, marquait la voie des clous de ses chaussures. Mais puisque vous parlez si bien notre langue, ce sera peut-être un effet de votre bonté de nous dire si ce chemin conduit à Lavanger.

— Mais oui... c'est la route carrossable, répondit la jeune Anglaise.

Pour couper court à cet entretien en plein air avec des inconnus, l'autre Anglaise jugea prudent d'intervenir.

— Sarah ! fit-elle, et ses lèvres avancées semblèrent dire : *Shocking* ! Elle ajouta distinctement en s'adressant au skyds :

— Et vô, la petite guide, piquez la mioulette !

La « mioulette », c'était le petit cheval tranquille tombé au rang de simple mule. La vieille demoiselle (sa réserve disait son état civil) tenait à se montrer capable de s'exprimer dans la même langue « comme il faut » que sa jeune élève.

Malheureusement, « la petite guide » ne savait pas le français.

Du reste il n'eut pu entendre ; Josillon l'avait pris à

Et vó, la petite guide, piquez la mioulette.

partie, et le jeune garçon tout en retenant les deux chevaux par la bride, regardait de quel côté, au besoin, il pourrait s'esquiver.

— Écoute ici à me répondre ! lui disait le Malouin d'une voix qu'il voulait rendre impérieuse. D'où que tu viens, toi ? Depuis quand es-tu avec ces Angliches ? Est-ce que tu ne serais pas celui que nous cherchons ?

Josillon s'exprimant en français à l'exemple des étrangères, interrogeait avec un ton si singulier, que le skyds se fit un bouclier de son coude élevé à la hauteur du front — comme fait un mauvais sujet habitué à recevoir des taloches.

— Le diable t'élingue ! fit Jean-François. Te tairas-tu ? Puisque je t'ai dit que ce n'est pas lui !

La jeune miss prit la parole :

— Il ne peut pas vous comprendre, dit-elle. C'est notre guide, notre groom, fourni par le relais... Tenez, là-bas...

Et elle désignait de son stic une maison à demi cachée dans un pli de la montagne, plus près du ciel que de la route. Evidemment, c'était là que ces dames avaient trouvé des chevaux frais, après une halte nécessaire.

— Jarnigod! s'écria Josillon; c'est pas encore ce soir que nous mourrons de faim !...

— Trop longuement parlé à ces gens, Sarah ! observa la respectable gouvernante. Il faisait jour ici, mais c'était le nouit ! Je avais bien dit vô le « misfortune » de « traveller » avec le crépisquioule ! Et vô, petite groom, piquez la mioulette...

— En dit-elle, l'amazone au voile vert, ce bijou d'écuyère ! observa Josillon. Lâche-les, fignolet ; nous en savons maintenant autant qu'elles, et si le cœur t'en cause, nous irons à cet endroit où on loue des chevaux demander quelque chose à mettre sous la dent, avec deux ou trois bolées de n'importe quoi pour le faire fondre.

## CHAPITRE XIV

### AU RELAIS DE BENSERUDE

Les deux marins quittèrent les voyageuses. Une demi heure plus tard ils atteignaient le relais.

Mais la soirée était avancée — bien que le ciel fut clair. La maison demeura fermée, sourde à tous les appels.

Josillon, affolé, se mit à en frapper la porte à coups redoublés, avec son bâton.

— Ouvrez l'huis, ou je démolis la bijude ! criait-il dans son français de Bretagne.

A la fin, une des deux fenêtres de l'unique étage fut entre-baillée. Une voix de femme s'enquit du motif de tant de bruit, et quand elle sut que c'étaient des voyageurs, elle les pria d'attendre.

Quelques minutes après, — bien longues pour l'affamé Josillon, — la porte s'ouvrit et, sur le seuil, se montra une servante — une grande et forte fille, ayant la charpente solide de la véritable race normanique, le front large, les yeux clairs. Elle reçut les étrangers d'un air ouvert et presque candide.

— La journée était considérée comme finie, dit-elle en s'excusant, et Jorgen Moë, le maître, venait de se coucher.

Cette servante, ou « pige, » devait être une femme du Télémark, car elle en portait l'épaisse robe de laine bleue très foncée, le pantalon en étoffe rouge tenant lieu de bas, et serré sur le cou-de-pied, au-dessus de souliers carrés à semelles épaisses. Ses longs cheveux blonds tressés, lui pendaient sur le dos.

Les Bretons furent introduits dans la maison, plus pro-

Ouvrez l'huis ou je démolis la bijude! criait Josillon.

pre et plus claire que ne le sont d'ordinaire les habitations des paysans norvégiens.

Le mobilier se composait de coffres peints de diverses couleurs, d'une table, et d'un lit recouvert de peaux, adhérent à la muraille.

Ce lit, le maître du relais venait de le quitter. Il achevait de s'habiller, sans mauvaise humeur, et comme un homme habitué à être souvent dérangé de son sommeil.

Un grand coffre peint en bleu portait des noms et une date. D'un signe il invita les voyageurs à s'y asseoir.

En quelques mots, Jean-François fit connaître leur intention de se reposer, mais non sans avoir fait un repas assez substantiel ; ils venaient de Trondhiem.

Avant même d'en avoir reçu l'ordre, la pige ravivait les charbons du foyer, placé dans un coin. Bientôt un feu clair flamba, éclairant les murs, les solives enfumées du plafond. Le chaudron fut suspendu à son croc et Josillon eut enfin la douce satisfaction de voir préparer la soupe au gruau.

Il est vrai de dire que sa joie fut de courte durée. La pige ajoutait au gruau remué avec soin, des pruneaux et des harengs saurs. Révolté à l'idée que la cuisinière pour aller plus vite mettait à la fois dans le même chaudron tout ce que la maison renfermait de vivres, il allait éclater.

— Mais c'est la soupe nationale ! lui dit Jean-François, tu as dû en manger ?

— Peut-être ben ; mais c'est donc que je ne l'aurais pas vu mettre au feu.

— Soyez les bienvenus, dit enfin le maître de céans.

Et il s'avança vers ses hôtes, l'air très digne.

Une branche de bois résineux, allumée au foyer et plantée dans un anneau rivé au mur de la cheminée, acheva d'éclairer la salle, et la figure de Jorgen Moë se détacha vigoureusement avec ses trait un peu durs. De sa courte pipe déjà allumée, il tirait d'épaisses bouffées de fumée.

La torche brûlait avec une grosse flamme rouge dégageant une fumée noire qui roulait sous le plafond et sortait peu à peu par la porte demeurée ouverte.

Les deux voyageurs échangeaient avec Jorgen Moë, quelques paroles : compliments de bienvenue, nouvelles du temps et des chemins, etc... Josillon ne perdait pas de l'œil le chaudron en ébullition.

Enfin la pige servit le souper.

Le maître du relais prit place à la petite table sans nappe et sans assiette, autour de laquelle Jean-François et Josillon s'étaient assis sur des escabeaux de bois. Jorgen voulait donner l'exemple, et n'était pas fâché, puisqu'on l'avait réveillé, de faire un repas supplémentaire.

Le fameux potage national, servi dans une gamelle de fer, chaque convive devait l'attaquer avec sa cuiller de corne. Josillon tournait et retournait sa cuiller n'ayant pas l'air de se rappeler par quel bout ça pouvait bien se tenir. Il le goûta enfin, et fit une si risible grimace que la servante ne se gêna pas pour faire entendre un gros rire sonore.

Une expression d'horreur était peinte sur le visage du gourmand Breton. Il trouvait la soupe salée et sucrée : Trop de sel ou trop de sucre !

— Faudrait s'affourcher à quatre amarres autour de cette table pour en voir la fin, dit-il.

Tout grimaçant et, tout autant affamé, il but coup sur coup plusieurs verres d'ole — qui est la bière norvégienne.

On peut croire que Josillon se rattrapa sur des mets plus à son goût, notamment d'excellent saumon servi en abondance.

La servante alla chercher à l'office quelques galettes de farine d'avoine rondes et minces, et sur une planche quelque chose de noir comme un gateau de tourbe, et dont le parfum qui s'en exhalait inspira tout de suite à Jean-François une crainte mêlée de réserve : — il avait reconnu le « gamle-ost », ou vieux fromage, délice du montagnard norvégien.

Mais Josillon n'éprouvait pas la même répugnance. Il attaqua le gamle-ost en s'écriant :

— C'est du bon, oui, c'est du bon ! Si mon cousin Conan en avait eu du pareil dans sa dernière maladie, il ne serait jamais mort. Quant à la boisson, j'aimerais mieux du petit cidre de Bretagne, mais à ta santé tout de même, Jorgen Moë ! à ta santé, Jean-François !

Le maître de poste acheva sa portion de gamle-ost en se léchant les lèvres, puis la servante emporta soigneusement le reliquat odoriférant pour le mettre à l'abri.

Alors Josillon pressa son camarade d'interroger Jorgen Moë sur le petit groom donné comme guide aux dames anglaises.

— Il n'est point beau le gars, ah dame ! non, observait-il ; mais les cinq mille francs c'est blanc et luisant et beau à gagner.

— Josillon, lui dit son camarade, pour l'entêtement tu rendrais des points à six Bretons. Mais je vais questionner... pour te faire plaisir... Il est à toi ce garçon que j'ai vu avec des Anglaises ? demanda-t-il à Jorgen Moë.

— Hein ? fit celui-ci, en regardant fixement l'étranger, pour deviner sa pensée.

— Est-ce ton fils ?

— Tu veux savoir si c'est mon fils !

— Oui... s'il n'y a pas de mal à le demander ?

— Oh ! il n'y a pas de mal à le demander !

Il y eut un silence.

— C'est un solide gars, et bien planté sur ses jambes, reprit le Breton attaquant d'autre façon le mutisme du Norvégien.

L'œil prudent du maître de relais, allait de l'un à l'autre.

— C'est, dit-il, du skyds que tu as rencontré, que tu me parles, alors ?

— Mais oui, mon vieux.

— Qu'est-ce qu'il répond ? fit Josillon.

— Foi d'homme ! dans quinze jours je te le dirai... si nous sommes encore ici; il ne faut pas moins de temps pour lui tirer une parole. — Quel âge a-t-il ce gars ? ajouta-t-il en se tournant vers le maître de poste.

— Et tu veux savoir l'âge qu'il a ?

C'était à désespérer d'en rien tirer. Jean-François s'entêta, et au bout d'un quart d'heure, il sut que le skyds se nommait Ivar, — il en avait deux autres pour ses chevaux et ses karrioles — et que c'était un enfant venu on ne savait d'où, — de Bodoë peut-être, dont il parlait volontiers — en tout cas, un garçon échappé à ses parents, et difficile à diriger comme on ne l'imagine pas !

— Si c'était le neveu à son oncle ! pensa Jean-François, devenu très attentif depuis qu'on avait nommé Bodoë, — puisque c'était aussi dans cette presqu'île voisine des Lofoden que les Andersen avaient perdu leur enfant.

Josillon avait trop compris pour qu'il fut possible de lui cacher les révélations de Jorgen Moë. Jean-François en prit bravement son parti.

— Part à deux ! dit-il à son camarade ; ça tient-il toujours ?

— Ce moussaillon serait donc le neveu de Lars Andersen ? répliqua le Malouin.

— En tout cas, ce n'est point le jeune garçon que j'ai ramené des îles Lofoden. Pour ça, j'en suis sûr et certain.

— Qu'est-ce que ça peut nous faire de choisir l'un ou l'autre ; nous n'avons pas de préférence ? Quand rentrera-t-il, le gars ?

— Au matin... puisque les Anglaises ont voulu voyager à la fraîche.

— Faudra le guetter et savoir les choses.

Ils parlèrent du coucher.

Il y avait dans le logis de grands coffres renfermant des sacs de plume ; mais on les réservait pour les voyageurs d'importance. La servante apporta quelques brassées de foin odorant qu'elle étendit à terre dans un coin de la salle basse. Nos deux Bretons durent s'en accommoder : la jeunesse et la fatigue aidant, c'était plus qu'il n'en fallait pour bien dormir.

Mais après quelques heures de repos, ils furent réveillés par des allées et venues, plus bruyantes que de coutume dans le logis. Les deux camarades en un instant sur pied, en apprirent promptement la cause.

Les chevaux loués aux Anglaises étaient revenus tout seuls, et se roulaient devant la maison dans la poussière afin de se sécher le poil. Il devait être arrivé malheur au skyds, répétait la servante sur un ton désolé.

— Gageons que le failli drôle s'est encore ensauvé ! s'écria Josillon.

C'était justement ce que disait dans le même moment Jorgen Moë :

— Oui, il est parti ! Il m'a fait voir le tour ! Si jamais je le rattrape !... Inutile d'aller à sa recherche... il n'est ni malade ni blessé...

Il tira de sa poche une montre en argent grosse comme un œuf, et en examina les aiguilles.

— Il y a sept heures que les Anglaises l'on emmené, ajouta-t-il.

— Jean-François, dit Josillon, puisqu'ils sont deux,

maintenant à courir la campagne, il y en a un pour moi et un pour toi. Lequel veux-tu ? Celui des îles ? Je prends l'autre. Nous verrons qui tiendra le bon... C'est comme à la loterie, jarnigod!

— Tu ne choisis pas le plus mauvais numéro : le gars Ivar est plus facile à rejoindre que mon petit Axel : on se souvient qu'Axel était le nom pris par Christian pour mieux déconcerter toute recherche.

— Mettons-nous tout de même en route, reprit Jean-François ; nous verrons à décider la chose...

Josillon, par amour de la propriété plus que par dévouement à son camarade, chargea ses épaules du sac contenant la garde-robe commune, et l'on se prépara à partir.

— Dis-leur un grand merci seulement, insinua Josillon à son ami. Moi, j'ai jamais rien payé dans ce pays.

Mais déjà Jean-François fouillait dans son gousset, demandait le *regningen* qui correspond à notre carte à payer.

— « *Den vill* : » Ce que tu voudras, fut la réponse moitié courtoise moitié fière de la servante.

Alors le Breton lui glissa dans la main deux marks, qu'à son tour elle fit passer sans fausse honte dans la poche de la veste de maître Jorgen Moë.

— C'est bon! v'là qu'est entendu, fit Josillon ; paie toujours, fignolet ; nous réglerons plus tard... sur l'argent de la prime.

Le visage de Jorgen Moë se dérida enfin, comme s'il voyait avec plaisir s'éloigner ces hôtes un peu trop bruyants.

Cependant il échangea cordialement avec eux quelques poignées de main, et nos Bretons franchirent le seuil de la maison de relais.

— Quand la soute est pleine, observa judicieusement

Josillon, le temps file vingt nœuds à l'heure. C'était pas un motif pour rester affourchés autour de la table de maître Jorgen.

Puis brusquement :

— Ça te va-t-il ?

Alors le Breton lui glissa deux marks dans la main.

— Quoi donc ?

— Ce que je t'ai proposé... pour les deux gars ?.. un chacun ?.. Qu'est-ce que tu dis, fignolet ?

— Faudrait donc que nous allions chacun de notre côté ?

— Supposition ! nous rencontrons l'un ou l'autre de

ces moussaillons... Conséquemment, si c'est le tien, et si c'est le bon... tu me donnes la moitié des cinq mille. Si c'est le mien...

Josillon hésitait.

— Mais ça revient au même, alors! s'écria Jean-François.

— Eh bien! voilà la chose comme je te l'envoie : c'est le premier qui aura dévisagé le bon... qui touchera la prime.

— Ça c'est pour des chicanes à n'en plus finir! Voyons, nous sommes amis, pas vrai? restons amis! Ce qui a été dit est bien dit! Il faut s'y tenir.

— Amis! je te crois bien que je veux rester ton ami! s'écria Josillon, très sincère. C'est pas mille species... speciesdalers, ni tant seulement une fois autant avec, qui viendraient mettre le désaccord entre deux gars qui sont de Saint-Malo et de Saint-Servan depuis leur jeune âge... Ah! mais non!

T'as souvenance, hein? comme on se donnait des roulées en pêchant des coques sur la plage? Une fois qui fut, je t'avais quasi désossé.

— C'était le bon temps! soupira Jean-François. Il ajouta : Mais je te l'ai rendu, Josillon : tu en es resté tout désarticulé plus de trois jours...

— Oh! je ne te réclame rien, ma fille!.. Tiens, t'es un caïman !

— Et toi, mon matelot, un vrai requin! une peau tannée! un flambart, comme disent les Parisiens.

Ainsi devisant, riant et se remémorant les belles années de leur enfance, nos deux Bretons cheminaient sur les routes cailloutenses de la Norvège. De temps en temps le sac passait des épaules de Josillon à celles de son compagnon pour revenir ensuite au Malouin.

Toujours celui-ci le faisait sauter une fois ou deux

comme pour en apprécier le poids, et en émettant quelque réflexion philosophique de ce genre :

— C'est pas le bien qu'on a qui pèse : ce qui est lourd c'est la misère.

## CHAPITRE XV

### LE BATEAU DU PASSEUR

Dans la deuxième moitié du jour, ils atteignirent la jolie rivière de Stordal-elv.

En approchant de l'endroit où le bac mettait les voyageurs d'une rive à l'autre, leur surprise fut grande de retrouver là, impatientes, exaspérées, les deux Anglaises, à cheval encore, mais sur deux montures fraîches, conduites cette fois par une mince et droite fille des campagnes, au visage hâlé, aux pommettes saillantes.

Ses cheveux bruns, partagés sur la tête sans beaucoup de soin, retombaient en deux nattes inégales, l'une sur l'épaule, l'autre sur la poitrine, nouées par de petites ficelles. Elle portait un jupon rayé gris et bleu, un corsage rouge, et sa tête était coiffée d'un chapeau de grossière paille... ou peut-être d'osier.

Dès qu'il aperçut la jeune miss et sa gouvernante, Josillon se livra à une pantomime extravagante. Ses gestes traduisaient avec tant d'expression son étonnement que miss Sarah se mit à rire, et dans son français un peu insuffisant, elle lui dit :

— Surpris, n'est-ce pas? de voir que nous n'allons pas plus vite à cheval que vous autres à pied.

— De sûr et de vrai, ma belle demoiselle, c'est ce qui m'ébaubit! Mais vous n'avez pas toujours navigué sans relâche?

— Tais-toi donc, espèce de marsouin ! murmura Jean-François en donnant à son compagnon un coup de coude dans les flancs.

Alors le Malouin s'adressa à la gouvernante :

— Faut pas mentir ! lui dit-il en manière d'exorde. Vous qui êtes une femme d'âge, il vous est arrivé quelque malheur en route, pas vrai ? Le petit gars... qu'est-ce que vous en avez fait ?

La sévère Anglaise prit un air très digne et regarda du côté de la rivière.

Jean-François fut plus heureux en questionnant la fille au chapeau de paille. Il sut d'elle que ces dames accompagnées par le skyds jusqu'au dernier relais s'y étaient reposées deux ou trois heures; il y avait aussi plus de deux heures qu'elles attendaient le passeur. Que de fois on l'avait pourtant appelé cet homme !

Le Breton offrit à la grande fille de héler à son tour; et il demanda comment il se nommait.

— Aasmund Olavson.

Jean-François se fit redire ces noms, puis il les répéta d'une voix ample et sonore, avec un creux qui lui valut un sourire de la belle miss.

Les échos seuls redirent le nom du passeur.

Rien ne remua sur la rive...

Les trois femmes regardaient de tous côtés pour voir si elles verraient accourir quelqu'un.

— Je vais aller chercher le bac ! s'écria soudain Jean-François, tout ragaillardi à l'idée de rompre un peu la monotonie du voyage.

— Vous ? fit la jolie Anglaise, ravie et charmée; flattée même de cet empressement du jeune marin breton qui lui faisait cette offre avec un si bon sourire !

Elle en rougissait de plaisir.

— Ça me connaît la navigation, et nous vous passerons bien avec vos chevaux, mon ami et moi. Qui sera surpris, c'est cet animal d'Olavson lorsqu'il trouvera du crottin dans sa barque.

— Ça y apprendra à ne pas se coucher si tôt... s'il veut gagner son souper! observa Josillon.

Jean-François faisait mine de quitter ses chaussures et sa vareuse pour entrer dans l'eau, nager au besoin ; mais la brune conductrice des montures lui indiqua un gué en amont, où il serait beaucoup moins mouillé. Ce gué, lui dit-elle, coupé de trop de roches, ne pouvait servir de passage à ses chevaux.

Le Breton prit la direction du gué.

Les Anglaises observaient curieusement ce qui allait se passer. Miss Sarah se promettait d'écrire l'incident à ses belles amies, et sa gouvernante songeait à en faire une rédaction pour un *Magazine*.

Josillon, avec un geste large et un ton emphatique, pérorait :

— Vère! c'est rien difficile ce que Jean-François va faire! J'en ferais tout autant, vu qu'il est de Saint-Servan et moi de Saint-Malo, et qu'il n'y a pas de comparaison... Mais, dites-moi un peu, mesdames, sans vous faire de chagrin... qu'avez-vous fait du gars... que vous aviez hier avec vous.

— Du skyds? dit la jolie Anglaise, bien forcée de s'humaniser.

— Ivar, on le nomme de son nom.

— Ah! le mauvais garçon, fit la Norvégienne. Il a abandonné ses chevaux et il est parti.

— C'est bon! Je m'en doutais... mais de quel côté?

— De ce côté-ci. Il aura dû passer le gué : ce n'est pas pour l'embarrasser...

Il est possible, en effet, qu'un gué à franchir ne soit pas chose difficile pour un Norvégien; mais Jean-François connaissait mieux la mer que les rivières. Il le montrait bien dans le moment même, en glissant d'une des roches moussues disposées comme les piles d'un pont, et en entrant dans l'eau jusqu'aux épaules.

Miss Sarah poussa un petit cri d'effroi, et sa gouvernante s'épanouit d'aise en pensant à son article.

Le Breton, une fois mouillé, voulut au moins montrer son talent de nageur, et en quelques brassées, il eut bientôt atteint la rive opposée. Il détacha le bac, et força de rames pour amener vers les voyageuses la lourde barque carrée à fond plat.

— Je vous remercie! lui cria miss Sarah, bien avant qu'il abordât.

— Restez à cheval, mesdames, dit la fille brune, je connais mes bêtes, elles ne bougeront pas.

Elle prit les chevaux par la bride, un de chaque main, Josillon leur donnait des claques sur la croupe: l'embarquement fut vite fait.

Le Malouin avait saisi une rame, Jean-François poussait avec une gaffe, et le bac se trouvait déjà en pleine eau qu'il semblait à peine avoir démarré.

— J'ai des nouvelles, disait mystérieusement Josillon tout en ramant.

— De qui les tiens-tu?

— Des Angliches, pardine! J'ai toujours été apprécié favorablement par les dames... Ivar... le failli merle, il a filé par ici...

On allait aborder.

Tout à coup le bac, qui avait légèrement dévié de sa ligne, s'arrête en raclant un fond haut.

C'est en vain que les deux marins s'armant de perches essayent de le dégager.

Dans cette extrémité, Josillon à son tour tenta d'appeler Olavson à la rescousse... Olavson ne répondit pas davantage. Il fallut songer à prendre un parti.

Le cheval de miss Sarah entra docilement dans l'eau dirigé par Jean-François, de sorte que l'Anglaise se trouva en un moment hors d'embarras.

Le Malouin aveuglé par les fanfreluches de son aimable fardeau,
buta, glissa et s'assit dans la rivière

Mais c'est en vain que Josillon essayait d'accomplir la même manœuvre pour la monture de la gouvernante. Le cheval ne voulant pas entrer dans l'eau; il se serait cabré plutôt, et l'Anglaise au voile vert, médiocrement habile en équitation, eut peur, étendit les mains vers Josillon, qui dût la prendre dans ses bras et se mouiller les jambes en dépit de tout.

Le pis est que le Malouin, aveuglé par les fanfreluches de son aimable fardeau buta, glissa et s'assit dans la rivière, toujours avec la gouvernante dans ses bras.

— Jarnigod et *Fé d'ann Doué !* jurait-il.

La bonne demoiselle, sentant le froid de l'eau, prit son élan, sans même accepter l'aide de Jean-François.

Dans le bac, la Norvégienne cinglait la bête récalcitrante. Elle grimpa sur son dos décidée à lui faire franchir la courte distance qui séparait le bac du bord de la rivière.

— Et mon sac? lui cria Josillon, qui sentait se coller sur lui ses vêtements mouillés.

Elle se pencha, saisit l'objet, le plaça derrière elle, et faisant rage de sa houssine, elle força le cheval à entrer dans l'eau.

La cavalcade se reforma et les deux Anglaises, après avoir affectueusement remercié les jeunes Bretons, allaient se remettre en marche, lorsqu'on entendit un bruit de pas, assez loin en amont de la rivière.

— C'est bien sûr le passeur! fit Josillon.

— Il est bien temps! observa son camarade.

— Il arrive tout juste à point pour tirer son sabot de barquaille du mauvais endroit.

Mais c'était un cheval qui longeait le sentier du bord de l'eau. Une sorte de bourgeois le montait.

— Foi d'homme ! c'est Magnus Lindeman ! s'écria Jean-François.

Josillon fit un saut de côté.

— Jarnigod! c'est encore ce chat-huant de maître d'école. *Miserere* à tous les saints! quand je le visage mon nez pompe la moutarde !

Les Anglaises comprirent que le nouvel arrivant était un homme connu des généreux marins et, par convenance, elles retinrent leurs montures.

— Par la barbe de saint Olaf ! c'est encore vous ! cria l'instituteur itinérant dès qu'il fut à portée.

Et il salua respectueusement les Anglaises.

— Et c'est bien toi, Magnus! lui dit Jean-François. Où cours-tu si vite ?

— Si vite? J'ai déjà donné des leçons dans trois gaards depuis que vous avez quitté Trondhiem. Je ne perds pas mon temps sur les grandes routes, ou à me baigner tout habillé, ajouta-t-il en jetant un regard moqueur sur le triste équipage des deux Bretons. Il est vrai que mon cheval Loki m'aide joliment.

— Il va rattraper le groom, puisqu'il bat la campagne de ce côté ! dit Josillon à demi voix à son camarade.

Puis haussant la voix:

— On dirait, Magnus, que tu penses toujours à mettre la main sur...

— Sur les mille speciesdalers ? N'en doute pas !

— Non, je voulais dire sur le gars...

— C'est tout comme !

— Tu tiens donc bien à avoir cet argent

— Quand ce ne serait que pour t'en priver!

— C'est toujours pour Carina ? dit à son tour Jean-François.

— Toujours pour elle, répliqua franchement Magnus. Je ne sais pas comment on agit en votre pays: ici, comme dit le proverbe, chacun calcule ce qui lui est utile, fait ses plans, vit pour soi et songe à ses intérêts.

Chacun s'appuie sur ses propres jambes et il faudrait être fou pour croire qu'un autre va vous prêter les siennes.

Vois-tu, Josillon, et toi Jean-François, en ce monde chacun sa part de bonheur; c'est encore le proverbe qui le dit: il s'agit seulement de savoir qui aura la plus grosse part.

Magnus leva sa cravache comme pour passer de vive force.

— Ce sera toi, si tu épouses Carina, repartit Jean-François avec aigreur.

Le Norvégien reprit :

— L'amitié d'une fille nous rend rivaux. Triomphe de moi si tu le peux, je ne t'en empêche pas.

— L'amitié! s'écria Jean-François; l'amitié de Carina? D'où crois-tu que Carina te préfère? D'où le sais-tu?

— A quoi nous mènerait une querelle, si je voulais te répondre? Allons-nous-en chacun de notre côté. Si tu le veux, nous serons amis et nous jouerons franc jeu. Donne-moi la main.

Jean-François recula fièrement.

— Nous ne pouvons être amis, ce serait fausseté, si j'acceptais ta main à ce titre; mais nous serons des ennemis loyaux. J'étends ma main droite pour le jurer, foi de Breton!

— Qu'il en soit ainsi si tu le veux, répondit Magnus en étendant la main; que l'inimitié soit donc entre nous, jusqu'à l'amitié ou jusqu'à la défaite!

— Tout de même, on t'empêchera bien d'épouser Carina la belle, qui n'est point faite pour un pataud de Norvège comme toi, dit Josillon.

Magnus regarda Josillon et un éclair de haine étincela dans ses yeux.

— Toi! tu m'empêcheras... s'écria-t-il? mais je te traiterai comme un chien marin qu'on écorche vivant!

Josillon se mit en travers du sentier.

— Et moi, dit-il, je te vas retourner la basane de bout en bout comme à une anguille de roche.

— Assez! cria l'instituteur furieux.

— C'est bon! dit encore Josillon; j'aime mieux l'explication sur ce ton-là! Quand on lui met le bec dans l'eau à ce failli chouan, il sait boire.

Magnus leva sa cravache, comme pour passer de vive force.

— Ote-toi de là, dit-il, s'il te reste un grain de bon sens.

Les Anglaises jugèrent à propos d'intervenir.

— Sirs! sirs! s'écria miss Sarah en dirigeant son cheval vers les trois hommes. Oh! Oh!

— Mademoiselle, lui dit Magnus en se servant de la langue anglaise, très parlée dans toute la région, ce n'est pas moi qui suis l'agresseur. Ces étrangers, — ces Français — ne viennent-ils pas jusqu'ici nous disputer nos fiancées!

En apprenant l'objet du désaccord, miss Sarah ne put s'empêcher d'adresser un sourire à Jean-François, son préféré.

— Messieurs, dit-elle aux deux Bretons, je suis obligée à vous... tout-à-fait... Je veux vous donner un conseil... Il n'y avait donc plus de jolies filles qu'en Norvège?

— Je vous vois venir, miss, répliqua Jean-François, et si j'osais, je vous fermerais la bouche avec un compliment... mérité.

Miss Sarah rougit un peu, fit semblant de n'avoir pas compris, et dit:

— Eh bien, alors pourquoi se disputer au bord du Stordal-elv?

— Je suis sûr, miss, qu'on se querelle de même partout où vous vous montrez, dit encore Jean-François.

— Aoh! très galant! fit l'Anglaise en minaudant.

— Faut pas mentir, dit Josillon, il y en a de belles et de jolies à Saint-Malo et à Saint-Servan, sans compter que mam'zelle Carina est un joli petit cœur,... mais les mille speciesdalers?... on ne les rencontre point partout!

Dans son ignorance de la langue parlée, Magnus ne retint de ce dialogue que le nom de Carina et la somme promise en speciesdalers pour l'oncle du petit déserteur Il jugea inutile de se mêler de nouveau à l'entretien, et saluant poliment les dames, il dit à miss Sarah:

— J'en suis fâché... je suis attendu... bon voyage! Réglez-vous sur le proverbe : Marcher lentement mais sûrement.

Un léger mouvement des rênes, et Loki se mit à trotter. Jean-François avait fait signe à Josillon de laisser libre le sentier.

— Bonne réussite à vous deux ! leur cria Magnus : Partout où les hommes poursuivent un but les chances se combattent.

Il ralentit son allure pour leur dire encore sur un ton moqueur :

— Prenez garde que l'oiseau ne rompe le fil quand vous croirez le tenir.

— Qu'est-ce qu'il nous dégoise ? demanda Josillon.

— Merci de tes souhaits et de l'avertissement ! dit son camarade au sentencieux maître d'école.

## CHAPITRE XVI

### SÉRIEUSE BROUILLE

Les Anglaises laissèrent l'instituteur itinérant continuer sa tournée; puis, après avoir fait de la main un salut amical aux Bretons, elles poursuivirent leur voyage.

Elles avaient à peine disparu que les deux amis, très excités, engageaient une conversation qui allait les brouiller.

— Ce failli merle ! s'écria Josillon. Il parlait d'oiseau ; il va me dénicher le mien !

— Si tu disais le nôtre ?

— Je dis le mien. . . puisqu'il est dans le voisinage. . . Tu as la chance que le maitre d'école ne rencontre pas le tien. . . puisqu'il est loin.

— Mais nous n'avons pas fait ces conditions ! s'écria Jean-François. Et d'abord mets ton sac à bas...

— Pourquoi faire?

— Ça se devine, donc ! Je suis trempé jusqu'aux os. Je voudrais changer.

— Je te donnerai... une vareuse sèche... un pantalon sec...

— Et une chemise ?

— Tu n'en as pas à toi.

— Bon ! je m'en passerai, animal. Donne toujours ce qui est à moi.

— Veux-tu une bonne chemise de laine, bien chaude ?

— Mais il y a un quart d'heure que je t'en demande une !

— Alors, faut renoncer... pour l'avoir... à partager les cinq mille francs. Jarnigod! il faut que Carina, la fille de

Et si tu dis un mot de plus je t'étrangle.

Norvège, soit ma femme, et que je sois son mari, et mêmement que nous soyons entremariés ensemble.

— Carina! s'écria Jean-François. Je te défends de prononcer son nom !

— Toi !

— Oui, moi, et si tu dis un mot de plus, je t'étrangle.

Josillon détacha du sac les hardes que son ami lui avait confiées.

Et en les lui remettant, il lui dit :

— V'là tes deux vareuses et ton pantalon... Tu sais que j'étais le plus fort là-bas, sur la grève... J'ai pas moisi depuis ! Je te l'avais proposé : tirons nos guêtres chacun de notre côté. Et que je ne te rencontre plus sur mon chemin. . . dans ton intérêt !

— Toi !

— Oui, moi.

— Tu ne me fais pas peur ! dit Jean-François en roulant avec colère les vêtements sortis du sac.

— Quittons-nous. . . Et si tu retournes jamais à Saint-Malo, tu leur diras que j'ai demandé pour l'épouser la fille du patron Nordhall, le vieux loup de mer !

— Et que je t'ai rompu les côtes. . . ce qui t'a empêché de rentrer au pays.

Jean-François se contenait encore assez ; mais Josillon était furieux.

— Approche pas, méchante bête, dit-il à son ex ami ou je te vas faner sous mon talon.

La main de Jean-François s'appesantit sur l'épaule de Josillon.

— Tais-toi ! dit-il rudement ; crois-moi, fais ton voyage, va ; mais tâche de t'orienter à ne pas faire d'embardées et que je ne te retrouve pas dans mon sillage ! Gare à toi si tu tombes jamais sous mon écoute !

Ils marchaient côte à côte, dans l'étroit chemin, l'un ne voulant pas céder le pas à l'autre, impatients tous deux de rencontrer une voie de traverse, qui ne se présentait pas.

Enfin, n'y tenant plus, tous deux quittèrent la route, Josillon grimpant sur la hauteur qui la bordait à droite,

Jean-François se laissant glisser sur une pente de l'autre côté.

Ils entraient alors dans un pays d'un aspect très différent de celui parcouru par eux les jours précédents.

C'était une contrée âpre et sauvage, où dominaient de sombres entassements de rochers tumultueusement groupés, des amoncellements de pierres désagrégées par les eaux des pluies d'hiver qui s'infiltrent dans les fissures du roc et les font éclater en se congelant. Les blocs énormes se fendillent, tremblent sur leurs bases, oscillent lentement, puis se précipitent, entraînant et brisant tout sur leur passage.

Les deux Bretons se trouvaient donc au milieu d'un véritable chaos de pierres ; chaque roche restant où elle était tombée. Tantôt, des masses isolées jalonnaient la route ; tantôt, elles s'accumulaient les unes sur les autres, semblant fermer toute issue aux voyageurs.

Des mélèzes et des pins croissaient dans les espaces vides, et les remplissaient de leurs volumineuses racines.

Ces glens sombres et les plateaux bouleversés qui les dominent, ont été le théâtre de bien des faits de guerre, pendant les longues luttes soutenues par la Norvège, pour résister à la domination suédoise ; ces défilés ont vu plus d'une embuscade, et les hauts fields plus d'une bataille, quand les deux peuples se défiaient sans cesse sur leurs frontières sanglantes.

Il y avait un bon quart d'heure que les deux jeunes et bouillants marins se frayaient péniblement un passage, l'un au-dessus de la route, l'autre en contre-bas, lorsque exténués, ils renoncèrent à cheminer de la sorte. L'un descendant, l'autre montant, ils s'efforcèrent de rejoindre la voie relativement belle et unie, conduisant à Lavanger, terme de leur excursion. Ils étaient aussi attirés vers le chemin carrossable par le bruit qu'y faisait un convoi de voitures.

La route atteinte, les deux Bretons se trouvèrent nez à nez.

— Te voilà, animal ! fit Jean-François.

— Tu sais... pour la Carina... répliqua Josillon.

— Eh bien ?

— Quand je devrais tomber raide comme une barre de cabestan, je n'en démordrai pas.

Jean-François haussa les épaules.

— Je te croyais déjà arrivé à Lavanger, dit-il.

— Moi aussi ! Ça n'est pas ton pouillement qui te gêne ! car t'es quasiment comme Jean-Marie, qu'avait autant de veste qu'il avait d'échine.

Malgré tout, ils s'étaient radoucis, leur colère avait eu le temps de s'apaiser.

— Tu ne *l'as* pas découvert dans les broussailles ? demanda Jean-François ironique.

— Et toi, non plus, au mitan de ces rocailles en bas ? fit Josillon sur le même ton.

En ce moment leur attention se porta en avant...

Devant eux, à quelques centaines de pas se mouvait une caravane de paysans de la région, se rendant à la foire de Lavanger, pour y écouler les produits de leur ferme, ainsi que ceux de la chasse d'automne et de la pêche de printemps, et y renouveler leurs approvisionnements, grâce aux arrivages récents de navires de divers pays : c'est du moins ce que nos Bretons, toujours curieux, apprirent bientôt après.

Sept petits charriots, très lourds sur leurs roues basses et massives, broyaient les cailloux du chemin. Des chevaux du pays les traînaient lentement.

Une douzaine de cultivateurs, quelques-uns accompagnés de leur femme, escortaient les marchandises, allant à pied, sauf quatre ou cinq d'entre eux assis sur le bord des véhicules, les jambes touchant presque le sol.

La fumée des pipes établissait comme une chaîne entre ces gens.

Seul un laquais en livrée, grave d'aspect, très correct de tenue, juché aussi sur un ballot de marchandises ne fumait pas.

L'occasion se présentait trop belle de voyager en compagnie, pour que les deux Bretons ne la saisissent pas d'un commun accord — qui effaçait leurs griefs et tout souvenir de leur querelle.

Ils n'eurent pas besoin de hâter sensiblement leur marche pour atteindre la caravane.

Sans autre cérémonie, pendant que Jean-François se présentait et présentait son compatriote, celui-ci distribuait déjà d'énergiques poignées de main, chaleureusement reçues par ces braves gens.

Cette marche, à travers un pays d'ordinaire désert, présentait le spectacle le plus animé. Les étalons jaunes et gris, à la crinière tressée de rubans rouges, hennissaient.

Les plus belles brides ornées de têtes de serpents, les selles garnies de clous étaient utilisées pour la circonstance. Les femmes se tenaient très bien sur les hautes selles.

Des groupes de cavaliers descendaient des collines par des chemins impossibles, pour rejoindre la colonne en marche.

Les bêtes, avec une merveilleuse sûreté de pied, longeaient des précipices, franchissaient des obstacles, puis enfin galopaient dans la prairie, s'emportant dans une course à toute vitesse, encouragées par les cris de joie de ceux qui les montaient.

Sur les eaux du fiord, assez rapprochées en cet endroit de la route de Lavanger, des barques à huit rames portaient des passagers en foule compacte, revêtus de leurs beaux habits du dimanche, aux couleurs éclatantes, aux tons criards.

Jean-François entama alors une conversation avec le domestique galonné de soie.

Il appartenait aux dames anglaises et comme elles il s'exprimait en un certain français suffisamment compréhensible.

Ce n'était pas un John quelconque, mais un vieux et dévoué serviteur, à qui son air froid et digne, son menton correctement rasé donnaient l'air d'un clergyman ou d'un membre du Parlement.

Jean-François lui donna des nouvelles de miss Sarah et de sa gouvernante, et toucha adroitement un mot du service à elles rendu au passage de la rivière, ce qui le plaça avantageusement dans l'opinion de l'insulaire, — qui s'appelait John tout de même.

Il paraissait que ces dames s'étaient arrêtées à un relais se trouvant justement à l'endroit où les deux Bretons avaient quitté la route, après leur querelle.

Quant au domestique, il était envoyé en avant par sa maîtresse, pour arrêter un appartement à Lavanger, si les forains n'avaient pas encore tout envahi.

Le dialogue était coupé par chaque heurt des chariots contre les aspérités de la voie ou les plongeons faits dans les ornières.

Mais le Breton ne perdit point son temps.

Il apprit que ces paysans portaient à la foire de Lavanger des fromages, du beurre, du suif, des cuirs, des fourrures...

Parmi celles-ci, les peaux de daims et de chèvres en quantités considérables parce que l'on s'en sert comme de couvertures pour les lits et qu'on en fait des surtouts d'hiver, — mais par exemple en ayant soin de laisser au dehors le poil isolant qui empêche la déperdition du calorique...

Malgré le bruit des roues, Jean-François entreprit de

Les chasseurs viennent y poursuivre les daims, et même les ours et les élans.

se faire donner quelques détails sur Lavanger, et sur cette foire.

Il s'intéressait surtout à Lavanger comme port avantageusement placé au fond d'un fiord.

— Il y a donc des bâtiments étrangers ? dit-il.

Le respectable Anglais lui apprit qu'il y en avait beaucoup, et de tous les pavillons... Les voyageurs de sa nation y dominaient; les uns y venant pour leur commerce, les autres, en bien plus grand nombre, arrivant en paquebots pour des parties de plaisir poussées jusqu'à l'extrémité du fiord.

Et puis encore les Anglais amateurs de pêche, attirés, ceux-là, par les saumons des lacs voisins et les truites des torrents ; les chasseurs, avides de découvrir dans les bois de sapins et de bouleaux, les gélinottes et les coqs de bruyère, de poursuivre les rennes, les daims rouges et même les ours et les élans.

Les découpures du fiord n'étaient-elles pas durant tout l'été encombrées de yachts de plaisance ? Ceux de ces Anglais qui se montraient dédaigneux du commerce, et ne chassaient ni ne pêchaient, se promenaient en karriole, faisaient des ascensions. Ils verraient quelle animation cela donnait dans le pays. Un mouvement de navigation pareil à celui de Trondhiem.

— Pourvu que ce failli gars de malheur ne s'ensauve pas au loin, en nous obligeant à faire le tour du monde pour gagner les mille speciesdalers ! murmurait Josillon, pendant ces explications, dont la partie essentielle ne lui échappait pas tout à fait, malgré le bruit.

Suivant les complaisantes descriptions fournies, tout un côté de la ville — la marine — était occupé par les magasins des marchands en gros, qui ont affaire avec les négociants étrangers, dont les navires sont amarrés à côté des bateaux de pêche. Là, c'est surtout la langue anglaise que l'on parle.

L'autre côté de Lavanger, c'est la campagne avec des gaards au milieu des arbres. On croirait à des maisons d'été pour les bourgeois, si on ne voyait pas les herses et les charrues rangées sous les hangars... En tout, deux cent quatre-vingts à trois cents feux...

Au temps de la foire, la population doublait. Ah! il en venait de la vieille Norvège, et de ces Suédois du nord-ouest, et de ces gens du Finmark, et même des tribus de Lapons toujours en voyage, jamais en place !...

— Je vois que vous connaissez bien le pays, dit Jean-François au vieux domestique.

— C'est forcé, répondit celui-ci. Depuis deux saisons j'accompagne ma jeune maîtresse dans un des endroits de la Norvège les plus fréquentés par les Anglais. Elle-même est presque du pays... Elle y est née,.. à Bergen, où Lady Beresford, sa mère, se trouvait en promenade il y a une vingtaine d'années...

— Vous m'en direz tant ! s'écria le Breton.

Mais le fracas de la marche des chariots augmentant, l'Anglais se trouvait empêché de dire tout ce qu'il savait. Il proposa à Jean-François de laisser les marchands prendre les devants et de suivre à distance, tout en fumant un cigare.

Ce qui fut accepté.

Josillon remplaça le domestique de miss Sarah sur le coffre aux bagages abandonné par lui.

La conversation fut remise sur Lavanger.

— Ce n'est pas tout, reprit le fidèle et intelligent serviteur. Et il expliqua au Breton comment l'hiver, cette ville située tout au fond d'un fiord, qui est moins souvent et moins longtemps embarrassé de glaces que le golfe de Bothnie, servait à faire communiquer une partie de la Suède, de la Finlande et même de la Russie septentrionale avec le reste du monde.

Dans la saison froide, les navires du commerce redoutent les tempêtes et les glaces dans la Baltique ; le fiord de Trondhiem les attire, et quand la neige durcie égalise les montagnes et comble les vallées, le transport des marchandises par traineaux, est aussi rapide qu'il est peu coûteux.

Lavanger est donc un port d'embarquement fréquenté toute l'année.

---

## CHAPITRE XVII

### L'INSTITUTEUR ITINÉRANT

La caravane de marchands et Josillon — toujours assis sur un coffre à bagages — approchaient de Lavanger, lorsque celui-ci vit venir à sa rencontre sur son bon cheval, Magnus Lindeman.

Circonstance singulière et bien faite pour le tourmenter, l'instituteur avait en croupe derrière lui un jeune garçon de douze à treize ans.

De plus près, cet élève d'un nouveau genre, raccolé par le maître d'école, parut au Malouin n'être pas un autre gars que le skyds effronté et craintif tout à la fois, rencontré déjà « courant bordées, » et dans lequel il s'obstinait à voir le neveu de Lars Andersen.

Comment ce garçon n'eut-il pas été celui qu'il cherchait avec tant d'opiniâtreté, puisqu'on le lui enlevait presque de vive force?

Magnus Lindeman devait savoir, bien sûr, à quoi s'en tenir; et l'allure rapide de son cheval disait assez qu'il s'en retournait à Trondhiem par le plus court chemin, assuré d'avoir gagné une belle journée — cette fameuse gratification de mille speciesdalers promise au plus habile, au plus diligent...

Josillon, dès que le cheval de l'instituteur fut à sa portée, lui sauta à la bride, façon un peu brusque de s'expliquer avec le cavalier.

— Arrête un peu, toi qui remplis tout le chemin? cria-t-il; arrête donc! Ce gars, est-ce qu'il t'appartient pour l'emmener comme ça?

Josillon, dès que le cheval de l'instituteur fut à sa portée, lui sauta à la bride.

Le Malouin dans sa fureur oubliait ce qu'il savait de norvégien. C'est en français qu'il interpellait l'instituteur. Celui-ci ne comprenait point son langage, mais devinant aisément les raisons qui faisaient agir son rival, il voulut passer outre.

Il éperonna sa monture, dont le poitrail repoussa Josillon indigné.

— Ah ! c'est comme ça ! criait-il, espèce de halebouline ! Ah ! fainéant ! Ah ! failli mauvais chien ! vilain oiseau !

Magnus Lindeman ne comprit pas davantage, et pour se débarrasser de son assaillant, il leva sa cravache, et fit mine d'en vouloir frapper le Breton.

Ce geste excita chez Josillon un redoublement de fureur.

— Faudrait qu'il aurait de plus longues moustaches que les tiennes, celui qui me toucherait ! Ah ! farceur de cambuse ! espèce de terrien bancroche ! C'est que je suis solide sur ma quille !

En voyant naître cette altercation, les paysans avaient arrêté leurs chariots, — et ils regardaient : ils sentaient qu'il y avait des coups de poing dans l'air, — des coups de poing et des coups de bâton.

Josillon voulut les prendre à témoin du préjudice qu'on lui causait. Il espéra même se faire de ces derniers des auxiliaires. Invités par ses gestes, ils se rapprochèrent, entourèrent le cavalier...

Alors le Malouin entreprit, en recourant à toutes les ressources que pouvait lui offrir sa connaissance très imparfaite de leur langue, d'expliquer à ces braves gens que le maître d'école lui volait mille species-dalers !

Cela semblait difficile à croire, et Magnus Lindeman profita du médiocre accueil que recevait la phraséologie hésitante du naïf Breton, pour toucher un mot de la posture ridicule prise vis-à-vis de lui par les deux étrangers; lesquels lui disputaient la main de sa fiancée Carina, la fille du patron Nordhall.

— Par la barbe de saint Olaf ! finit-il par dire, dans

ce monde chacun doit tâcher de s'assurer tous les avantages... et je ne vois pas pourquoi je céderais à ces jeunes gens...

Il faut que le lecteur sache que le sentencieux magister avait rencontré le skyds dans un sentier conduisant à la ville prochaine, où le galopin se rendait, désireux d'échapper aux récriminations de Jorgen Moë, et peut-être à la correction encourue.

L'instituteur itinérant le questionna adroitement et, lorsque le mauvais drôle parla de Bodoë, quitté par lui depuis plusieurs années, Magnus ne douta plus que ce ne fut l'enfant que le riche armateur de Bergen faisait chercher partout.

Le hasard le favorisait au détriment de ses rivaux, par trop ambitieux ; il devait donc se montrer à la hauteur de la situation et pour cela, enlever le jeune garçon, l'emmener à Trondhiem, le garder à vue, écrire à Bergen...

Ce n'était pas tant la récompense offerte qui le tentait, que la certitude d'évincer d'un même coup les deux jeunes Bretons, qui plaisaient assez au patron Nordhall, — toujours faible pour les gens de mer.

Josillon s'était planté sur ses jambes écartées.

— Ouais ! voyez-vous le failli merle, comme il leur en conte ! disait-il pendant que l'instituteur s'efforçait de persuader de son bon droit les paysans qui les entouraient. V'là la main qui me démange... Cette main-là est une des plus solides de ma connaissance... Tu vas voir, vous autres, si ça va reluire !

Et il respira énergiquement.

Magnus tenta en vain de faire avancer sa monture.

— Jarnigod ! hurlait Josillon. Et cet anodin juron de son terroir, dans sa bouche prenait l'accent sauvage d'un cri de guerre. Jarnigod ! ! Dans mon pays de Bretagne, Norvégien, on ne sait point tant jouer de la langue...

Regarde-moi ça, ajouta-t-il en montrant ses bras d'athlète. Ces bras-là tiennent joliment un couteau ! Quand je n'ai pas de couteau, je tape avec un gourdin... Quand je n'ai pas de gourdin... attention à la manœuvre ! v'là comment je m'en tire...

En disant ces mots, Josillon se haussa sur ses talons et lança un maître coup de poing dans la poitrine de Magnus.

C'était un digne poignet, le poignet du Breton !

La poitrine du Norvégien sonna comme un tambour.

Celui-ci avait pourtant fait un mouvement en arrière pour éviter le coup.

Attaqué, il perdit toute patience et riposta en appliquant rudement le manche de sa houssine sur la tête du Malouin, lui balafrant le front, malgré le bonnet.

— Il ne dira pas, s'écria Magnus en s'adressant à l'entourage, il ne dira pas que cette marque lui a été faite avec une paille ! Par saint Olaf ! je ne voudrais pas porter entre mes deux oreilles une face semblable à la sienne !

On allait les séparer ; mais l'instituteur pour se dégager fit cabrer son cheval.

Les assistants s'écartèrent, et il cingla de sa houssine les épaules du Breton.

Josillon en se sentant atteint hurlait, non de douleur, mais de rage.

— Attends un peu ! criait-il : je te vas caresser la basane.

Il arracha des mains d'un paysan un léger bâton servant à exciter l'attelage, et à son tour il fondit sur le maître d'école, le meurtrissant de coups aux mains, à la tête.

— Descends de ton cheval, Norvégien, criait-il, descends ! Bon pied, bon œil, et branle-bas partout !

C'est en vain que les assistants tentèrent de s'interposer :

les coups distribués par le Breton continuaient de tomber dru.

Magnus, se sentant amnistié d'avance par la violence qu'apportait le marin dans l'attaque, ne ménagea plus son adversaire et le cingla de toutes ses forces, même en plein visage.

— Tant que la tête... n'est pas écrasée, criait-il en frappant, le serpent a du venin.

— Le diable te teigne en noir ! répliquait Josillon qui ne ripostait pas seulement en paroles et rendait horion pour horion. Il m'assassine le marsouin de Norvège ! Tiens, brigand, attrape ça, et ça, puis ça d'avec !...

Mais un nouvel acteur allait entrer en scène. Jean-François rejoignait la caravane.

Il vit un attroupement, entendit les coups distribués, et reconnut à la voix du plus maltraité, son compatriote Josillon.

Vite, il se précipita tête baissée entre les deux combattants.

— Comment ! c'est toi, gars, qu'on arrange comme ça ?

— Oui, mon cœur ! on n'aura pas besoin de me tuer, je suis prêt à rendre l'âme...

A la rescousse les Bretons ! cria le Malouin reprenant haleine. Holà hé ! les messieurs et dames, ajouta-t-il, celui-là c'est ma fille !

Houssine et bâton s'étaient abaissés.

Jean-François profita de ce répit pour demander des explications sur le motif de la rixe.

Magnus et Josillon, tous les deux à la fois entamaient une explication, lorsque l'un et l'autre s'aperçurent que la cause du désaccord n'existait plus : le skyds, en voyant la querelle s'envenimer, s'était laissé glisser à bas du cheval et avait disparu derrière les roches, dans le bois qui bordait la route.

Il fallut donc un surcroît d'explications données par Josillon pour que Jean-François comprit ce qui venait de se passer.

Le Norvégien mit son cheval au trot.

— Cours après ! attrape à courir ! lui cria Josillon. Ah ! le mauvais gueux ! mâchonnait-il ; c'est égal il a un beau noir sous l'œil... ben frais, puis se tournant vers Jean-François :

— Ma fille, cet effarouché-là, qui est encore plus laid le dimanche que les jours de tous les jours, m'aurait meurtri jusqu'à la mort, sans ta venue, — ou bien c'est moi qui lui aurais ouvert la caboche, ce qui m'aurait fait une mauvaise réputation dans le pays. Mais, de sûr et de vrai, si je le rencontre un jour face à face, je veux le découdre depuis le cœur jusqu'au bas des côtes avant de lui dire bonjour !

— Par ainsi, Josillon, tu vois qu'un camarade a du bon ! Veux-tu encore te séparer ?

Pour un moment que je t'ai laissé, sans faire le quart auprès de ta boussole, je te retrouve à la dérive, en détresse et la charpente endommagée.

— N'empêche, conclut Josillon, que le maître d'école est dindon tout de même ; ça c'est vrai, puisque le gars s'est ensauvé.

Jean-François voulut savoir si la figure du garçon disparu au plus fort de la mêlée se rapportait à l'un de leurs deux signalements.

Il questionna.

— C'est le mien ! lui dit l'ingrat Josillon ; celui qui a abandonné les chevaux loués par les Anglaises.

— Le tien ! Tu y reviens donc toujours entêté ?

La caravane s'ébranlant de nouveau lourdement, s'était remise en route et John en voyant surgir une autre altercation — entre les Bretons cette fois — rejoignit à la hâte les marchands pour prendre sa place sur le chariot des bagages.

— Voyons, Josillon, reprit Jean-François, il y a un moyen de tout arranger.

Josillon s'étira, se tâta, se secoua :

— S'il en est ainsi, je suis tout oreilles.

— Renonce à Carina...

— Ah ! mais, dame, non !... Et puis après ?

— Et moi je renoncerai aux mille speciesdalers ; je t'aiderai à les gagner et ce sera pour toi une fortune.

— Mais sans l'argent... tu n'auras pas la fille !

— Ça, c'est mon affaire ; je tâcherai de me faire bien venir du papa Nordhall.

— C'est que je voudrais avoir la fille et l'argent, jarnigod !

— A quoi tiens-tu le plus ?

— Savoir !... A l'argent... pour commencer, puisque c'est le sûr moyen de plaire à la fille et à son vieux bidonnier de père.

— Josillon, écoute-moi, et parlons raison une fois dans notre vie.

— Attends ! attends ! Écoute un peu, toi aussi...

Josillon s'était arrêté, prêtant l'oreille. Son camarade l'imita.

— Quoi donc ? dit-il enfin.

— Un bruit... derrière les broussailles...

— Qu'est-ce que ça peut nous faire, donc ?

— Si c'était *mon* moussaillon ?

Jean-François eut un geste de dépit :

— Foi d'homme ! dit-il, il faudrait moins de savon pour blanchir un nègre, que pour faire de toi un animal sensé !

Cependant tout découragé qu'il fut, le jeune marin, employant tour à tour la persuasion et la violence, les promesses et les menaces, entreprit d'amener son camarade à s'entendre avec lui.

Mais Josillon lui tenait tête. Deux ou trois fois, négligeant de répondre à quelque dure parole, ou demandant

Josillon grimpa sur une haute roche pour examiner le pays environnant.

un répit d'un moment, (attends ! attends ! je te vas river ton clou !) il grimpa sur une haute roche pour examiner le pays environnant. Ce n'est pas un lièvre blanc qu'il cherchait, comme on l'imagine bien, mais le petit skyds à l'ingrate figure.

Une autre fois, le brave garçon, utilisant son habileté à grimper, fit l'ascension d'un arbre mort dont les dernières fourches le portèrent à douze ou quinze mètres du sol. Malgré les plaisanteries de son compagnon et rival, il demeura là en observation un bon moment, mais sans être plus heureux dans ses recherches.

Il redescendit et la querelle s'envenima de nouveau.

Tout en se disputant, les deux Bretons arrivèrent à Lavanger, où ils apprirent tout de suite que le petit Norvégien, — celui qu'avait dépeint Jean-François, — ne s'était pas montré...

Le lecteur qui l'a suivi au gaard des Sorbiers avec la Blanche-Neige ne l'ignore point.

Quant à l'autre garçon du même âge, le préféré de Josillon, tout le monde l'y connaissait pour un mauvais sujet, ayant joué plus d'un méchant tour aux voyageurs qui avaient loué des chevaux au relais de Benserude.

Jean-François et Josillon se montrèrent complètement déconcertés.

Que leur restait-il à faire, si ce n'était de retourner à Trondhiem par le plus court chemin ?

Jean-François — il y songeait — pourrait essayer par d'autres moyens d'entrer dans les bonnes grâces de Johan Nordhall et de sa fille.

Quant à Josillon, il aurait utilement employé son temps, rempli en partie sa mission, répandu en plus d'un endroit des avis utiles pour cette recherche qui intéressait tant Lars Andersen; et il espérait bien, même en rentrant bredouille à Bergen, que le riche armateur se montrerait reconnaissant de la peine prise par lui, ainsi que de l'avoir aidé à fournir cette preuve qu'il tenait à donner, de son désintéressement et de sa loyauté envers son neveu.

— De sûr et de vrai, ce ne sera pas les cinq mille, se

disait le Malouin, mais il lâchera toujours queuque chose !

Le temps d'acheter quelques vivres à Lavanger, et ils s'en revinrent d'un pas traînant sur cette même route parcourue naguère avec une folle confiance, la pensée de Carina les absorbant l'un et l'autre.

Parfois, par fantaisie, ou pour rompre la monotonie d'un chemin déjà parcouru, ils biaisaient à travers les rochers et les buissons épineux.

## CHAPITRE XVIII

### ÉGARÉS

Comme Jean-Fançois et Josillon débouchaient tout à coup près du lieu où Magnus Lindeman s'était trouvé aux prises avec l'un d'eux, ils virent au pied d'un sapin, assis par terre au bord de la route, un de ces habitants de la région polaire demeurés l'objet d'une curiosité universelle, — un Lapon, tout de suite reconnu pour tel à son teint, bistré et huileux, plus qu'à son sayon de peau, et à son bonnet pointu déposé sur le sol.

C'était Jonas.

Il alignait et comptait les pièces de monnaie — il y en avait beaucoup de blanches — contenues dans la bourse reçue au gaard des mains d'Arnold Kiéruf, et il les comptait pour la dixième fois.

Surpris par les deux marins dans cette occupation, qui l'absorbait au point de ne pas les avoir entendus venir, bien qu'il eut l'ouïe très fine, le Lapon réunit prestement son trésor et le glissa dans un sac suspendu à sa ceinture.

En se levant, il ramassa son bonnet et son long bâton dont la pointe de fer aigüe brillait au soleil.

Nos deux Bretons virent alors, un grand diable d'homme sec et dégingandé, aux yeux vifs et perçants, au front bas, aux pommettes saillantes. Malgré sa maigreur tout en lui dénotait la force, l'agilité, la santé.

Il regarda les deux étrangers qui étaient devant lui et

une expression douce, presque humble, se répandit sur son visage basané.

— Faut dire la vérité, ce pateau-là est encore pus laid que le maître d'école, fit Josillon.

Jonas comptait son argent pour la dixième fois.

— N'aie pas peur de nous ! lui dit Jean-François, pour le rassurer complétement.

Il lui adressait la parole dans l'idiome national. Le Lapon répondit dans le mauvais danois de la côte, suffisamment compréhensible encore pour l'intelligent Breton.

— Un Finn n'a peur de rien, et Jonas ne craint personne,

dit-il en montrant des dents d'une longueur démesurée et blanches comme celles d'un jeune loup.

— J'en ferais pas mon matelot, dame non ! observa Josillon... Demande-lui, Jean-François, s'il a pas vu le gars.

Le compagnon du Malouin traduisit la question.

Jonas laissa passer une minute avant de répondre, les mains croisées sur son bâton, paraissant réfléchir. Enfin il demanda :

— Lui veux-tu du bien ou du mal ?

Et il observait le visage du Breton afin de juger de la sincérité de la réponse.

— C'est pour son bien ! c'est pour lui rendre une fortune ! cent fois plus, mille fois plus que tu n'en caches dans ta bourse ! Es-tu satisfait et parleras-tu ?

— Je l'ai vu... j'ai vu celui dont tu parles, petit père, dit simplement le Lapon.

— Il dit oui ? fit Josillon. C'est ça qui est une chance ! D'ailleurs l'idée de l'interroger est de moi, et mes idées sont toujours bonnes... On va réussir...

— Tais-toi, bavard et laisse-moi parler.

— Où l'as-tu vu ? interrogea de nouveau Jean-François.

Le Lapon plus circonspect encore qu'un simple Norvégien, regarda les quatre points cardinaux avant de se décider à satisfaire à cette question. Il semblait désorienté.

Jean-François pensa un peu tardivement qu'avant de mettre cet indigène à la torture, et le forcer peut-être à être indiscret, il fallait tout d'abord s'assurer que c'était bien Axel — lisez Christian — et non ce mauvais drôle de skyds qui embrouillait toujours l'écheveau de leurs recherches.

— Sais-tu son nom ? demanda-t-il au Lapon.

— Je ne t'ai pas demandé le tien avant de te parler ?

— Comment est-il de visage et de tournure : blond ? gentil ? assez grand ? vif et souple ?

Jonas fut réellement étonné de ces questions.

— Mais... puisque tu le connais, dit-il... pourquoi désires-tu savoir ?...

— Je veux savoir... si c'est celui que j'imagine, qui a été rencontré par toi ; celui-là seul m'intéresse.

Le Lapon se hasarda à parler plus clairement.

— Eh bien ! fit-il, il est comme tu dis.

— Nous disons, répéta le Breton, vif ?

— Oui.

— Gentil ?

— Comme un petit renne apprivoisé.

— Assez grand pour son âge ? et avec ça souple comme...

— Comme le jeune bouleau des montagnes, fit Jonas.

— Et futé ?

— Comme un écureuil.

— Et malin ?

— Malin comme un petit renard bleu ! Celui qui voudra le prendre au nid fera bien de se lever matin, acheva le Lapon.

— C'est lui ! c'est bien lui, donc ! affirma Jean-François.

— Quand l'as-tu rencontré ? Combien y a-t-il de jours ? demanda encore Jean-François dans l'espoir d'amener peu à peu le Lapon à en dire plus qu'il ne voulait.

Celui-ci se borna à montrer trois doigts de sa main gauche.

— Trois jours ! Il y a trois jours que tu l'as vu quelque part ? C'est beaucoup trois jours ! Et pourrais-tu me dire où ?

C'était pour Jonas la question la plus délicate.

— Si c'est pour son bien... je te le dirai. Je l'ai tiré d'un danger, je ne veux pas lui en créer un autre.

— Encore une fois, c'est pour son bien, affirma le Breton avec énergie.

— Que Joubmala te décoche la plus lourde de ses flèches de pierre, si tu ne dis pas vrai !...

De là, tu apercevras le gaard des Sorbiers.

— Parles-lui aussi, Josillon, dit Jean-François ; et viens-moi en aide, au lieu de ricaner derrière moi.

— C'est pour son bien, à ce gars, dit à son tour Josillon, pour son bien et de même pour le nôtre !

Le Lapon poussa un soupir : il était enfin persuadé.

— Tu suivras le chemin de Trondhiem, dit-il.

— C'est bon! fit Jean-François.

— Jusqu'au Stordal-elv.

— Je la connais cette rivière.

— Ah! oui tu la connais! fit Josillon moqueur; t'y as bu un bon coup à la santé de la belle Carina.

— Et toi? Tu t'y es assis dedans en plein, donc! Un peu plus tu t'y noyais avec la vieille Anglaise au cou, légère comme un plomb de sonde...

— En remontant un peu cette rivière, continua Jonas... pour la passer, aux heures où le lac ne fait pas le va et vient, il y a...

— Connu le gué! interrompit Josillon, connu! Perds pas ton temps, vieux!

— Tu longeras la rivière, ajouta le Lapon jusqu'aux roches couronnées de pins, au bas desquelles est un sentier. Une source sort de la pierre et auprès de la source tu verras un bloc sous lequel on dit qu'un roi de la mer, un Viking, dort depuis mille ans. De là, tu apercevras le gaard des Sorbiers... Il appartient au noble Halfdan Kiérulf.

— Va bien! Et c'est-là que je trouverai le jeune garçon, donc!

— C'est là qu'on te dira où il est... avec la Belle Lépreuse... si on juge bon de te le dire. Arnold Kiérulf est un homme de sens : je me fie à lui.

— Avec la Belle Lépreuse! s'écria Jean-François. Comme ça 'se trouve! Si c'était mon Axel!... Mais, dis-moi, elle est si belle que ça cette lépreuse?

— Belle comme la gélinotte des neiges, répondit le Lapon.

— Dis-y un grand merci à ce bavard-là, et virons de bord, s'empressa de dire Josillon.

En entendant parler de cette fille, qui avait traversé

Trondhiem le jour même de la disparition du jeune garçon, il voyait déjà luire les espèces sonnantes.

— M'est avis, reprit-il, que nous sommes sur le bon chemin... c'est pas le mien peut-être de mioche, mais vois-tu, ma fille, c'est bien sûr le *nôtre*. La moitié de la prime vaut encore plus de huit cents écus ! Donnant donnant ! pas vrai ?

— Je dis amen ! es-tu content, Josillon ?

— Tu ne dis pas ça pour m'attrapper, au moins ?

— Sur ma conscience, je dis ma pensée.

— C'est que ça ne serait pas bien du tout avec moi, fignolet !

Les précautions de Josillon mirent Jean-François en gaieté.

Il remercia le Lapon — qui se sentit vraiment soulagé en voyant s'éloigner les deux marins... Il les avait pris pour des Anglais.

— Qu'allons-nous faire ? demanda Jean-François à son ami ; faut-il aller au gaard, ou nous en retourner à Trondhiem... pour conter à mam'selle Carina notre déconvenue ?

— Carina ? Elle en sait déjà long par Magnus, repartit Josillon. Bien sûr qu'il lui a raconté les grandes manœuvres à sa manière. Oh ! mais c'est qu'il porte mes marques sous l'œil. Et si le cœur lui en cause, à ce maître d'école, nous pourrons continuer l'explication, lui avec sa férule, moi rien qu'avec mon chausson ! Il verra si j'ai l'onglée aux pieds... ou la goutte !

Jean-François comprit qu'il n'obtiendrait aucun bon avis de son camarade. Il passa outre et lui dit :

— C'est tout décidé !... commençons par aller au gaard des Sorbiers !

---

## CHAPITRE XIX

### DANS LA FORÊT

Miol la Blanche-Neige — et le petit Christian, demeuré résolu à l'accompagner, — avaient quitté le gaard des Sorbiers en emportant quelques provisions, dues à la bonté d'Arnold.

La belle fille et son jeune ami, fatigués des émotions éprouvées, avaient aisément obtenu de passer deux journées entières au gaard hospitalier. C'était donc avec des forces suffisamment réparées et après un accueil réconfortant — même pour le cœur — qu'ils s'étaient mis en route, pour se rendre au lieu où la Belle Lépreuse devait obtenir sa guérison.

Le fils de Halfdan Kiérulf avait dit à Miol, en la voyant s'éloigner :

— Blanche-Neige, ne crains rien pour ta subsistance et celle de ton jeune compagnon : tu recevras des vivres avant d'avoir épuisé les aliments que tu as bien voulu accepter.

Les provisions qu'ils emportaient étaient contenues dans un sac de toile que Christian avait gaillardement jeté sur son épaule.

Plus de deux journées de marche séparaient les piétons de la chute d'eau de Tannforsen et de l'île du petit lac.

A l'orient, tout indiquait le recommencement du jour, — et une belle journée.

D'épaisses vapeurs blanches planaient sur un lac entouré de collines, qui s'étendait sur leur droite, et au delà desquelles le soleil se levait. Ces vapeurs traçaient exactement le contour de l'eau.

Le soleil monta. Les vapeurs se mirent alors à rouler en énormes volutes et à travers leur masse désagrégée et tumultueuse, l'eau jusqu'à ce moment invisible, se montra. Autour de son bassin surgirent, çà et là, des rochers, des îles, des bois de sapins... On eut dit un monde nouveau, tout ruisselant d'aurore, se dégageant de l'enveloppe du chaos...

Bientôt les mélèzes élancés découpèrent leurs cônes sur le fond coloré du ciel. La rosée répandue en gouttelettes sur l'herbe et les fougères, s'irisa aux rayons du soleil, et les eaux du lac, délivrées du dernier flocon de vapeur, apparurent lumineuses et miroitantes.

Si, abandonnant ce spectacle captivant, les deux jeunes voyageurs regardaient en face d'eux, des perspectives très différentes s'échelonnaient à l'infini.

Devant eux s'étendaient — épaisses et comme impénétrables — les forêts, escaladant les hauteurs ou glissant sur les pentes... Ils s'y engagèrent résolument.

D'un point élevé et découvert, Miol se retourna pour jeter un dernier regard sur ce groupe d'habitations qu'elle quittait avec un regret indéfinissable pour elle.

Il lui sembla qu'Arnold, placé près d'une barrière bordant un fond plein d'ombre, d'où sortaient les pointes vertes des sommités de sapins, la guettait pour la voir encore au moment où elle passerait le long de la roche polie et luisante d'où le sentier s'avançait en une marche surplombante, à trois cents pieds de la vallée.

— Si c'était lui ! murmura-t-elle.

Et les coins de sa bouche tremblèrent convulsivement, comme il arrive aux enfants lorsqu'ils retiennent leurs larmes.

Christian regardait aussi.

— Voilà, fit-il, Arnold Kiérulf qui nous dit adieu avec la main. Sonne de ton cornet, Miol, ce sera notre remerciement pour un si bon accueil reçu au gaard.

— C'est bien loin pour qu'il entende !

— Sonne toujours... mais plus gaiement qu'au télégroeb !

La jeune fille toute rougissante, comme pour un aveu, emboucha son cornet. Dans son émotion, le souffle lui manquait, — à elle, naguère si vaillante, bravant même le danger. Elle ne put tirer aucun son de l'agreste instrument.

Soudain, des notes claires, d'une douceur infinie, arrivèrent jusqu'à eux. C'était un chant extrêmement simple, exécuté sur la trompe des pasteurs norvégiens, par l'héritier des iarls.

— Il nous voit ! s'écria Christian.

— Il nous dit adieu ! fit à demi voix la Belle Lépreuse.

Le sonneur de trompe continuait, puis s'interrompait comme pour écouter ce que l'écho lui renvoyait de sa mélodie... Ses motifs avaient un accent qui troublait... La distance voilait le son et en faisait l'expression d'une parole qui s'adresse à l'âme.

Cette trompe des monts de Norvège, est un instrument appelé *luur*, ressemblant à la corne des Alpes dont se servaient jadis les bergers suisses. Longue de quatre pieds, elle est formée de deux morceaux de sapin croisés longitudinalement, et retenus ensemble par des liens d'osier recouvrant le bois dans toute son étendue. Avec un pouce de diamètre à l'embouchure, cette trompe va s'élargissant graduellement jusqu'au pavillon.

Le luur dont Arnold se servait avec tant d'art, s'apercevait très dictinctement malgré l'éloignement.

— Il faut lui répondre, dit avec feu Christian.

Miol essaya timidement de redire l'un des refrains

venus du gaard des Sorbiers. Elle se montrait inhabile, et dans son cornet moins obéissant que la trompe de sapin, l'air tendre de l'aimable Arnold, prit une expression sauvage et rude.

Cependant le jeune homme avait entendu. Il fit paraître sa joie en modulant un rhytme plus énergique et plus vif que ceux envoyés par lui par dessus les vallées.

Puis, sagement, il se tut.

Il semblait dire aux voyageurs : — Vous avez encore bien du chemin à faire aujourd'hui. Allez donc et ayez bon courage !

— Obéissons ! fit la Belle Lépreuse, qui comprit, et reprenons notre marche.

Miol apercevait, le grand et vigoureux jeune homme penché sur l'arête du roc. La brise d'été jetait du désordre dans sa chevelure flottante. Son attitude le montrait cherchant à percer les distances...

Christian ne consentit à se remettre en route qu'après que sa compagne lui eut passé son cornet au cou. Le jeune garçon tout en allant en avant, s'essayait à en tirer des sons à l'adresse du maître des Sorbiers, mais ses tentatives peu harmonieuses, faisaient sourire Miol, ce qui finit par mettre un peu de gaieté entre eux.

Quelques pas encore, et ils disparaissaient sur l'autre versant.

A un moment Christian s'arrêta :

— A ton tour, Miol, dit-il en posant à terre devant elle le sac qu'il portait.

Miol prit le sac — sans faire aucune observation, sans paraître surprise.

Et Christian, le cornet à la main, le bonnet sur l'oreille, relevait ses longs cheveux blonds, possédé d'une joie enfantine et regardant son amie en riant, bondissait au loin pour revenir à elle... faisant plusieurs fois le chemin...

Ils allaient, plongeant dans les ravines, gravissant les collines, dirigeant leur marche sur quelque énorme bosselement de rocher, un sommet neigeux s'arrondissant en coupole ou se hérissant de dents déchaussées, de

A leur approche, les pics s'envolèrent sur une pointe de roc.

pointes chancelantes, de pics attestant le travail plutonien des premiers âges.

Parfois, à droite ou à gauche, s'ouvrait béante une vallée pleine de roches croulantes et de verdure.

Au sommet de plus d'une pente, ils se regardaient

devinant une commune pensée : si sur les flancs quelque bande de neige eût résisté au soleil d'été, avec quelle hâte n'auraient-ils pas renouvelé un mode de locomotion employé déjà par eux dans leurs jeux d'enfance et, depuis, bien des fois par Miol : s'asseoir sur une grande pierre plate et se laisser glisser sur la pente, en modérant la vitesse à l'aide des talons — comme le font aussi les Lapons en voyage.

Sur leur chemin, des blocs de roche se dressaient de distance en distance entre les arbres, isolés et comme s'ils avaient été jetés là avec une fronde par des puissances surnaturelles... Blocs erratiques descendus des hauteurs et projetés au loin sur les pentes des glaciers.

De temps en temps, Christian — qui avait rendu à Miol son cornet et repris le sac, — la priait de donner quelques notes, pour rompre le silence de la solitude.

La jeune fille s'exécutait, mais y apportait toujours moins d'entrain.

Tout à coup, à un détour de sentier, plusieurs pies se mirent à sautiller devant eux, — la queue relevée, le bec en l'air... A leur approche, elles s'envolèrent sur une pointe de roc, d'où elles poursuivirent les voyageurs de leurs jacassements, — qui ressemblaient à des injures ou à des avertissements de mauvaise augure.

Alors la Belle Lépreuse qui, peu à peu, se sentait envahir par ses idées noires, jeta de nouveau un regard furtif sur sa main, et soupira : elle croyait voir la tache...

Christian s'aperçut de ce changement et perdit un peu de son animation.

Une vaste clairière, couverte de gazon et plantée de bouleaux, s'ouvrit devant eux, toute ruisselante de lumière. Mais cela ne dura que le temps de la traverser.

Ils rentrèrent dans les sapins; le demi jour mystérieux

recommença, et les déclivités devinrent fatigantes à force d'inclinaison.

Parfois, un petit bruit étouffé... et ils voyaient une branche de sapin plier sous le poids d'un écureuil roux empanaché de sa queue. C'était une récréation pour Christian.

Au fond du sentier tracé en entonnoir, brillaient d'un reflet d'acier bruni, de petits lacs; noirs de la végétation sombre qui les entourait et des grandes ombres des rochers.

De descente en descente, ils atteignirent un pont jeté sur une étroite vallée, qui fumait sous le soleil, et au fond de laquelle coulait un ruisseau. Le tablier et les rampes du pont étaient couverts de la gelée blanche de la nuit : en juillet !

Le défilé morne et sombre des sapins recommença plus épais des deux côtés de l'étroite voie ; et les deux chétifs voyageurs, impressionnés par un double sentiment composé de terreur et d'admiration, demeuraient saisis par l'aspect de grandeur inculte et sauvage du site.

Ils se trouvaient maintenant au centre d'une de ces majestueuses futaies de sapins, véritable forêts vierges que la vieille terre des Normands porte depuis des siècles, et sur lesquelles la main de l'homme semble ne s'être jamais appesantie. Celle-ci accusait franchement sa décrépitude.

Les aiguilles vertes tombées des branches, couvraient le sol d'une couche épaisse et sèche arrêtant partout le travail de la terre ; là, pas une fleur, aucun bruissement de feuilles, aucun bourdonnement d'insectes...

Aussi loin qu'une demi obscurité permettait au regard de pénétrer, Miol et Christian aperçurent d'abord tout un monde végétal croissant pêle-mêle dans le plus extrême désordre. A force de vétusté, les sapins dépouillés de leurs branches se déjetaient, se dérobaient à la rigidité des lignes propres à leur essence. Ces vieux arbres pliaient sur eux-mêmes et se confondaient dans un enchevêtrement inextricable.

Les troncs les plus massifs accablés par l'âge, déracinés par le vent et la pluie, s'étaient écroulés, brisant tout dans leur chute et laissant derrière leur passage un sillage de branches cassées. D'autres encore droits se montraient couverts de blessures. Par leurs cicatrices s'écoulait leur résine en larmes blanches cristallisées.

Les sapins *furu*, rouges aux endroits dépouillés de leur écorce, rongés par des lichens verdâtres, laissaient leur sève couler comme le sang d'une plaie.

Quelques-uns de ces ancêtres de la forêt, arrêtés dans leur écroulement, s'appuyaient sur des arbres plus résistants, tout frangés de mousses grises et de lichens noirâtres et demeuraient debout, tremblants sur leur base, menaçants, suintant la résine aussi et attendant le coup de grâce — le choc de la foudre ou le redoublement du vent — qui doit les envoyer rouler, pour y pourrir, aux creux des fondrières fétides.

De jeunes sapins s'efforçaient de monter vers la lumière à travers ce fouillis, mais la plupart, arrêtés dans leur développement, restaient étouffés sous les lichens envahisseurs, surgissant de toutes parts, absorbant l'air et l'espace et devenant le fléau de ces forêts.

Au dessus de la masse désordonnée et attristante pour le regard, de place en place quelque tronc énorme dominait, quelque grand sapin montait d'un seul jet à plus de trente mètres de hauteur; mais sa maigre couronne de feuillage, malgré son élévation, n'avait pu échapper à l'invasion des plantes parasites la dévorant.

Un silence pénible emplissait la forêt; il oppressait les

poitrines, glaçait les cœurs. La solitude commençait à peser sur les deux pauvres êtres perdus dans des espaces sauvages.

— Sonne du cornet, Miol, disait Christian pour rompre le silence, mettre fin à cette cessation persistante de tout bruit.

Par moments, la jeune fille et surtout Christian, qui avait plus qu'elle vécu loin des centres habités, ne pouvaient s'empêcher de faire un rapprochement entre ce calme stupéfiant de la forêt norvégienne au repos, et le fracas qu'y produisait la tempête d'hiver lorsqu'elle l'enveloppe de ses tourbillons de neige et la secoue de mugissements !

Enfin, en abordant un plateau, les deux piétons se sentirent soulagés d'un véritable malaise, devant les perspectives nouvelles que présentait la forêt. Ils arrivaient à un endroit où des rangées régulières d'arbres aux fûts énormes, droits, élancés, à l'écorce rugueuse, dressaient dans le bleu, dont ils interceptaient la vue, un dôme de verdure sombre. Aux pieds de ces arbres privilégiés, les aiguilles sèches détachées de leurs rameaux formaient un parquet lustré et glissant.

Là, le regard se perdait à travers de multiples colonnades, plongeant dans une ombre rousse et chaude où les rayons du soleil couchant s'éparpillaient en paillettes.

L'endroit semblait habité. De petits monticules de terre, ayant bien deux ou trois pieds de haut, cinq ou six pieds de largeur à la base, présentaient en assez grand nombre, quoique très espacées, des constructions d'une architecture assez originale : c'étaient tout simplement des fourmilières.

Un renard gravement assis, le dos contre un arbre, semblait placé là pour faire les honneurs de ce lieu.

Mais après avoir jeté sur eux des regards effarés, il disparut.

Ils firent encore quelques centaines de pas.

— Si nous nous arrêtions ici? c'est moins sombre, dit Christian, se sentant très fatigué.

— Oui, répondit Miol, nous pouvons passer la nuit dans cet endroit.

Alors, elle tira de sa gaîne son long couteau et se mit à couper les branches basses des arbres. Christian les transportait au pied d'un sapin. Quelques grosses pierres servirent à retenir inclinées vers le sol plusieurs branches de cet arbre, et, sur cette charpente improvisée les rameaux détachés à l'aide du couteau s'enchevêtrèrent pour former un toit et un abri contre le vent du nord.

— Asseyons-nous et mangeons, dit Christian, qui s'était attribué le monopole du commandement.

Il ne fut pas long à donner l'exemple.

Il tira du sac de toile un morceau de renne fumé, et des galettes d'avoine; puis, ayant servi Miol, il commença à dévorer à belles dents, aiguisées par l'appétit de ses treize ans, et après une fatigante journée de marche.

Comme Miol avait soif, Christian se leva et, un gobelet de cuir à la main, il descendit au fond du ravin, en se guidant sur le bruit d'un torrent.

Tout à coup, du côté où Miol avait vu disparaître le jeune garçon, un grognement formidable se fit entendre : il semblait sortir de terre; il fut suivi de cris d'effroi. Miol courut au bord du ravin.

Elle vit Christian tout pâle, adossé à une roche, regardant atterré devant lui. A quelques pas, un ours énorme s'était arrêté. Il observait l'enfant, ne perdant aucun de ses mouvements.

Lorsque Christian, en levant la tête, aperçut Miol qui

se penchait vers lui, il reprit courage, et bondissant sur une pierre pointue qui gisait près de là, il s'en empara, prêt à tenir tête à la bête farouche. Christian était décidé à vendre chèrement sa vie. Courait-il un très grand

L'ours se leva sur ses deux pattes de derrière dans une attitude de combat

danger? Ce n'est pas probable ; les ours des montagnes de la Norvège, plutôt frugivores que carnassiers, ne sont pas des animaux bien dangereux.

Déjà Miol descendait au fond du ravin. Alors Christian subitement s'effraya plus pour elle que pour lui-même, et sans attendre qu'elle l'eut rejoint, il se précipita, armé de sa pierre, au-devant de l'ours, pour l'attaquer ou le mettre en fuite.

L'ours clignait ses petits yeux et semblait sourire. En voyant le jeune garçon marcher vers lui, il se leva sur ses deux pattes de derrière dans une attitude de combat. Il paraissait très grand ainsi et vraiment redoutable.

Miol eut peur pour Christian. Tout en courant, elle rappelait le jeune garçon, tremblant qu'il ne s'engageât dans une lutte où il n'aurait certainement pas l'avantage; mais Christian ne voulait rien entendre, ne s'inspirait que de son courage, tenait même à racheter son premier mouvement de terreur. Il leva sur l'ours sa pierre pointue, et le plantigrade sortit les griffes au bout de ses pattes.

Très alarmée, Miol eut une inspiration, elle porta à sa bouche son cor, et en tira un son rauque et prolongé. Il eut pour effet d'effrayer l'ours, — qui se remit sur ses quatre pattes, — et de retenir le bras de Christian prêt à frapper.

Tout ce que la jeune Norvégienne avait d'énergie et de souffle, elle l'utilisa en renouvelant sa tentative. Elle enflait le son du cor, tout en courant sur l'ours; mais la bête ne l'attendit pas et se dirigea vers le fond du ravin, où bientôt elle disparut.

Christian demeurait immobile, tenant toujours à la main sa pierre...

Miol tout à fait remise de son émoi lui sourit:

— Oh! il ne reviendra pas?

— Si j'avais eu une arme? fit le jeune garçon, un peu honteux.

— Mieux vaut n'avoir pas combattu. Tu regrettes que je sois venue à ton secours!

Christian jeta sa pierre, et avec une nuance de mauvaise humeur, se contenta de dire :
— Non.

Miol ramassa le gobelet de cuir, que dans son saisissement il avait laissé tomber et elle se dirigea vers le ruisseau qui coulait un peu plus bas. Elle puisa de l'eau plusieurs fois, se désaltéra largement, puis elle offrit très gracieusement à son jeune ami de l'eau glacée, puisée dans cette coupe du voyageur.

On remonta au campement improvisé, sans que l'ours eut donné aucun signe de sa présence dans les environs. La rencontre de la bête sauvage amena l'échange de quelques idées. Mais Miol vit bientôt que les yeux de son jeune compagnon s'appesantissaient.

— Et maintenant, lui dit-elle, va te reposer sous l'abri.
— Et toi, Miol, où dormiras-tu ?
— Moi ? fit la jeune fille ; hélas ! je ne connais plus le sommeil... depuis longtemps... Une pierre pour m'asseoir suffira... Et je veillerai sur ton sommeil... Dors en paix, mon cher enfant !

A mesure qu'elle s'éloignait du gaard des Sorbiers, la Belle Lépreuse perdait davantage de la confiance qui l'avait soutenue dans les premières heures de la journée. Arnold n'était plus là pour la stimuler de son regard, si puissant sur elle.

Si elle agissait encore avec quelque énergie, c'est qu'elle se rappelait ses paroles d'encouragement, ses promesses, l'engagement qu'il avait pris en quelque sorte vis à vis d'elle, en l'envoyant au lac de Tannförsen.

Mais le doute revenait de plus en plus accablant.

Sous l'empire de la fatigue de cette longue journée de marche, l'intéressante fille, sentait toutes ses angoisses, toutes ses craintes renaître, — ou plutôt, elle perdait la possession d'elle-même et redevenait la pauvre insensée qui avait quitté son père et son pays, fuyant ce mal dont elle se croyait atteinte, et qui avait frappé mortellement auprès d'elle deux charmantes filles de sa famille.

## CHAPITRE XX

### DEUX RUSÉS COMPÈRES

Christian dormait à poings fermés sous l'abri de ramures...

Miol, obéissant à un instinct superstitieux choisit deux pierres rondes comme des pommes, et elle les déposa religieusement sur un bloc de rocher, voulant par ce rite détourner de leurs têtes le courroux des Ases, gardiens de la montagne. Après quoi elle s'assit devant l'arbre, sous lequel reposait son jeune compagnon.

Absorbée dans ses réflexions, l'esprit surexcité, la pauvre fille ne songeait nullement à prendre quelque repos. Le soleil avait disparu, mais pour faire place à ce long demi jour qui succède à la pleine lumière dans cette région, durant les mois de l'été. Et cette absence de nuit portait aussi à demeurer les yeux ouverts.

La Belle Lépreuse ne pouvait détacher sa pensée des évènements récents qui tout d'un coup remplissaient son existence de sentiments nouveaux. Elle croyait jusqu'ici ne vivre que sous l'empire d'une idée fixe : échapper au mal qui voulait l'envahir, et si, malgré tout, c'était impossible, se résigner à faire un dernier sacrifice. Maintenant, après avoir accepté les consolations d'Arnold, elle ne voulait plus mourir !

Et cependant, se disait-elle, il est riche, il est noble

et je ne suis qu'une humble fille d'artisan. Qu'importait donc à leurs destinées qu'elle mourût ou qu'elle traînât une existence misérable, puisque les plus grands obstacles les séparaient ?

Miol choisit deux pierres rondes comme des pommes et les déposa religieusement sur un bloc de rocher.

Il lui avait, semblait-il, montré quelque amitié... davantage même.... N'était-ce pas plutôt de la pitié ? Avec un bon cœur, ce jeune homme en la voyant souffrir, lui était venu en aide, essayant même de la consoler, de la réconforter...

Au milieu de ses réflexions, tantôt vagues et incertaines comme une rêverie, tantôt angoissées, poignantes, la remplissant de mouvements fébriles, elle entendit un bruit de pas.

Son cœur se mit à battre très fort.

Et pourquoi ? C'est qu'elle pensa que ce devait être le messager promis par Arnold, venant du gaard avec le supplément de vivres libéralement accordé ; elle entendrait parler du fils des iarls ; elle pourrait charger son serviteurs de ses remerciements...

Autrement, qui ce pouvait-il être, à cette heure où les pâtres ont partout établi leur nuitée ? Qui se serait hasardé dans ces chemins de traverse si peu fréquentés ?

Les pas se rapprochaient et maintenant elle entendait deux personnes : on parlait, on discutait même avec assez de vivacité, — mais dans une langue ignorée...

Deux formes humaines se dessinèrent et Miol fut très surprise de voir venir de son côté deux jeunes gens : c'étaient nos Bretons ! on l'a bien sûr deviné...

Ayant mal suivi les indications du Lapon, ils s'étaient égarés et cherchaient par monts et par vaux à retrouver le chemin du gaard des Sorbiers.

Accablé de fatigue, Josillon pliait sous son sac.

— Je suis mort faute d'haleine ! soupirait-il.

Jean-François avait aussi sa charge : les vivres achetés à Lavanger, pour se dérober à la cuisine des relais, à la soupe nationale et au « gamle ost. »

Ce dernier s'avança vers la jeune fille.

Elle s'était levée à leur approche et, immobile, elle les regardait en silence.

— Voilà juste à point, au moment où nous allions rendre l'âme, observait Josillon, une gente pastoure qui va nous enseigner notre route...

Jean-François demanda :

— Le chemin du gaard des Sorbiers. En sommes-nous bien loin, s'il te plaît de me le dire ?

— Ce que tu demandes est difficile à indiquer, surtout à des étrangers, répondit Miol, que cette question déconcertait et troublait. — Encore le gaard des Sorbiers !

Subitement, elle retomba dans ses égarements.

Elle reprit cependant :

— Tu ne parles pas bien notre langue et tu ne connais pas le pays... le jour est bas... les Esprits de la montagne se font un jeu d'égarer les voyageurs...

Ah ! mes pieds meurtris le connaissent bien le chemin du gaard ! Et mon cœur — plus meurtri encore ! — Si, toi et ton compagnon, vous voulez essayer, je te dirai de suivre ce sentier, en rentrant dans la forêt d'où tu sors. Elle est grande, tu le sais peut-être.

Je ne te demandes pas d'où tu viens... Jamais tu ne viendras d'aussi loin que moi. Pour me dérober à un air empesté, j'ai fui sur la mer du Nord, j'ai trempé dans les fiords et les lacs, ma main... Mais que t'importe !.. Voici : Au moment où tu sortiras de la forêt regarde en face de toi, une montagne fracassée en deux se dresse à dix lieues, neigeuse encore de l'hiver dernier...

On appelle ces pics le Vieux et la Vieille à la coiffe blanche ; tu les verras tout rayonnants d'or au soleil d'été... C'étaient autrefois deux géants, enfants de la nuit... maintenant changés en rochers, ils doivent rester là éternellement...

— M'est avis, observa Josillon, qu'elle aura marché sur la racine de folie qui fait la raison prisonnière.

La jeune fille reprit :

— Tâche de marcher vers cette montagne malgré les collines et les vallons et les bois qui la cacheront souvent à ta vue... incline un peu sur la droite... Si, en descendant, tu trouves un pont, tu as chance d'arriver jusqu'à la hauteur où est le gaard que tu cherches... mais il ne faut pas manquer le pont... si tu le manques, vois-tu, je ne sais plus que te dire !

Et elle se mit à frotter sa main gauche, — ce qu'elle n'avait plus fait depuis trois jours.

— C'est vrai que c'est difficile ce chemin-là, ma gentille demoiselle, répondit Jean-François, qui regardait beaucoup la jeune fille : plus encore qu'il ne l'écoutait.

Il ajouta :

— Bien obligé, tout de même et merci du dérangement.

Le Breton, se méfiant de son élocution, voulut remercier en offrant une poignée de main, mais la Norvégienne recula vivement : toute sa confiance dans la promesse d'Arnold venait de l'abandonner depuis un moment.

— Ne me touche pas ! cria-t-elle, n'approche pas de moi ! Je suis lépreuse.

— La Belle Lépreuse, alors ? hasarda Josillon.

— Oui, la Belle Lépreuse, puisque tu me connais !...

Les deux Bretons se concertèrent à voix basse. Que fallait-il faire ? Mais comment auraient-ils pris une résolution en commun : une même pensée de défiance les animait.

Si c'était la Belle Lépreuse, se disaient-ils, tout en affectant d'examiner la difficulté de se retrouver dans les explications données par la Norvégienne, si c'était elle, le jeune garçon cherché ne devait pas être bien loin !

Tous deux devinaient qu'ils touchaient peut-être au but de leurs efforts. C'était le moment ou jamais de ruser ; il fallait se donner mutuellement le change.

Quel moyen employer ?

Tous deux trouvèrent le même : s'éloigner de la Belle Lépreuse, sans la tourmenter davantage de questions... et après s'être débarrassé de son rival, revenir en cet endroit où la jeune fille semblait établie pour plusieurs heures.

Josillon prit un air dégagé :

— On t'obéira la belle fille.

— Merci et adieu, fit à son tour, Jean-François.

Ils s'éloignèrent sans lui dire autre chose et sans se parler.

Suivons-les.

Très absorbés l'un et l'autre, les deux Bretons descendaient à grands pas l'étroit chemin à travers bois, dont l'ascension leur avait coûté tant de fatigue ! Un quart d'heure de cette allure rapide et ils étaient loin de la Belle Lépreuse.

— Tu vas bien vite ! finit par dire sur un ton aigre Josillon.

— C'est mon pas ! repartit Jean-François, disposé à brusquer l'entretien.

— On dirait que tu veux rejoindre la route de Trondhiem ?

— Foi d'homme ! n'est-ce pas tout ce qui nous reste à faire ? Jamais nous ne trouverions le gaard ! Et puis tout ça c'est des imaginations. J'ai été bien bête de t'écouter !

Josillon vit poindre avec joie le moment d'une rupture, d'une séparation devant lui permettre de rejoindre la Belle Lépreuse.

— Je ne te force pas... dit-il.

— Ni moi non plus, donc ! Si tu ne veux pas venir à Trondhiem, va-t-en à tous les diables.

Évidemment, Jean-François, travaillait de son côté à amener une brouille.

— D'abord, je demande à réfléchir, dit son compagnon, en s'asseyant sur une grosse pierre. Je suis rendu... On ne peut pas toujours naviguer sans mettre un peu de largue dans l'écoute. Va devant, si tu veux ; je te rattraperai.

Il élevait la voix en parlant, parce que Jean-François continuait de marcher.

Quand son camarade fut à cent pas de lui, Josillon, tout d'un coup éperdu, se mit à l'appeler pour qu'il s'arrêtât.

— De quoi ? faisait Jean-François, parle toujours : je t'entends.

Mais le sentier tournait : ils ne se voyaient plus.

Alors Josillon se mit à courir pour rejoindre ce coquin de Jean-François qui s'en allait emportant les vivres !... Ah ! le mauvais gueux !... Il voulait bien sûr... se débarrasser de lui... en le faisant mourir de faim. Ah ! mais non.

Le Breton de Saint-Malo rejoignit le Breton de Saint-Servan.

— Tu oublies... queuque chose, lui dit-il, pouvant à peine parler tant il était essoufflé.

— Fallait pas te déranger donc !... qu'est-ce que j'oublie ?

— Tu oublies... tes vareuses et ton pantalon...

— Tiens c'est vrai ! fit Jean-François.

— Mais tu oublies aussi de me donner ma part de galette d'avoine, de renne fumé, de saumon... ce serait donc que tu voudrais voir ma fin, pour épouser tout seul Carina ? Tu es bien de ton pays, va !

— Assez causé fit Jean-François. Passe-moi mes frusques et prends ta part des vivres. Et puis, de quel côté vas-tu ?

— Oh ! je descendrais bien encore un bout de chemin avec toi !

— Eh bien, moi, je remonte. Fais-toi la plus grosse part. Je vais redemander des explications à la pastoure. En y pensant un peu... son chemin peut se combiner avec le chemin indiqué par le Lapon. Je vas éclaicir ça ! Toi, file ton nœud...

— J'ai pas la berlue, va ! je vois ce que c'est ! cria Josillon : Tu voudrais te débarrasser de moi... pour me trahir.

— Par ainsi, je te rends la monnaie de ta pièce ! Est-ce que je te dois quelque chose ? Va-t-en à droite ou à gauche, remonte ou descends : j'irai ou tu n'iras pas. Conséquemment, choisis ton chemin !

— Tu sauras que je ne veux plus être insolenté par toi ! hurla Josillon devenu furieux. Tout ça pour une saperbleure de Carina !

— Je te défends de mal parler d'elle !

— Une coquette, oui... Quand tu m'auras regardé en écarquillant tes écubiers, tu ne me fais pas peur, da !

— Tais-toi Josillon !

— Et une ingrate aussi... qui voudrait notre ruine à moi et à toi.

— Je ne veux pas que tu dises du mal de Carina... Je prends sa défense comme si elle était déjà ma femme.

— La fille norvégienne, ta femme ! Je la laisserais plutôt au maître d'école !

— Je te reconnais bien là ! Tire-toi de ma vue, animal !

— Va-t'en, toi ! j'ai mon idée.

— Josillon, je te dis de t'en aller ! ou sinon !...

— Va bien ! c'est brouillés à mort que nous nous séparons au moins ! s'écria Josillon tout pâle d'émotion. Je n'aurais jamais cru ça de toi, Jean-François, parole sacrée !

— Foi d'homme ! je te déteste autant que j'ai d'amitié pour Carina.

— Et moi de même !

— Tu me détestes ?

— C'est comme tu as dit.

Les deux amis d'enfance se montraient bien réellement brouillés. De leurs sentiments d'autrefois — et de tout à l'heure, — il ne restait plus qu'une certaine répugnance à en venir aux mains...

Jean-François, le plus raisonnable des deux quitta la place pour échapper à cette extrémité.

Il entra dans le bois.

Josillon accourait suivi de près par un ours de forte taille.

Josillon l'imitant aussitôt, fit demi tour, passa derrière une roche deux fois haute comme lui, et se dissimula de son mieux.

Chacun d'eux observait si l'autre se montrerait de nouveau, reviendrait sur le sentier...

Ils ne bougeaient, ni l'un ni l'autre.

Soudain Jean-François entend un grand bruit de froissement de feuilles, de branches mortes craquant : il crut à une attaque furieuse de Josillon et s'arma à tout hasard d'une branche de sapin semblable à une massue.

— A moi ! à moi, Jean-François ! criait le Malouin.

Il avait retrouvé la trace de son camarade et il accourait suivi de près par un ours de forte taille : peut-être l'ours qui, peu d'heures auparavant, avait effrayé Christian et Miol.

— Gare-là ! Sauve-toi, fignolet ! Un ours ! fit-il encore en dépassant Jean-François. Et il jeta à l'animal son paquet de hardes.

Le plantigrade flaira une seconde ou deux le sac de Josillon ; juste assez de temps pour permettre à Jean-François de lever son énorme trique et de la laisser retomber sur la nuque de l'ours qui fut tout étourdi du coup.

Bravement alors, Josillon, se retournant pour faire face à l'ennemi, s'arma de son couteau et se précipita sur l'ours en vociférant :

— Sale bête !

L'ours, lardé de coups de couteau et frappé de nouveau sur la tête par Jean-François, commença à trouver la partie inégale, et s'enfuit en grognant.

Les deux Bretons demeuraient attentifs, prêts à une nouvelle attaque ; mais les grognements de l'ours s'éloignèrent.

— Et sale pays ! fit alors Josillon, qui respira plus librement.

Puis, sautant au cou de son compatriote :

— On ne peut pas mentir, pas vrai ? sans toi, Jean-François, j'étais un gars trépassé, dit-il en l'embrassant.

— Ça a du bon un camarade ! observa Jean-François, très heureux au fond d'avoir assisté le Malouin dans cette extrémité.

— Aussi, dit Josillon avec vivacité, je donnerais les mille... je ne sais plus quoi... pour qu'il n'y eut jamais eu cette fille de Norvège entre nous.

— Ne parlons plus de Carina ! répliqua Jean-François avec le ton d'un sage. Le mieux, vois-tu, Josillon, c'est de nous rapprocher de la ville. Il ne fait pas bon par ici pour se dire ce qu'on pense des jolies filles.

— Va où tu veux, fit l'autre dompté et soumis ; je te suivrai. Seulement mon sac est ouvert d'un coup de griffe du malotru...

— Nous le recoudrons ensemble, dit Jean-François.

C'était le mot de la situation.

Quelques heures plus tard les deux amis entièrement réconciliés, après s'être concertés en toute franchise et persuadés que le jeune garçon était auprès de la Belle Lépreuse, revinrent à l'endroit où ils avaient parlé à celle-ci ; mais ils n'y trouvèrent plus personne et ils durent piteusement retourner sur leurs pas, encore indécis l'un et l'autre s'ils pousseraient jusqu'au gaard des Sorbiers ou s'ils renonceraient à leur hasardeuse entreprise.

## CHAPITRE XXI

### LE SERVITEUR D'ARNOLD

Plusieurs fois durant la nuit, Miol percevant d'étranges bruits dans la forêt — des froissements de feuilles, des grognements, des appels de bêtes fauves, fit résonner son cornet pour éloigner tout hôte incommode. Chaque fois Christian se réveillait.

— Pourquoi sonnes-tu de la corne, Blanche-Neige ?

— Dors, mon ami ; c'est pour assurer ton sommeil, écarter les loups et les ours, appeler sur toi l'attention des Esprits bienfaisants.

A la lueur indécise d'une nuit très claire, succéda le jour, le véritable jour, avec des rayons d'un soleil resplendissant, perçant les parties les plus sombres de la forêt.

La Belle Lépreuse n'avait pas fermé l'œil un instant ; une insomnie persistante devenue habituelle, ajoutait à son état de surexcitation...

Depuis sa rencontre avec le fils de Halfdan Kiérulf, à son agitation ordinaire succédait une rêverie obstinée : elle eut eu garde de laisser perdre un moment de ces heures qui la mettaient en face d'elle-même et la laissaient à ses réflexions.

L'apparition de ces deux étrangers, après l'avoir surprise, ne lui laissaient guère qu'une pensée : c'est qu'ils cherchaient le gaard des Sorbiers, pour s'y rendre, qu'ils verraient Arnold...

Et elle les suivait en imagination.

Christian, bien réveillé, remplissant de vives paroles et d'éclats de rire le petit coin où ils se trouvaient, un flatbrod fut rompu en deux. Le jeune garçon en croqua gaiement la plus grosse moitié. Miol, séduite par tant d'entrain, l'imita et l'on se remit en route.

Ils approchaient maintenant de la frontière qui sépare la Norvège de la Suède — deux états avec un même souverain.

Les sites se succédaient remplis d'imprévu, les accidents du paysage se multipliaient à l'infini, se dégageant un à un du brouillard né avec l'aube, et qui s'éloignait à mesure qu'ils avançaient.

Un grand bruit d'eau, sourd et continu, augmentant d'intensité de minute en minute, eut procuré à d'autres qu'à ces enfants des fields, la sensation très réelle d'un pays étrange, plein d'harmonies mystérieuses, au milieu desquelles l'homme, réduit au silence, n'est plus qu'un timide voyageur, obligé de se tenir sur ses gardes contre ces forces de la nature. Tandis qu'il rampe sur le sol, les éléments prennent librement leur essor.

Ce bruit provenait de plusieurs cascades par où s'écoulaient les dernières eaux de la fonte des neiges — les eaux printanières — réunies dans les lacs; elles bondissaient de roche en roche avec un grondement étourdissant.

Le chemin passait sur plusieurs ponts de bois, étroits, vacillants, suspendus sur l'abîme. Ils voyaient les torrents descendre au-dessous d'eux dans les anfractuosités des précipices.

Les vapeurs matinales et la fumée des chutes, formaient un brouillard à travers lequel ils apercevaient encore les bonds furieux des lames d'eau sur le poli des roches.

Peu après, l'ascension se prononça, interrompue par de moins fréquentes descentes.

Bientôt, ils dominèrent un chaos de pics aigus, de crêtes dentées en scie, de cimes amoncelées comme les vagues d'une mer subitement figée, et, pour que l'imitation fut complète, plus d'un de ces cônes terminé en pointe se présentait lamé de plaques de neige, semblable à l'écume blanche des flots.

Ils abordaient le col qui conduit de Norvège en Suède.

Ils s'engagèrent dans une gorge, — brèche ouverte au flanc de la montagne. Les rayons du soleil semblaient n'y avoir jamais pénétré. Au fond, un ruisseau tourmenté dans sa marche par mille obstacles, se glissait entre les deux versants qui l'étreignaient et dont les parois à pic, apparaissaient rayées par les avalanches, plaquées çà et là de taches verdâtres. Ici bossuée, effritée, là, baillant par d'énormes crevasses, la double muraille se resserrait, cherchant à se joindre au-dessus de cette impraticable voie, en laissant à peine entrevoir aux deux voyageurs un carré de ciel ; quelques sapins jaillissaient de la pierre, mordaient le roc et se suspendaient échevelés sur leurs têtes.

La montée devint plus lente, plus pénible, à leurs yeux c'était la vallée qui semblait s'enfoncer et disparaître sous leurs pas. Des rochers aigus leur barraient le passage, des blocs énormes se dressaient comme des piliers naturels, gigantesques poteaux de frontière.

Plus d'une fois, pour raccourcir le chemin, ils gravirent un sentier parallèle, laissant la route tracer ses lacets. Ils escaladaient alors les rochers, dont les aspérités devenaient des degrés incertains, et redescendaient de l'autre côté à la recherche de leur chemin.

Toujours ils montaient, et il leur semblait qu'ils dussent monter éternellement ! Ce chemin dépasse, en effet, la région de la végétation, franchit la zone des mousses et des lichens, et trouve le roc nu, marqué

Toujours ils montaient, et il leur semblait qu'ils dussent monter éternellement.

çà et là de flaques blanchâtres, restes persistants des gelées d'hiver.

Pour diriger leur marche, ils ne perdaient plus de vue l'Areskutan, qui dominait un amphithéâtre de cimes dénudées, et dressait devant eux sa masse neigeuse, resplendissante des rayons du soleil de la matinée.

Plus de bestiaux, plus de gaards ni de soeters !

Laissons-les suivre difficilement, mais d'un pas jeune et souple, l'une des rares voies ouvertes par dessus les monts entre les deux états scandinaves.

Parcourant un chemin plus hardi, un jeune montagnard envoyé par Arnold Kiérulf avec les vivres promis à Miol, était arrivé non loin du lac où tombe la cascade de Tannforsen.

C'était un jeune pâtre de dix-sept à dix-huit ans, aux jarrets solides, aux larges épaules, moins bien partagé comme intelligence.

Arrêté par la rive du lac, l'œil fixe, la bouche ouverte, debout, appuyé sur son bâton blanc, ses longs cheveux jaunes emmêlés retombant de chaque côté de son cou, il regardait avec la pose immobile des statues, dans la direction de l'île...

Il vit s'en détacher un tout petit esquif formé d'un tronc d'arbre creusé. C'était l'œuvre et la propriété du Lapon Jonas.

Ce ne fut pourtant pas Jonas qui aborda ; mais un autre Lapon de visage sévère et de gestes graves. Sur ses traits vieillis sa peau tirée et parcheminée avait l'apparence d'une peau de tambour usée par les baguettes.

— C'est à Jonas que je dois remettre ce que j'apporte... dit le serviteur de Kiérulf.

Déjà le Lapon ouvrait le grand coffre en bois peint, déposé au bord de l'eau : Arnold l'avait choisi enjolivé de fleurs et de fruits, dus au pinceau d'un artiste du cru.

Le Lapon disposait dans la pirogue, à l'avant et à l'arrière les provisions de choix contenues dans le coffre, renne et saumon fumés, œufs durs, galettes d'avoine...

— Mais... Jonas ? fit le pâtre.

— Jonas fait ce que je lui commande.

— Lui seul sait pour qui sont ces vivres... C'est pour Miol, la Belle Lépreuse...

— Tu es un habile garçon petit, un habile garçon, dit en ricanant le Lapon.

Tu serais le premier à douter de moi sans avoir à s'en repentir.

— Je puis avoir confiance en toi, Finn ?

C'est le nom que l'on donne aux Lapons en Norvège.

Le Lapon le regarda fixement, ses yeux rouges s'éclairaient d'un éclat farouche.

— Tu serais le premier à douter de moi sans avoir à s'en repentir, répliqua-t-il.

Cela était dit sur le ton de la menace, et le pâtre fut impressionné.

Il n'insista pas.

— Alors, Finn, tu habites dans l'île ?

— Dans l'île… dans l'île sacrée.

— Avec Jonas ?

Le vieux Lapon secoua les épaules et regarda malignement le jeune pâtre.

— Tu es bien curieux… et bien osé ! répondit-il.

— Et toi, bien retenu sur ta langue, pour un Lapon !

— J'ai mes raisons.

— En laissant entre tes mains ce que ce coffre renfermait, observa l'adolescent, il faut que je puisse dire à Halfdan Kiérulf et à Arnold que leur commission est bien faite.

— Cours vite leur dire que leur commission est bien faite.

Le serviteur d'Arnold comprit qu'il serait difficile d'obtenir quelque éclaircissement d'un homme qui ne voulait point parler. Il tourna le dos au Lapon, avec un geste marquant le dédain que doit montrer tout Norvégien qui se respecte à un individu d'une race réputée inférieure. Et il s'assit… pour voir ce que le Finn allait faire.

Celui-ci prit place dans la pirogue, sans la faire chavirer — ce qui demandait une certaine habileté. Il saisit l'unique aviron, destiné à frapper l'eau alternativement à droite et à gauche. Mais avant de s'éloigner il questionna à son tour.

— Quel âge as-tu ?

— Dix-sept ans, fit le pâtre.

Le Lapon réfléchit une seconde :

— Tu as deux ans de trop.

— Pourquoi faire ?

Le Lapon eut un mauvais sourire.

— Mais pourquoi donc ?

— Pour plaire à nos dieux ! Il éleva la voix : C'est un sang plus jeune qu'il leur faut !..

Et il ajouta, achevant sa pensée et comme se parlant à lui-même :

— ... Si je veux obtenir d'eux l'autorité pour moi, la puissance pour ceux de ma tribu...

Le pirogue reçut de la rame une première impulsion, et elle s'éloigna.

Son bord ne dépassait pas l'eau de plus d'un pouce. Un faux mouvement l'eût fait sombrer.

Un moment, le montagnard étudia les allures du Lapon. Il le vit aborder dans l'île, tirer avec précaution de la pirogue ce qu'il avait transporté, et disparaître derrière des bouquets d'arbustes et de grandes pierres entassées.

— Un Lapon, murmura-t-il, ce n'est pas, homme un c'est un chien.

Alors, très allégé, il reprit le chemin du gaard des Sorbiers, se hasardant, — comme pour venir — dans des sentiers frayés par les daims et les ours.

Un peu soucieux toutefois de n'avoir pas rencontré Jonas, en arrivant au gaard, il se borna à dire à Arnold qu'il avait remis le coffre « au Finn ».

## CHAPITRE XXII

### LA CATARACTE DE TANNFÖRSEN

Deux fois le soleil se leva, succédant, à la claire nuit, avant que Miol et son jeune ami arrivassent enfin devant la cataracte de Tannförsen.

Il y en a certes d'autres en Norvège, et bien plus imposantes : le Vorinsfos, qui s'abîme dans un gouffre, avec cent quarante mètres de chute, le Riukanfos, qui a deux centquarante-cinq mètres de hauteur verticale, le Sarpfos, cataracte du Glommen, qui ne tombe pas de bien haut, mais dont la masse d'eau est énorme, et vingt encore que l'on pourrait citer en s'émerveillant ; mais en Suède, sur les versants de la chaîne de montagnes qui sépare et domine les deux pays, la chute d'eau de Tannförsen compte parmi les beautés naturelles les plus remarquables de la région.

Miol avait vu plusieurs cascades; on lui avait décrit la plupart des autres... Et cependant ce lieu la trouvait toute neuve d'impressions.

C'est qu'elle était venue à Tannforsen sur les pressantes instances d'Arnold Kiérulf.

Ayant foi en sa parole, elle s'était acheminée vers ce lieu, avec soumission d'abord, toute joyeuse d'obéir, mais bientôt après pleine d'irrésolution, se sentant peu à peu envahie de nouveau par ses pensers de découragement, n'avançant plus pour ainsi dire que machinalement.

Le soin qu'il lui fallait prendre du jeune Christian — celui-ci avait dit à Miol son vrai nom, — la crainte de paraître aux yeux de ce garçon plus déraisonnable encore qu'elle ne l'était, l'avait retenue dans le chemin voulu...

C'est ainsi qu'elle atteignait enfin le but de son voyage.

A Tannförsen, un lac supérieur se déverse dans un autre lac, par une seule issue, et d'un bond de quatre-vingt-dix pieds. A la base de la chute, les eaux se ruent écumantes et mugissantes à travers les quartiers de roche tombés d'en haut. Au souffle du moindre vent, ondule une colonne de vapeur à travers laquelle le soleil se joue, créant des arcs-en-ciel multiples...

Le site possède un caractère de grandeur fait pour impressionner vivement.

Elle s'assit en face de la cataracte. Par une sorte de fascination, ses yeux ne pouvaient se détacher de ces eaux mouvantes et qui demeuraient si bien retenues dans leurs propres limites qu'elles en paraissaient immobiles : leur bruissement seul accusait le mouvement.

La chute était profonde; il n'y avait presque pas de rejaillissement; la masse liquide se trouvait pulvérisée par le choc; et saisie aussitôt par le déplacement de l'air au fond du gouffre, elle se répandait en cette vapeur dont les millions de molécules, dans leur ascension, s'irisaient au soleil.

Au loin, la solitude s'emplissait des clameurs de la chute.

Miol contempla longuement avec la même fixité du regard, la cascade qui s'échappait d'abord en une masse épaisse et lourde, en sortant d'une échancrure du roc; à vingt ou trente pieds, le jet se heurtait blanc d'écume, à un enflement de la paroi et se développait en éventail, laissant tomber son poids énorme dans le vide.

Jusqu'à mi-hauteur de sa surface, l'imposante paroi se

montrait noire et couverte d'une sorte de lèpre engendrée par l'humidité...

Christian, couché par terre à côté de sa compagne était oublié.

La jeune fille sans sommeil s'endormait hypnotisée, les yeux ouverts

A quoi pensait-elle, ainsi absorbée, peu à peu par l'éclat de l'eau, son mouvement, son bruit? Peut-être à rien. La jeune fille sans sommeil, s'endormait hypnotisée, les yeux ouverts.

Elle se retourna enfin — et sourit à Christian.

— Voilà la chute, lui dit-elle, et, allongeant un bras, elle ajouta : voilà le lac, voilà l'île.

Devant son geste agrandi, le paysage se développait immense, tout imprégné de lumière. Tout vivait, s'animait, les eaux, les rochers, la végétation fraîche et verte, les grands oiseaux entrecroisant leur vol anguleux au-dessus de l'eau miroitante du lac.

L'île surgissait du milieu des eaux comme une corbeille de feuillage et de mousse.

Christian regardait surtout du côté de l'île.

Tout à coup, il vit quelque chose se mouvoir à la pointe de l'îlot. Un homme entra dans un bateau si petit, si bas, que cet homme paraissait debout sur l'eau; le bateau — non, on ne peut pas dire le bateau : la pirogue, le tronc d'arbre — se détacha du bord, et le marinier donna à droite et à gauche quelques coups de son unique rame...

En un moment, il se trouva près des voyageurs. Il se dressa alors, et de nouveau, il parut démesurément grand pour le minuscule esquif. Christian reconnut en lui un Lapon.

Mais ce n'était pas celui qui lui avait sauvé la vie, ce Jonas si bon enfant, si dévoué. Celui-ci possédait la plus ingrate figure qui se puisse voir : Des yeux rougis, clignotants, se dérobant sous d'épais sourcils, un nez épaté, des pommettes si saillantes que le visage en paraissait ovale, des cheveux non pas bruns, ni blonds, mais décolorés et tirant sur le jaune. Ses doigts étaient chargés de lourdes bagues d'argent ou de cuivre d'un grossier travail.

Sur sa poitrine s'étalait une poche en toile, suspendue au cou par une lanière de cuir, contenant sans doute comme d'habitude, la bourse, le tabac, une cuiller de corne de renne, un briquet, de l'amadou, une pipe.

C'était le Lapon que nous avons vu déjà, venant à la place de Jonas recevoir les vivres envoyés par Arnold.

Il répondit au salut de Miol par un froid sourire; mais aussitôt ses yeux se fixèrent obstinément sur Christian.

— C'est Jonas qui t'envoie? demanda la jeune fille.

Le Lapon, sans répondre directement, questionna à son tour :

— N'es-tu pas celle qu'on nomme la Belle Lépreuse? Viens alors, tu es attendue.

— Ne pourrais-tu me dire où est Jonas?

— Peut-être... répondit-il avec une sobriété de paroles qui n'est pas dans les habitudes laponnes ; quand ce sera utile, tu le sauras bien!

Miol mesurait la pirogue de l'œil.

— Prends garde, Miol, dit Christian, saisi d'un pressentiment en regardant l'air peu rassurant du Lapon, dont les yeux striés de sang trahissaient de mauvaises dispositions et presque de la haine.

— Entre, dit encore le Lapon, l'enfant passera après toi.

Elle sauta avec précaution, s'assit pour ne pas faire chavirer l'esquif, se demandant avec anxiété si l'étrange guide qui lui était donné avait l'intention de prendre place devant elle.

Mais celui-ci quittait déjà sa blouse de vadmel, son bonnet et ses bottines de peau de renne.

Il entra dans l'eau, de laquelle son buste fuligineux surgissait, et d'une main libre, — l'autre se cramponnait au rebord de la pirogue — il nagea; ses pieds remuaient aussi, et la pirogue fut poussée vers l'île.

Elle était plus qu'étrange cette figure de Lapon, vue de près par la jeune fille : les épaules nues, le bonnet sur la tête, les cheveux tombant en mèches déjà mouillées. Le peu d'effort accompli par lui, pour donner une impulsion à la pirogue, faisait grimacer affreusement sa bouche, ridait ses joues et ses tempes, plissait son front. Son regard faux allait de la jeune fille à l'enfant demeuré sur la rive, et qui attendait son tour d'effectuer de même façon la traversée du lac.

La Belle Lépreuse, avec son humeur toujours inquiète, se demandait si c'était bien à cause du poids que le Lapon demeurait dans l'eau... si ce n'était pas plutôt par crainte de la contagion, et pour se tenir prudemment à distance d'elle ?

Enfin la pirogue s'ensabla dans une étroite crique, et Miol, sans la faire remuer, sauta sur la terre dure, cherchant déjà des yeux l'abri qui devait lui servir de refuge.

Le Lapon la comprit ; il écarta les branches de plusieurs arbustes fleuris et montra à la Belle Lépreuse une sorte d'abri formé de roches étrangement diposées. C'était une invitation de s'y rendre, tandis qu'il irait prendre au bord de sa pirogue le jeune garçon.

La pirogue remise à flot, le Lapon s'y accroupit tout ruisselant, et alla, comme cela semblait réglé, chercher Christian.

En abordant la rive, il s'élança. Sa blouse chauffait au soleil ; il s'en revêtit lentement tout en examinant l'enfant.

— Quel âge as-tu ? finit-il par dire.

— Douze ans...

— Tu es Norvégien ?.. Ta famille aussi ?

— Je suis de Bodoë, répondit Christian, habitué à indiquer toujours comme lieu de naissance un endroit éloigné de celui où il se trouvait, dans la crainte d'être convaincu de mensonge.

— Ceux de Bodoë ont longtemps été en guerre avec les nôtres, observa le Lapon d'un air sombre. Cela me plait que tu sois de Bodoë...

LA CATARACTE DE TANNFORSEN         235

Christian sans trop savoir pourquoi, regretta d'avoir nommé la presqu'île et la ville qui lui avaient déjà été funestes.

— Oui, reprit le Lapon comme se parlant à lui-même,

Je suis de Bodoë, répondit Christian.

c'était au temps de la puissance des devins... Mais les nôtres ont trop écouté les prêtres chrétiens... et les grands esprits nous ont punis! Mais les choses changeront... Joubmala et Pékel irrités ont soif du sang norvégien... leur devin ne les fera pas languir... Monte dans la nacelle, enfant, et prends l'aviron : ta sœur t'attend... j'ai affaire plus loin.

— La Blanche Neige n'est pas ma sœur, repartit Christian.

Mais il entra dans la pirogue, trop heureux de manœuvrer l'aviron et de « canoter » à sa guise ! Sa maladresse à se servir d'un unique aviron l'éloigna d'abord de l'île : il ne se pressa pas de rentrer dans le trajet le plus direct.

Miol l'attendait cependant. Après avoir jeté un coup d'œil rapide sur l'abri que le Lapon mettait à sa disposition, elle vint recevoir le jeune garçon, assez surprise de le voir seul.

Dès qu'il aborda enfin, elle tira la pirogue à terre et conduisit Christian à l'abri. Des vivres étaient disposés sur une pierre lisse servant de table, d'autres paraissaient rangés avec soin dans des creux, dans des anfractuosités de rochers...

L'abri, dont le sol était plus bas que le niveau de l'île, était composé de plusieurs roches à moitié enfoncées dans la terre. Une roche plate, longue et large, débordant les rochers qui formaient les parois, avait été posée dessus par des mains d'hommes. De moins ignorants que Miol et Christian, auraient vu tout de suite dans cette disposition non fortuite, une œuvre d'une conception primitive, sans aucun doute, un autel pour le culte sanguinaire de divinités oubliées.

Dans un coin, un amas de cendres indiquait un lieu ordinairement habité. Cet endroit offrant si peu de confort, servait pourtant de demeure à Jonas. C'était « sa hutte ».

— Prends et mange, dit Miol à Christian, en avançant près de lui un morceau de renne fumé... L'eau du lac suffira toujours à nous désaltérer... C'est ici que Jonas demeure, si j'ai bien compris les paroles d'Arnold Kiérulf. Si nous recevons du gaard des Sorbiers des provisions de bouche... nous lui donnerons autant que nous lui aurons pris sans le lui demander. Mange, mon garçon, et si tu es fatigué, couche-toi dans ce coin, sur ces feuilles

— Tu ne manges pas, Blanche-Neige ?

— Je n'ai pas faim.

Elle s'était assise sur la marche haute formant le seuil de l'abri ; son corps tout entier demeurait au soleil. Christian mangeait, faisant craquer à belles dents un morceau de flatbrod. Miol admirait son superbe appétit...

Peu à peu, elle s'endormit. Christian dans la crainte de la réveiller, ne bougeait pas. Il s'endormit à son tour.

La jeune fille se réveilla bientôt. Elle voulut pour mieux prendre possession du séjour favorable qui lui avait été assigné par un ami, faire le tour de l'île.

Les eaux du lac l'étonnaient par leur parfaite limpidité. Dans leur vaste contour, elle voyait à une profondeur de plusieurs pieds, comme à travers une glace, des blocs de rochers recouverts d'une mousse verte, d'une telle douceur de teintes, qu'on eut dit des émeraudes amoncelées.

Les rochers qui émergeaient sur le pourtour indiquaient l'abaissement considérable de niveau subi par le lac durant les chaleurs de l'été ; les plantes aquatiques desséchées et noires, traçaient une ligne tout le long de la falaise circulaire. A une extrémité, par une brèche, le lac se déchargeait dans une rivière torrentueuse, s'en allant porter vers les fiords et la mer le trop plein de ses eaux.

Le soir vint — une soirée claire comme une aube. Sans trop de peine, Miol se hissa jusque sur la table de pierre qui couvrait la « hutte », et s'y assit les mains croisées sur ses genoux, — songeuse.

Cette journée-là comptait-elle pour sa guérison ? Non, sans doute ; elle était pleine de trop de choses ; entamée par le voyage, l'établissement... Les sept jours, si elle s'écoutait, ne commenceraient que lorsque des nouvelles du gaard des Sorbiers seraient arrivées. Jusque-là, elle n'aurait pas assez de calme... Du calme! en retrouverait-elle jamais?

Elle s'abandonna au doute, et de nouveau la crainte de ne pouvoir échapper au hideux mal la reprit.

— Oh! s'écria-t-elle torturée par ses alarmes, j'aurai fui en vain mon toit, j'aurai abandonné mon père, que le chagrin mine peut-être, j'aurai cherché partout la guérison, l'oubli ou la mort, et je n'aurai rencontré que la folie! Qu'ai-je fait pour cela! ajouta-t-elle avec l'accent d'une profonde douleur, et combien durera l'expiation!

## CHAPITRE XXIII

### RENNES ET LOUPS

Toute la journée du lendemain, Miol demeura pâle, — pâle comme la neige blanche dont elle portait le nom. Ses regards se fixaient obstinément du côté où, pour aborder le lac, elle et son jeune compagnon avaient débouché des collines. Par là, supposait-elle, arriverait l'envoyé d'Arnold.

Voyant Miol toute triste, très tourmentée, fâchée de faire des emprunts aux approvisionnements de Jonas, Christian obtint d'elle aisément la permission de traverser le lac avec la pirogue, pour vérifier si des hauteurs on découvrirait quelqu'un s'avançant vers Tannforsen.

Miol ne le perdit pas de vue. Elle le suivit du regard sur le lac, le vit attacher la pirogue et grimper sur les collines le plus proches. Une fois ou deux, pour remplir une promese faite, elle chercha l'embouchure de son cornet et en tira quelques sons.

Comme elle demeurait absorbée, à la pointe de l'île, jetant par moments un coup d'œil du côté de la cascade, elle entendit tout à coup le galop de plusieurs animaux de grande taille arrivant de l'est; ils bramaient avec force.

A sa grande surprise, elle vit déboucher près de la cascade trois rennes effarés que poursuivaient une dizaine de loups.

Les rennes semblaient loin d'être lassés et peut-être avaient-ils fait bien du chemin, ayant à leur trousse ces adversaires redoutés par eux.

Dans leur course, les articulations de leurs jarrets

Christian grimpé sur un rocher, était hors d'atteinte des loups.

et le jeu des osselets de leurs pieds produisait un singulier craquement, auquel l'oreille de Miol s'était plus d'une fois familiarisée. Elle connaissait du reste très bien ces animaux, dont la tête surmontée de bois massifs, ressemble sous ce bois à la tête d'une jeune vache, et dont le large pied est bien fait pour la course sur la neige. Elle savait qu'ils composent l'unique, mais très réelle richesse des Lapons.

— Ils appartiennent aux troupeaux de ma tribu, je les reconnais ! dit une voix très proche.

Miol alarmée se retourna pour voir celui qui lui adressait la parole. C'était le Lapon inquiétant de la veille.

— Ah ! c'est toi, Finn ! dit la jeune fille en se levant.

— Oui... on les a, bien sûr, sacrifiés aux loups... c'est pour éloigner ces carnassiers de nos campagnes, pour avoir la paix, le « repos des loups ».

— Et Christian que je ne vois plus ! s'écria Miol alarmée.

— Ne crains rien, dit le Lapon, il *ne faut pas* qu'il lui arrive aucun mal !

La Belle Lépreuse ne comprit pas, et ne fut guère rassurée; mais elle aperçut Christian grimpé sur un rocher, et hors d'atteinte des loups.

Et le Lapon raconta à la jeune fille que de l'autre côté des montagnes, — du côté de la Suède, — les gens de sa race possédaient de nombreux troupeaux, des centaines et des milliers de têtes par famille. Quand toute la tribu est en marche, disait-il, c'est un mouvement comme la mer — *sava*.

Puis, il parla avec dédain de ceux qui, parmi les siens, abandonnent la vie de l'homme libre, s'établissent au bord des lacs et des fiords et même dans les îles, préférant la vie assise du pêcheur. Rien ne valait à l'entendre, le sort du Lapon éleveur de rennes, — malgré le froid l'hiver sur les hauts plateaux déboisés, malgré les loups, malgré les moustiques... Quels beaux voyages le long des fleuves suédois, vers la mer, — le golfe de Bothnie; — quelles belles stations dans les fields, lorsque la mousse y est abondante: dans les parcs entourés de troncs de bouleaux, les chiens ramènent chaque soir les troupeaux errants, c'est là qu'on trait les femelles; c'est là aussi qu'on se rassasie du sang des animaux sacrifiés....

En disant ces derniers mots, le Lapon regardait la jeune fille avec une expression de visage dénotant une stupide férocité.

Tandis qu'il parlait, Miol l'examinait avec défiance. Elle s'étonnait de sa présence dans l'île. Elle se demandait comment il avait pu y pénétrer.

— Tu as donc un autre bateau? lui dit-elle, répondant bien plus à sa préoccupation qu'au discours du Lapon.

— Il n'y a sur le lac que le bateau qui t'a servi à entrer dans l'île.

— Alors... tu es venu à la nage?

— Si j'étais venu à la nage... ma veste et ma culotte seraient mouillées...

— C'est vrai ! fit la jeune fille.

Et son air réfléchi disait assez combien elle avait de peine à se rendre compte de cette circonstance.

— Il y a des pouvoirs... comme il y a des Esprits, reprit le Lapon. Joubmala me protège, parce que je suis fidèle et que je ramène dans la bonne voie ceux des miens qui s'égarent.

— Qui es-tu donc? demanda Miol réellement effrayée.

— Ici, rien. De l'autre côté de la montagne, je dis un mot et tout un peuple me suit.

— Tu es un chef parmi les tiens?

— Je ne commande pas... mais on est attentif à la parole qui sort de ma bouche afin d'obéir aux Esprits: ils m'ont choisi pour faire entendre leur parole.

— Tu es donc... un sorcier? Je croyais qu'il n'y en avait plus dans le pays que tu habites.

— Je suis devin... oui... cela te surprend, ô fille d'une

race qui nous méprise... il y en a encore ! Il se cachent en haine de tes prêtres et pour mieux leur résister... Tes dieux et tes prêtres ont pour les soutenir les soldats du roi... les miens n'ont besoin de personne. Il suffit que quelques uns d'entre nous, favorisés de leur choix, annoncent leur volonté, et les fassent craindre.

— Si tu es sorcier, dit tout de suite Miol, dont l'esprit se troublait si aisément — apprends-moi si Arnold Kiérulf songe encore à tenir sa promesse... peut-être trop généreuse...

Le Lapon sourit dédaigneusement...

— Pourquoi m'occuperais-je des hommes de ton sang?

— Ah! je le vois, tu ne sais rien! Tu ne peux même pas répondre à la première question que je t'adresse.

— Tu me défies, jeune fille, dit le prétendu sorcier. Tu vas voir... Mais si tu n'es pas satisfaite, tu l'auras voulu...

Le Lapon portait sous le bras une sorte de tambour très plat, que Miol n'avait pas vu. Il le déposa sur la mousse, et s'agenouillant auprès, il invita la Norvégienne à s'approcher.

Ce tambour c'était le *quobda* ou *runboom*, analogue au tambour des chamans des populations idolâtres du nord de la Sibérie. Scié dans un tronc de bouleau, puis évidé, une peau était tendue dessus, fixée par des chevilles de bois et des nerfs de renne. Ce tambour portait sur sa peau des signe mystérieux, grossièrement tracés à l'aide d'une teinture d'écorce d'aune.

Le devin déposa sur la peau du tambour un morceau de métal taillé en losange — l' « arpa » — puis, remettant à Miol un petit marteau qu'il tira de son sac, il lui commanda d'en frapper le tambour à petits coups.

La peau de renne résonna et l'arpa obéissant aux vibrations, se mit à décrire des mouvements à travers les figures cabalistiques. Elle s'arrêta enfin sur l'un de ces signes, désignant de ses pointes plusieurs autres signes : leur combinaison devait fournir les réponses désirées.

— Je vais te dire, fit le devin. Du côté du sud, il y a un gaard; tu y es allé demander l'hospitalité. On t'a envoyée ici...

— Qui m'a envoyée ici?

— Celui dont tu as prononcé le nom. Il t'a promis de te faire suivre de près par un serviteur avec ce qu'il faut pour manger et attendre. Il t'a promis de venir te retrouver. Le quobda le dit et l'arpa le montre.

— Non, non! s'écria vivement la jeune fille, il ne m'a pas promis cela!

Le devin ne parut nullement déconcerté.

— Il en a pris l'engagement envers lui-même, dit-il.

— Tu le crois, fit Miol toute rougissante.

— Je crois que telles étaient ses promesses avouées et ses intentions cachées;.. mais je dois me régler sur le quobda, et j'y vois que ses promesses, Arnold ne les tiendra pas, et que ses intentions sont changées...

— Eh quoi! s'écria Miol en se relevant, il ne m'enverra même pas ce qu'il me faut à moi et à celui qui m'accompagne pour subsister pendant les sept jours et les sept nuits? Tu dois te tromper, Finn...

Le perfide Lapon ne pouvait oublier que le gaards-mœnd avait rempli sa promesse, puisque lui-même avait reçu les provisions venues du gaard.

Mais il convenait à ses desseins de détacher la jeune fille de celui qui la couvrait de sa protection. Cela le servirait dans ses projets criminels à l'égard du petit Norvégien.

A son tour, il se releva et ramassa le tambour magique.

— Il m'aurait donc oubliée, murmura la Belle Lépreuse accablée.

— Oubliée... ou abusée par de vaines paroles. Belle Lépreuse, ils sont ainsi les hommes de ta race.

— Oh! pas tous! protesta la jeune fille. Arnold, le noble fils du vieux Kiérulf, ne doit pas mentir quand il parle!

— Le fils de Halfdan Kiérulf, reprit le sorcier, est l'héritier d'une très ancienne famille du pays...

— Je le sais.

— Et ces gens riches sont fiers et ne s'occupent que par manière de passe-temps d'une pauvre fille qui court les chemins.

— Pour qui me prends-tu, sorcier ou qui que tu sois? s'écria Miol très courroucée et dont les poings se crispèrent. Apprends que je suis la fille de Ole Borneman Bull... A Bergen, tout le monde connaît mes parents. Le malheur a frappé les miens, il est vrai, mais il me reste ma fierté, et si je cours le pays — comme un homme, — comme un homme je porte à ma ceinture une arme assez effilée pour me valoir le respect. J'ai aussi le cœur et le bras...

Puis elle emboucha son cornet, et en sonna vigoureusement, autant pour faire preuve d'énergie devant cet être déplaisant et qu'elle redoutait, que pour rappeler Christian auprès d'elle.

Pendant ce temps et par un mouvement machinal, avant de répondre, le Lapon s'assura qu'il avait bien son couteau dans sa gaîne.

— Tu es comme toutes les femmes, observa-t-il, tu ne saurais entendre froidement la vérité. Arnold, poursuivit-il de ce ton de raillerie qui humiliait si fort la jeune fille, Arnold pense à toi à toute heure, il t'envoie des vivres tous les jours : règle-toi sur cela ; c'est moi Kéino le sorcier qui te le conseille.

— Tu parles avec une telle haine et de telles paroles d'un homme que j'estime, que je ne veux pas t'entendre plus longtemps.

— Je le hais, répliqua le Lapon d'une voix sombre ; je

[Je le hais lui et tous ceux de sa race.

le hais lui et tous ceux de sa race, qui nous méprisent et nous outragent.

— Tu le hais... parce qu'il est noble et bon et que tu es méchant, dit-elle fièrement.

Miol jugea inutile de poursuivre un entretien aussi irritant.

Elle voyait depuis un moment Christian descendre de la hauteur choisie par lui pour observer les alentours, et d'où il n'avait aperçu que les trois rennes furieusement pourchassés par une bande de loups affamés. Il s'achemina vers le lac, s'assit dans la pirogue et en quelques minutes fut auprès de la jeune fille.

Le Lapon attendait qu'elle lui adressât de nouveau la parole et préparait de cruelles réponses. Du reste, il avait malgré tout réussi dans sa première tentative : faire douter la Belle Lépreuse du protecteur qu'elle croyait avoir. Grâce à l'esprit troublé de la pauvre fille, pensait-il, il la rangerait bien à sa volonté !..

Or, il convient de dire sans plus tarder, quel coupable projet avait formé ce fanatique Lapon.

Dépositaire de traditions analogues à celles du chamanisme asiatique, Kéino eut peut-être pu revendiquer à bon droit, parmi les siens, le titre du « dernier des devins ». En lui, semblait s'être réfugié tout ce qui persistait encore d'instincts féroces chez les hommes de sa race. Il prétendait ramener les siens à ce culte sanguinaire qui leur avait valu, disait-il, si longtemps la protection des grands Esprits.

Il était venu en Norvège pour s'emparer d'une fille ou mieux d'un garçon, l'entraîner au fond des solitudes de la Laponie, dans les montagnes où l'Alten, ce fleuve polaire, prend sa source, et en en faisant le sacrifice à Joubmala ou à Pékel, ces Esprits redoutables, trop oubliés, rappeler de grandes faveurs sur les siens et sur lui-même leur devin, en qui se résumaient les anciennes traditions, la sagesse et le savoir, et enfin l'exacte connaissance des pratiques du culte antique et la fidélité aux dieux vrais.

Tout de suite il avait jeté son dévolu sur Christian, belle et intelligente victime...

Il lui restait à trouver le moyen d'entraîner le jeune

garçon loin de son pays et, pour y réussir, il se défendait de le séparer de sa compagne avant d'avoir atteint les terres où les nomades de sa race, gardant encore de secrètes attaches à leur religion des temps passés, sont en état de faire la loi et, plus soumis nominalement qu'en réalité, ne redoutent sérieusement aucune intervention.

Kéino le devin se préparait à agir sur l'imagination de Christian et de Miol. Pour cela, il lui fallait acquérir sur eux ce crédit qu'il avait su prendre sur tant d'autres. Moitié inspiré et dupe de lui-même, moitié fourbe, croyant grâce à des extases maladives entrer en rapport avec un monde supérieur, et capable de soutenir son personnage par toutes sortes d'inventions, il possédait plus d'un tour dans le sac pendu sur sa poitrine.

Il allait donc essayer de plusieurs moyens de parvenir à ses fins — ces moyens, à vrai dire, il les cherchait encore, comptant sur le hasard, — et de bonne foi sur ses protections occultes.

Sans rien dire, devant Miol et Christian étonnés et même un peu alarmés, il entra dans la pirogue, prit l'aviron en main et s'éloigna de l'île. La jeune fille et son compagnon éprouvèrent une impression pénible. Il leur semblait être prisonniers de l'affreux Lapon.

En le suivant du regard, ils le virent aborder près de la cascade et sauter à terre. La pirogue tourna trois fois sur elle-même aux yeux de Miol et de Christian, puis elle revint au milieu du lac, tandis que le prétendu sorcier gesticulait sur la rive, comme s'il lui commandait de venir s'ensabler dans la petite crique de l'île.

La pirogue, obéissant sans doute au courant qui portait l'eau de la cascade vers la rivière servant d'exutoire au lac, avait décrit cette courbe merveilleuse, dont le Lapon, mis dans le secret d'une chose déjà observée par d'autres et vérifiée par lui, tirait vanité.

Il souriait, satisfait de la surprise des jeunes Norvégiens, lorsqu'à trente pas derrière lui apparurent deux loups, détachés de la meute sauvage qui poursuivait les rennes vers le sud.

Christian aperçut les loups avant le Lapon ; il poussa un cri et les montra à sa compagne. Kéino alors se retourna, vit les loups...

Miol et Christian croyaient qu'il allait se jeter dans le lac pour leur échapper.

Point. Le devin ne s'émouvait guère. Il tira de sa poche quelque chose — une guenille de couleur attachée au bout d'une corde — et gravement, les mains derrière le dos, il allongea la jambe comme pour une promenade autour du lac. Les deux loups le suivaient prudemment, à la distance respectueuse de cinq ou six pas.

Les spectateurs de cette scène demeuraient stupéfaits.

Ils ne voyaient pas la guenille rouge et jaune sautiller au bout de la corde, intrigant et effrayant les carnassiers au point qu'ils n'osaient pas attaquer.

Arrivé à la petite rivière par où s'échappait le trop plein du lac, le devin traversa le cours d'eau d'un saut et, se retournant brusquement, il leva les bras en poussant un hurlement qui mit les loups en fuite.

Alors il attira à lui son talisman, le plaça dans son sac et, frappant des mains pour accélérer la course des deux bêtes fauves, il disparut derrière de jeunes arbres, — laissant Miol et Christian tout songeurs.

## CHAPITRE XXIV

### LES DEUX LAPONS

Une chose donnait beaucoup à penser à Miol, à savoir comment le Lapon avait pénétré dans l'île. Elle en fit le tour, et partout l'eau lui parut profonde.

Aucune trace d'une seconde embarcation nulle part.

La pauvre fille inclina à croire qu'il existait peut-être pour ces sortes de sorciers des pays mystérieux du pôle, des privilèges spéciaux, des moyens d'action inconnus...

Elle passa promptement à un autre ordre d'idées, — et ce n'était pas oublier le sorcier. Ne lui avait-il pas dit que le fils du vieux Kiérulf ne serait pas plus sérieux vis à vis d'elle que n'importe qui de ces paysans de vieille souche, riches et vains, ne pouvait l'être à l'égard d'une chétive créature errante et dépaysée? Les faits donnaient raison aux paroles du Lapon.

Arnold semblait l'avoir oubliée.

Alors c'était seulement de la pitié qu'il lui montrait?.. Son cœur avait traduit plus favorablement les bonnes paroles du jeune homme, ses franches poignées de main, la douce expression de ses regards!

Mais pourquoi aussi tant de confiance de sa part! N'était-elle pas atteinte d'une maladie incurable et horrible!.. Cette tache! oh! cette tache que toute l'eau de la cataracte ne parviendrait jamais à laver, que rien ne saurait effacer... qui s'agrandirait et la dévorerait vivante ! Ne fallait-il voir dans les encouragements d'Arnold qu'un leurre, si ce n'est un piège ?.. Non, non, ce n'était pas possible !

Miol se calma un peu, et ce même jour elle se décida à faire avec la foi voulue la première immersion de sa main dans les eaux salutaires du lac de Tannforsen.

A ce moment même Kéino se heurtait à Jonas, retrouvé par lui aux abords du lac.

Le brave Lapon n'avait pu remplir entièrement la mission reçue d'Arnold Kiérulf. Le devin mis au fait des bonnes intentions du jeune maître des Sorbiers à l'égard de la jeune Norvégienne, par une indiscrétion que Jonas regrettait d'avoir commise, intima l'ordre à celui-ci... de le laisser agir à sa place, prétendant que la jeune fille ne pourrait que gagner à ses conseils et à son intervention. N'avait-il pas étudié la sagesse, et n'était-il pas familier avec les Esprits ?

Jonas intimidé par l'ascendant du devin, avait cédé.

Et cependant Kéino n'appartenait pas à sa tribu. Il existait même une réelle animosité entre les Lapons chez qui le sorcier exerçait son pouvoir occulte et ceux que Jonas avait abandonnés à la suite d'une querelle et d'une injustice commise envers lui, pour venir vivre, solitaire, dans cette petite île du lac inférieur de Tannforsen. Il savait le moyen d'y pénétrer, grâce à un secret transmis dans sa famille de père en fils, — secret que le devin lui avait arraché...

Enfin Jonas consentit à tout ce que voulut Kéino.

Mais cet acte de faiblesse, il essayait de l'atténuer en ne perdant pas de vue ceux qu'il était chargé de protéger. Il rôdait autour du lac, surveillait les alentours de l'île, bien décidé au besoin à intervenir. Les vivres venus du gaard des Sorbiers, n'avaient point été détournés de leur destination... Il croyait au pouvoir du devin et à son intervention favorable... Il ne lui resterait donc qu'à dire la vérité à la jeune fille lorsqu'elle quitterait l'île, en la priant de lui pardonner de n'avoir pas obéi de tous points à leur protecteur à tous les deux, le noble Arnold Kiérulf.

Le Same libre est-il devenu un chien de garde?

Jonas comptait passer ses journées en observation, et ses nuits à faire sentinelle, afin de tenir autant que possible ses engagements vis à vis du jeune gaardsmœnd.

Lorsque Kéino aborda Jonas, il le trouva assis sur une pierre, les coudes sur ses genoux, recueilli et attentif.

— Le Same libre, dit le sorcier, est-il devenu un chien de garde ?

— Tu le sais, Kéino je me tiens à ta portée... et prêt à venir en aide à cette fille et à cet enfant...

— On te croirait placé là pour indiquer à tous le passage... Tu es trop près du lac. Il ne faut pas te montrer.

— Aucun œil ne peut me voir. Et qui se douterait que Jonas est là, veillant à la sûreté de deux enfants de cette race qui nous méprise ?...

— Et qui voudrait voir notre fin à tous! C'est dans ces sentiments que tu me plais, Jonas, quand tu tiens ce langage, tu es digne de tes frères... Ce qui nous perd, apprends-le, ce sont ces querelles entre nous qui ne finissent jamais. Unis et avec la protection des vrais grands Esprits, nous dominerions encore comme nos ancêtres sur les deux mers, — sur le golfe intérieur et sur les eaux qui n'ont pour limite que les glaces de l'extrémité du monde. Pourquoi faut-il que la jalousie vienne s'asseoir autour des feux de nos campements? Ceux de ta tribu sont bien coupables!..

— Ce sont tes parents et tes amis qui ont commencé la dispute : à eux tous les torts... Nous n'avons fait que rendre le mal pour le mal...

— Soit! Tu peux beaucoup, Jonas, pour le rétablissement du bon accord.

— Et comment le pourrais-je, moi, chétif ?

— En m'obéissant. Il faut que mon bras soit ton bras et que ma volonté soit ta volonté.

Jonas réfléchit un instant.

— C'est difficile, dit-il.

— Que veux-tu faire de l'enfant ? s'écria Jonas en saisissant Kéino par le bras; j'ai deviné à ton langage, lorsque tu as voulu mon abri, ajouta-t-il, que tu guettais cette jeune proie comme le loup guette le renne de six mois pour l'emporter...

— Tu as deviné, dis-tu ? fit Kéino dédaigneux.

— Comment n'aurais-je pas deviné ? où tu poses ton pied, il y a une marque sanglante, où ton œil se fixe l'herbe et les fleurs se dessèchent... Je te laisserais enfoncer tes dents dans sa jeune chair et je ferais comme si je n'entendais pas ses cris de douleur! Non... n'espère pas me trouver docile, si tu songes à enlever la vie à cet enfant qui m'est confié...

— Mais, dit Kéino s'efforçant d'être persuasif, tu ne peux savoir ce que j'ai arrêté dans mon esprit! Je suis pour toi, par ma science, comme un frère aîné, et tu dois t'en remettre avec confiance à ce que je décide.

— Je ne suis nullement porté à croire en toi...

Kéino poussé à bout serra les poings et les leva dans un mouvement de colère. Ses yeux avaient une expression de basse férocité.

— Malédiction sur toi ! s'écria-t-il, que celui qui est assis dans les nuages t'accable de maux! que les esprits troublent ta vue quand tu seras au bord d'un abîme ! qu'ils dessèchent les muscles de tes bras quand tu devras nager ! qu'ils rompent le nerf de ton arbalète quand tu auras faim, et fassent plonger les poissons plus bas que ta ligne ! que l'eau soit dure comme la pierre quand tu auras soif, et la terre détrempée quand tu voudras y reposer tes membres! maudit ! maudit sois-tu ! maudit en toutes choses et en tous lieux !

Le devin s'animait à mesure qu'il proférait ses menaces. La fureur, la méchanceté et la déception se peignaient sur son visage, ses yeux s'ouvraient rougis sous leurs lourdes paupières, sa bouche écumait.

Et poussant des cris sauvages, il se jeta la face contre le sol, fouillant la terre de ses mains crispées. Il se montrait en proie à une véritable attaque d'épilepsie. Il tombait sans doute là dans une de ces convulsions, une de ses crises, suivies d'ordinaire d'une période d'extase, qui l'aidaient si grandement à obtenir dans son entourage tout ce qu'il voulait.

En le voyant ainsi, Jonas, accablé déjà par ses malédictions, fut saisi de frayeur et se sentit incapable de résister.

— Je t'obéirai ! murmura-t-il avec soumission.

Un prompt revirement se fit dans l'état de Kéino. Il se calma subitement et se relevant :

— Laisse-moi passer, commanda-t-il.

Jonas se dressa et, d'une seule main, sans y toucher presque, il fit pivoter sur elle-même la pierre qu'il venait de quitter.

Une étroite ouverture apparut, où d'informes degrés d'un escalier naturel s'enfonçaient profondément.

Un boyau assez large, où peut-être la main de l'homme avait achevé une œuvre toute fortuite, passait sous le lac pour aboutir dans l'intérieur même du mystérieux et primitif édifice formé de rochers, qui occupait le centre de l'île.

Le devin se glissa sans bruit à tâtons en se guidant d'après certaines aspérités des parois, jusqu'à l'ouverture donnant accès dans ce temple ou cet autel, transformé en hutte. Là, il suffisait de se couler entre une double paroi pour se trouver tout à coup dans l'intérieur.

Kéino y parvint sans aucun bruit.

Christian se trouvait là, dans la partie éclairée, voisine de l'entrée, assis et regardant sa compagne qui se promenait le long d'un sentier tracé dans la mousse blanche par ses pas. Elle allait et venait, faisant de grands gestes ou laissant retomber ses bras soudain alourdis.

— N'aie pas peur, Christian ! dit le devin de sa voix la plus douce.

Le jeune garçon se retourna, pas trop surpris : il reconnaissait la voix de Kéino, mais il se demandait depuis quand le Lapon était entré sans être aperçu.

— Il faut que le jeune Norvégien prête l'oreille aux paroles de Kéino, ajouta celui-ci. Mais le lieu est mal choisi. Si tu es un garçon curieux, viens avec moi...

Christian se leva ; Kéino lui prit la main et il se sentit entraîné dans l'ombre.

— Fais-toi mince et souple comme un jeune arbre, dit le Lapon en se glissant entre les parois de roche. Marche de côté, en inclinant à gauche. Encore un pas...

L'obscurité était complète.

— Où me mènes-tu, Finn ? demanda Christian.

— Il faut bien, répondit le Lapon, que tu connaisses les recoins de ta demeure...

Il l'entraînait déjà dans le passage souterrain. Quelques gouttes d'eau suintaient d'en haut, formant des stalactites qu'on ne pouvait voir, mais sous lesquelles le Lapon faisait baisser la tête au jeune garçon. Deux de ces formations calcaires, descendaient très bas, obstruaient presque le passage. Il fallait frôler l'une et l'autre.

Aussitôt après, ce fut assis sur des pierres d'inégales grosseurs, et en passant de l'une à l'autre que l'on chemina.

Ne voyant pas réapparaître la lumière, Christian prit peur...

— Je n'irai pas plus loin, fit-il.

— Si c'est ta volonté, c'est que tu n'as pas réfléchi, dit Kéino. Tu veux donc rester là ?

— Non, je veux m'en retourner.

— Tout seul, alors ?

— Comment le pourrai-je sans ton aide ?

— Tu n'as donc pas faim et soif de mes avis

— Il fait trop noir ?!..

— Soit ! Je t'obéirai... retournons, dit le rusé Lapon.

Il fit pirouetter le jeune garçon... et, toujours en le tenant par la main, il continua d'avancer. Les obstacles à éviter ressemblaient tellement à ceux déjà dépassés que Christian put croire qu'il les rencontrait de nouveau.

Enfin une lueur tomba du cintre irrégulier de cette voûte humide.

Enfin une lueur tomba du cintre irrégulier de cette voûte humide : C'était l'ouverture au delà du lac.

Le Lapon fit asseoir le jeune Norvégien sur les plus bas degrés et s'assit également.

— Arrêtons-nous un moment en cet endroit, dit-il. Aussi bien tu as besoin de respirer. Ça t'est nouveau cette manière de voyager?.. Moi je passe où je veux — sous les lacs, à travers les montagnes. C'est par mon pouvoir que ce chemin existe. Si je voulais, je jetterais un pont invisible d'une rive à l'autre du lac et je passerais en haut, de plain-pied avec le lac supérieur d'où s'échappe la chute de Tannförsen.

— Tu as donc bien du pouvoir? dit avec naïveté Christian, sous l'influence de ce qui venait de se passer quelques moments auparavant.

— Ma puissance est sans limite, fit le devin d'un ton emphatique. Les Esprits à qui j'obéis pourraient seuls me faire obstacle, — mais, au contraire, je puis compter sur leur aide. Dis-moi d'où tu viens et pourquoi tu accompagnes cette fille de Bergen? Si je voulais, je le saurais. Mon quobda et l'arpa me le diraient. Mieux vaut n'avoir recours au tambour magique que pour connaître ce que tu ignores et ce que tu voudrais apprendre.

Chistian subjugué par tant d'assurance, lui fit son histoire, sans essayer de rien dissimuler.

Quand il eut fini:

— Eh bien, dit Kéino, je vais te dire le reste. Puisque ton père est parti pour la terre lointaine d'au de là des mers, fais comme lui; va le rejoindre. Où traînerais-tu tes pas? Dans ton pays, sur toute la côte, ton visage te trahirait, et tu serais puni à cause de la mort de l'enfant de Bodoë.

— Mais puisque c'était lui qui avait commencé! protesta avec énergie Christian.

— A qui le feras-tu croire? répliqua le Lapon. En t'enfuyant comme un loup peureux tu as donné à penser que c'était toi le coupable. La prudence te dit de te mettre hors d'atteinte, soit en t'éloignant, soit en te plaçant au dessus de ceux de qui tu dois craindre, et ils n'oseront rien contre toi.

— Et comment faire pour y parvenir ?

— Comment ? Par Joubmala et Pékel, tu le pourrais si tu étais riche !

— C'est pour cela que je veux étudier, devenir de ces gens qu'on estime, à qui s'adressent les honneurs...

— Je connais un moyen plus prompt et plus sûr.

— Parle alors, mon bon Kéino.

— Écoute : il y a dans nos rivières de l'or, beaucoup d'or mêlé au sable. Cet or, nous le dédaignons. Qu'en ferions-nous ? Mais il est dans ta destinée de venir dans mon pays et d'en rapporter assez de cet or, pour être l'un des plus riches de ta ville, pour acheter tout Bergen si tu veux, et même les palais du roi partout où il en a...

— Tu le crois ? fit Christian tout à fait séduit.

— Aussi vrai que je suis un des fils du libre désert, répondit Kéino.

Christian ne trouvait point d'objection à faire.

— Ainsi, dit le devin tu me suivras ?

— Avec la Blanche-Neige ? demanda Christian qui par ces mots consentait à tout.

— Avec elle, si elle veut venir avec nous ; sans elle, si je ne réussis pas à la persuader.

— J'aimerais mieux avec elle, Kéino.

— Alors sois un écho des mots que je dis... Aide-moi, à la décider... De redoutables moyens sont en mon pouvoir, mais un obstacle se dressera devant nous, un obstacle insurmontable si tu ne m'es pas dévoué... Et maintenant veux-tu une preuve de la sincérité de mes conseils ?

Le Lapon savait que Jonas gardait son poste d'observation non loin de l'ouverture. Il lui adressa la parole, semblant invoquer un être surnaturel. Ce n'était qu'une simple injonction de ne point intervenir... L'autre y répondit dans la même langue inconnue.

— Entends-tu, Christian? fit le prétendu sorcier. Le jour et la voix qui tombent d'en haut, viennent du milieu du lac... Ne t'a-t-on pas dit que ces lieux sont souvent visités par les Esprits?... Tu n'as rien à craindre, puisque tu m'es dévoué... Et maintenant, je vais te reconduire où je t'ai pris.

Christian recommença le voyage souterrain beaucoup plus impressionné que la première fois. Le devin le laissa dans la hutte de Jonas après lui avoir appliqué la main sur la bouche en lui disant :

— Pas un mot !

Mais Christian pleurait.

— Ne pleure pas, fit Kéino courroucé. Que dirait la Lépreuse?

Il pleurait, bien moins ému par les faits étranges dont il venait d'être témoin, qu'à l'idée d'abandonner sa compagne.

Celle-ci, lorsqu'elle survint remarqua le trouble du jeune garçon. C'est en vain qu'il essaya de sourire : ce ne fut qu'un frémissement de ses lèvres tremblantes.

— Mais pourquoi tes yeux sont-ils mouillés de larmes? dit Miol.

— Ah! pourquoi... répliqua Christian. Je ne sais... Il me semble qu'il va m'arriver malheur... dans cette île...

— Un malheur? à toi? dit-elle en le regardant fixement. Tu m'effrayes et ton inquiétude me gagne. Derrière toi, j'ai cru voir tantôt... une ombre... Est-ce le Finn? Est-ce Reisa-Rova, la sorcière malfaisante, qui apporte le malheur? Oh! qu'elle s'éloigne de nous !... Son apparition a l'effet d'un poison : elle dessèche la plante... Celui que sa main touche doit mourir. Hélas! Reisa-Rova n'a encore épargné personne... la perfide, comme elle est belle dans son manteau noir !

— Je ne la crains pas la sorcière, dit Christian en riant, et pour rendre à sa compagne un peu de courage. Elle peut venir sur son coursier dont les yeux jettent des flammes...

— Tais-toi ! fit Miol peu rassurée.

Christian se tut... et s'endormit.

Alors Miol désireuse de se retrouver avec elle-même se glissa dehors, et monta sur la table de pierre pour y passer la nuit.

## CHAPITRE XXV

### A MAIN ARMÉE

D'abord, Miol se mit à sonner de son cornet aux deux extrémités de la large dalle — comme si elle eut voulu s'aguerrir, mettre en fuite ses terreurs, au milieu de cette solitude que la cascade seule remplissait de son bruissement monotone.

Tant d'idées trottaient dans son cerveau troublé ! le tourment de son mal, l'éloignement de son pays, de son père ; Arnold, si peu connu, si vite quitté et dont elle était sans doute déjà oubliée ; le lieu où elle se trouvait ; le motif de sa présence à Tannförsen ; ce Kéino d'une figure si rebutante, qui ne croyait à rien de bon et de généreux, — un homme au cœur desséché, mais qui semblait savoir ce qui se passait dans le cœur des autres, doué peut-être du don de divination,... ces Esprits avec qui il se tenait en rapport...

Le demi jour aidant, c'est surtout aux Esprits qu'elle se mit à penser davantage.

Les Norvégiens ont cessé d'être païens ; mais les dieux de l'Olympe scandinave ne sont pas pour cela entièrement reniés. Ils occupent encore une grande place dans les imaginations populaires ; leurs légendes triomphent des siècles. Ils vivent à l'écart, ainsi que des souverains déchus à qui des honneurs seraient rendus en souvenir du passé, et peut-être aussi avec l'arrière pensée que leur puissance n'est pas évanouie à tout jamais.

Dans la verdure épaisse formée de l'autre côté de l'eau par des bouquets d'arbres d'espèce résineuse, se détachaient les fûts blancs de plusieurs bouleaux assez rapprochés l'un de l'autre, et bien faits pour créer des fantômes à une imagination surexcitée.

Miol songea aux Nornes scandinaves, éternellement solitaires sous le frêne Ygdrasill ; — la vieille Urda, déesse du passé, la sombre Verdandi, maîtresse du présent, et la fatidique Skulda, reine de l'avenir, et elle crut les voir, toutes trois, abîmées en un rêve sans fin, dans le demi-jour crépusculaire.

Fatiguée de son examen, elle portait ses regards d'un autre côté : quelques roches de forme bizarre lui donnaient l'illusion d'un de ces monstres, fils de Loki — l'Esprit du mal, le dieu de la ruse et des méchants tours — attaché à suivre ses mouvements.

Lassée d'interroger tous les horizons — sans oublier de regarder du côté du gaard des Sorbiers — la pauvre fille, qui ne gardait presque plus rien de son énergie sauvage et ne puisait pas assez de force dans ses sentiments nouveaux, encore mal définis, finit par s'asseoir sur la pierre ; même elle s'endormit, mais d'un sommeil léger troublé de songes confus. Le devin y jouait des rôles tragiques et Arnold intervenait — quand ce n'était pas Odin, faisant résonner le sabot de ses coursiers ailés et abandonnant la poursuite de l'élan, ou Thor le dieu de la force, armé de son marteau redoutable.

A demi réveillée, elle croyait encore saisir des paroles en une langue inconnue, et elle en cherchait la signification lorsqu'elle ouvrit les yeux tout à fait.

Ses sens ne l'abusaient pas. On parlait dans l'air.

Une voix courait sur le lac, une autre voix lui répondait hésitante et mystérieuse... Qui pouvait s'entretenir à cette heure et en cet endroit ? Effrayée, Miol mit ses mains à ses oreilles pour ne plus rien entendre, persuadée que ce ne pouvait être là qu'une manifestation des Esprits.

Les voix cessèrent.

Lassée d'interroger tous les horizons, Miol finit par s'asseoir sur la pierre.

La jeune fille demeura attérrée, n'ayant plus la force de se lever. Elle pensait au sorcier; mais il y avait plus d'une voix.

C'était bien le féroce devin qui, dans l'intention d'impressionner Miol, avait engagé une conversation d'une rive à l'autre avec Jonas, — toujours obéissant et soumis.

Kéino donnait des intonations particulières à sa voix. L'autre Lapon répondait tout tremblant. Ils employaient l'un et l'autre l'idiome de leurs cantonnements.

Kéino jugeant le moment favorable pour disposer le jeune Norvégien à le suivre, s'achemina vers l'issue du passage, fit pivoter la roche et s'engagea dans ce tunnel, vieux comme les montagnes et les fiords de la Scandinavie.

En quelques minutes, il atteignait l'endroit ouvert dans la hutte et par où il savait s'introduire.

Il chercha dans l'obscurité la couche du jeune garçon, et, à voix basse, il lui dit :

— Christian Andersen, il faut me suivre.

— Mais Miol ? objecta l'enfant à demi éveillé.

— Elle viendra après... Elle viendra quand je voudrai.

En même temps Kéino saisissait le jeune garçon d'une rude et sauvage main. Christian s'effraya, se dégagea et courut à l'entrée de la hutte.

Le Lapon courut après lui, essayant par ses gestes de le faire taire, lui fermant la bouche pour commander le silence — et l'obtenir.

Mais Miol entendait tout ce mouvement. Elle prêta l'oreille, et ce mot : — Viens, prononcé à voix basse par le sorcier parvint jusqu'à elle.

La jeune fille se laissa glisser en bas de la table de roche, cherchant le Lapon et disposée à lui faire un mauvais parti. Elle l'aperçut à quelques pas de la hutte s'efforçant de se rendre maître de Christian.

— Que fais-tu ici, à cette heure de la nuit ? lui dit-elle.

Le devin voulut payer d'audace.

— Fille, les paroles des Esprits sont allées jusqu'à tes oreilles. Elles ont frappé les miennes aussi, — et je suis venu. Comment Kéino le devin a-t-il pu pénétrer jusqu'à

toi ? voilà ce qui devrait donner à penser à une sage fille.
Il m'est commandé de parler à cet enfant...

Et ayant saisi Christian, il l'entraînait dans la hutte pour l'emmener ensuite.

Le jeune garçon résistait. Il comprenait l'intention du Lapon et c'est avec répugnance qu'il lui eut obéi.

— Décide la Blanche-Neige à venir avec nous, lui dit-il.

Miol était loin de soupçonner toute la vérité. Mais elle en voulait au sorcier pour son manque de franchise et ses artifices. De son corps, elle lui barra l'entrée de la hutte, et, pour équilibrer les forces, elle mit la main sur le manche de son long couteau.

— Insensée ! s'écria le Lapon furieux ; c'est bien à toi de vouloir lutter contre la volonté des Esprits ! Place ! place à celui qui est l'exécuteur de ce qu'ils ordonnent !

En parlant ainsi Kéino mit son couteau à la main.

Il serrait toujours le poignet de Christian.

— Laisse-moi passer, ô fille maudite !

— Quand tu m'auras tuée, je t'abandonnerai cet enfant, répliqua Miol affolée. Que lui veux-tu ?

— Il a tout à gagner s'il obéit.

— Une bonne action ne s'exécute pas les armes à la main.

Elle rejeta ses longs cheveux en arrière, et tira son couteau hors de sa gaîne. Christian, de son bras libre, s'attachait à sa ceinture. Les deux antagonistes semblaient ainsi liés l'un à l'autre, par lui comme dans les duels au couteau en Norvège, où une large courroie unit les deux adversaires en présence, et les maintient à portée de leurs courtes lames.

Les couteaux se heurtèrent en grinçant, et une étincelle en jaillit. Les armes relevées aussitôt, brillèrent au-dessus de leurs têtes.

Miol, croisant avec le Lapon des regards haineux, prête à frapper, lui laissant porter le premier coup — comme dans les duels du pays — se faisait un bouclier de son bras gauche. Kéino, tenant toujours Christian, n'avait

Miol s'affaissa sur elle-même, défaillante.

pour parer les coups que le bras armé dont il menaçait la jeune fille.

Il se rapprocha d'elle, la heurtant presque de son corps afin de paralyser ses mouvements, de la faire reculer et de pénétrer dans la hutte en entraînant Christian...

Mais la Belle Lépreuse qui retrouvait toute sa vigueur,

toute sa hardiesse, résista, menaçant toujours de son couteau, dont la pointe égratignait la tempe du Lapon.

En réalité, ils se ménageaient l'un et l'autre dans ce corps à corps, qui eût vu sans cela inévitablement, l'un des deux combattants tomber frappé aux pieds de l'autre.

Le jeune garçon essayait de les séparer, en se plaçant entre eux... La crainte de l'atteindre faisait perdre à Miol une partie de ses avantages.

Un cri aigu fut poussé par la jeune fille : elle venait d'érafler l'épaule de Christian. Elle vit du sang rougir la pointe de son couteau, se sentit privée de tous ses moyens et s'affaissa sur elle-même, défaillante :

— Du sang... du sang ! s'écriait la pauvre Miol en regardant l'enfant blessé, et en invoquant la générosité de son adversaire.

Christian, échappant à l'étreinte du devin, voulut la relever... Déjà sa faiblesse se dissipait.

Consternée d'avoir blessé son jeune ami, elle gémissait, repentante. Christian voulut la consoler et lui montra son épaule pour la rassurer ; mais sa chair était rouge du sang répandu. Cette vue redoubla l'émoi de la Norvégienne.

Kéino regardait tour à tour la Belle Lépreuse et Christian. Il tenait toujours son couteau hors de sa gaîne de cuir.

A son expression de férocité, avait succédé son air plus habituel de finesse et de ruse.

— Vois-tu, Miol, dit-il enfin, tu es punie pour avoir désobéi. Je connais la destinée de cet enfant : il faut qu'il me suive. Tu viendras aussi... tu viendras avec nous et je serai votre guide, n'as-tu pas entendu tantôt une voix qui commandait ?

— C'était la tienne, imposteur ! s'écria Miol avec force.

Le devin sourit de son faux sourire et sans se déconcerter :

— Oui, c'était la mienne, dit-il, mais il y avait une autre voix : c'est à cette voix que tu dois obéir, comme je lui obéis moi-même...

Miol réfléchissait :

— Non, je n'obéirai pas, répondit-elle.

— Je vais te dire pourquoi tu es sourde à ce que je dis. Tu veux connaître la pensée de quelqu'un... qui, auprès de ceux qui me font agir, est moins que le lemming en face du renard.

— Nomme-le !

— C'est Arnold Kiérulf.

— Tu l'as dit.

— Il ne pense plus à toi.

— Tu mens ! s'écria la jeune fille.

Le Lapon haussa les épaules.

— Ah ! je mens, fille de Norvège ! Eh bien, faisons un accord, veux-tu ? Si dans trois jours tu n'as reçu de lui ni nouvelles, ni secours,... tu me suivras... avec Christian.

— J'accepte ! dit Miol sans hésitation aucune. J'accepte, car je suis à bout de forces et de courage. Peu m'importe mon sort après tout... si celui-là seul pour qui je voudrais vivre y est indifférent.

— Fille, donne-moi un gage de ta parole... Prends mon couteau en échange du tien.

— Oh ! fit Miol, c'est bien volontiers, le mien est teint du sang de ce pauvre petit !

C'était justement pour cela que le fanatique Lapon voulait l'avoir : s'il se trompait dans ses calculs, si Arnold intervenait, s'il lui fallait quitter l'île et les bords du lac en renonçant à se rendre maître du jeune garçon, il aurait au moins en sa possession une goutte de son sang, pour les mystères de son culte !

## CHAPITRE XXVI

### LA JOLIE ANGLAISE

Après l'échange des couteaux entre la Belle Lépreuse et le devin, ce dernier pansa la plaie qui ouvrait l'épaule de Christian, en y appliquant un paquet de feuilles d'une plante traînante, fort commune, dont ces feuilles devaient arrêter l'écoulement du sang.

Aussitôt la jeune fille se mit à cueillir de nouvelles feuilles pour un autre pansement.

Kéino profita de son éloignement pour pénétrer dans la hutte, après avoir, en plaçant un doigt sur sa bouche et en faisant de gros yeux méchants, recommandé à Christian la discrétion la plus absolue, — à en juger par l'énergie du geste et de la grimace.

Quand Miol revint vers l'enfant, le Lapon avait fait retraite — grâce au passage souterrain, mais Christian ne divulgua point ce qu'il savait touchant l'issue secrète, et Miol demeura fort surprise de cette disparition.

Ce fut le dernier incident de la journée.

Le blessé avait le bras en écharpe — tenu immobile par une courroie. Gêné dans ses mouvements, il pria sa compagne de transporter les herbes sèches sur lesquelles il couchait, à l'endroit où, par une étroite fissure entre deux roches parallèles, le devin entrait et sortait librement : il voulait bien lui garder le secret, mais non se faire son complice : Kéino ne pourrait donc venir jusqu'à eux sans le réveiller.

Miol ne vit dans ce déplacement qu'une fantaisie d'enfant. Et puis le blessé devait avoir la fièvre... Elle lui dressa sa couche où il la voulait.

Miol lui donnait à boire quelques gorgées d'eau.

La jeune fille passa la nuit auprès de Christian assise sur une roche faisant saillie, elle surveillait son sommeil, lui donnait à boire quelques gorgées d'eau quand il se réveillait et se replongeait ensuite dans ses douloureuses réflexions.

— Trois jours! se disait-elle ; ce mauvais Lapon m'a demandé trois jours... Avec ceux écoulés déjà depuis la prise de possession de cette île, cela faisait bien des heures pénibles... Arnold ne pensait plus à elle, il devait l'avoir oubliée... Mais comment avait-elle pu croire un seul moment que ce beau jeune homme, riche et honoré, s'intéresserait à son sort ! A quelle cruelle déception courait-elle ! Une fille comme elle, vouée à la pire des morts, déchue dans l'estime de tous, morte au monde déjà, chassée, huée en tous lieux et bientôt un objet d'horreur — comme pour la punir d'avoir été trop vaine de sa beauté, — elle avait osé lever les yeux sur l'héritier d'une longue suite d'hommes nobles et solliciter de lui de la sympathie, quand elle aurait dû se contenter de sa pitié...

Toute la nuit les mêmes préoccupations, les mêmes réflexions agitèrent la pauvre Miol, — la Belle Lépreuse.

Le soleil était déjà haut dans le ciel, qu'elle continuait encore sa station attentive à côté de la couche de son jeune ami, blessé par elle-même — en le défendant, il est vrai.

Tout à coup, elle entend les grelots d'une ou de plusieurs karrioles, courant sur la route qui bordait le lac, dans la direction de la cataracte.

Était-ce une illusion de ses sens abusés?

Elle s'élança au dehors...

Miol ne s'était pas trompée : deux karrioles brûlaient le chemin, si inégal, si raboteux qu'il fût.

Ce véhicule norvégien réclame une description.

La karriole tient de la charrette, du droschki, de la téléga, du tilbury, et rappelle surtout ces « araignées » si fort à la mode à Paris, il y a quelques années.

Sur une paire de roues d'un diamètre démesuré, est établi un siège en bois pour une seule personne, adouci parfois grâce à un coussin plat. Entre le siège et l'essieu, deux demi-cerceaux d'un bois flexible remplacent les ressorts d'acier de la carrosserie européenne. Leur rôle est d'amortir la violence des cahots.

Derrière le siège, une étroite planchette est destinée au conducteur de la karriole, un jeune garçon — le skyds, — qui est parfois une fillette. Ce skyds toujours leste, doit descendre souvent très promptement de son siège, pour ouvrir les clôtures qui séparent les propriétés et barrent si fréquemment les routes.

La karriole est munie d'une couverture de cuir, qui se rabat sur les jambes du voyageur, les serre étroitement et se boucle sur le côté.

A ce véhicule particulier à la Norvège, mais qui n'est pas absolument inconnu en Suède, s'adaptent deux brancards fort longs. On y attèle un cheval du pays, roussâtre, à la crinière inculte, à l'œil vif, aux côtes saillantes, au jarret sec et nerveux.

Le harnais est aussi étrange que le véhicule, aussi primitif que le coursier est sauvage. L'un des traits est formé d'une simple corde, l'autre est une lanière de cuir rougie par le temps et adoucie par l'usage.

En revanche, le collier du cheval s'agrémente à son sommet, d'une saillie en bois sculpté, peinte de tons vifs et où l'on suspend une poignée de grelots.

Ce sont ces grelots qui avaient attiré l'attention de la Belle Lépreuse.

Sur chacun de ces véhicules était juchée — emmaillottée — une dame. Sur la planchette de derrière, un petit garçon — le skyds — se tenait agenouillé, les rênes en main et dirigeant l'attelage par dessus l'épaule de sa voyageuse, avec force « *pre, pre,* » véritable appel magique pour les intelligents animaux qui décrivaient des zigzags sur la route sans être arrêtés par aucun accident de terrain; — la karriole, sautant, bondissant comme si elle eut été traînée par un cheval emporté.

Les voyageuses aperçurent la jeune fille, et elles eurent un mouvement de surprise.

Miol voyait que les skyds partageaient l'étonnement de ces dames, de trouver une femme en un lieu considéré comme inhabité.

Les karrioles ne s'arrêtèrent que devant la cataracte de Tannförsen. Ce devait être le but d'une excursion.

Les voyageuses descendirent de leurs hauts sièges, et s'assirent sur des rochers, en face de la bruyante chute d'eau...

Une heure s'écoula promptement à admirer les gerbes jaillissantes, les flots d'écume, la poussière d'eau se formant en nappes, sur lesquelles se brisaient les rayons du soleil. Après quoi, les voyageuses — qui n'étaient autres que les Anglaises rencontrées par les deux Bretons entre Trondhiem et Lavanger, — laissèrent errer leurs regards du côté du lac, et de la petite île verte.

Miol était demeurée en observation. L'une des dames l'aperçut derrière les arbustes où elle se dissimulait et commanda à son skyds de la héler.

Se voyant découverte, Miol répondit aux appels en sonnant de son cornet.

La plus jeune des deux voyageuses, — miss Sarah — fit signe à l'inconnue de venir auprès d'elle. Miol séduite par la grâce de ses gestes, alla pousser la pirogue hors de sa crique et après avoir dit quelques mots à Christian, toujours étendu sur sa couche, elle traversa le lac.

La Belle Lépreuse aborda, tenant encore son unique aviron à la main, sa silhouette se détachant vigoureusement sur le bleu du lac, avec son corsage rouge et sa jupe vert foncé, son cornet en sautoir, son couteau lapon à la ceinture.

Elle souriait d'un sourire attristé, mais qui répondait avec confiance au franc sourire de la jeune et jolie Anglaise. Celle-ci lui tendit la main, mais Miol au lieu de la prendre, recula un peu, interdite et confuse.

Alors miss Sarah Beresford devint grave, non pas qu'elle se crut offensée : la réserve de la jeune fille avait à ses yeux une autre signification.

Elle se mit à observer attentivement et silencieusement chacun de ses gestes, craignant d'effaroucher ce qu'il y avait d'évidemment sauvage dans la belle et bizarre créature qu'elle avait devant elle.

— Qui es-tu ? Ton nom ? lui dit-elle avec émotion et en s'adressant à elle dans son idiome.

— Je suis une pauvre fille, répondit Miol, une pauvre fille qu'il faut plaindre... mais dont on doit se détourner. Étrangère, regarde cette tache... — elle montrait sa main, où nulle tache ne s'apercevait. — Je ne puis toucher la main que tu m'offres si amicalement.

— N'es-tu pas Miol ?

— Qui t'as appris mon nom ?

— De Bergen ? la fille de Martha Borneman, ma nourrice ? O ma Blanche-Neige viens dans mes bras ! viens, ma sœur chérie, ma sœur de lait que j'ai tant cherchée !..

Et sûre que son cœur ne la trompait pas, la charmante Anglaise, saisit Miol et la serra sur sa poitrine, la couvrant de baisers.

La Belle Lépreuse confuse et rougissante recevait ces embrassements et ne rendait point caresse pour caresse. Avec un doux effort, elle dégagea la main de Sarah de sa ceinture, car elle la tenait embrassée, et recula d'un pas, mais cette fois pour mieux voir celle qui l'accueillait avec tant de chaleur.

— Alors... dit-elle enfin, tu es Sarah !.. la fille de ma belle marraine ! Ce n'était donc pas un rêve, cette grande dame, cette fée qui venait autour de mon berceau?.. ô Sarah! tu m'as reconnue! Je t'appartiens, mais je suis une créature digne de pitié seulement... garde-toi de m'approcher : je suis lépreuse.

— Miss! dit en anglais la gouvernante qui était venue rejoindre sa jeune maîtresse et avait entendu ces derniers mots ; faites attention ! Je réponds de vous....

Miss Beresford fit à sa gouvernante un geste signifiant qu'elle n'avait rien à craindre.

Elle était fixée sur ce point, et sans différer, elle expliqua à sa sœur de lait, que la lèpre du Nord, — son père le lui avait appris — bien que se produisant extérieurement sur les malades ainsi que la lèpre orientale, n'est nullement contagieuse, comme celle-ci. Héréditaire seulement, sauf de rares exceptions, elle se transmet dans certaines familles, sautant souvent une ou deux générations...

— Mais toi, ma Blanche-Neige, acheva-t-elle de dire, tu n'es pas atteinte. As-tu jamais regardé ton visage dans un miroir ? Vois tes fraîches couleurs! Tu serais vraiment la Belle Lépreuse ! trop belle pour cacher dans son sang le germe de l'horrible mal! Ton esprit s'est troublé après la visite faite au Saint-Jorgens Hospital, à tes deux malheureuses cousines. Ton pauvre père m'a raconté comment la chose arriva.

— Tu dis cela pour me consoler, chère Sarah ! oh! si je pouvais te croire !..

— Penses-tu que si ce mal eut existé dans ta propre famille, ma mère m'eut confiée aux soins de ta mère? Mais Miol, j'ai été nourrie au même sein que toi! comme toi, donc, je serais atteinte ! Regarde-moi bien... ai-je l'air d'une lépreuse? ma Blanche-Neige... ma sœur?..

Miol, sourit à la jolie Anglaise, et à demi convaincue, se jeta dans ses bras en lui disant avec émotion :

— Nomme-moi encore ainsi! appelle-moi ta sœur, que je t'entende. Oh! tu ne sais pas ce que j'ai souffert, et comme ta voix me console!

La gouvernante eut de nouveau un léger mouvement

Miol se jeta dans les bras de la jolie Anglaise.

d'effroi aussitôt réprimé, sur quelques persuasives paroles que lui adressa miss Beresford.

Les deux jeunes skyds s'étaient approchés, plutôt par curiosité que pour prendre les ordres des voyageurs.

— Ah! nous ne retournons pas encore! leur dit en riant la jeune lady.

Elle demanda alors à Miol ce qu'elle faisait dans cette île réputée mystérieuse, hantée des Esprits, ajouta-t-elle en souriant, et dont son skyds l'avait entretenue, chemin faisant, autant et plus que des jeux d'eau et des effets de lumière de la cataracte.

La Belle Lépreuse — qui ne méritait réellement que la moitié de son surnom — lui raconta sans rien déguiser comment elle était venue dans l'île du lac inférieur de Tannförsen, sur les indications d'une femme bien avisée, et la foi des attestations des maîtres du gaard des Sorbiers. Elle dit un mot de son jeune compagnon, parla du devin et fut même amenée à raconter la lutte de la nuit précédente.

Elle fit son récit avec clarté, ne se troublant guère que lorsqu'elle faisait allusion aux promesses d'Arnold Kiérulf, si mal remplies, — du moins, elle le croyait.

Miss Beresford, avec son instinct de femme, vit bien qu'il y avait là autre chose qu'un ennui passager, que la déception était plus profonde. L'engagement pris par Miol de suivre le devin après les trois jours d'attente, lui parut absolument déraisonnable, inspiré par le dépit.

Et où courait-elle à la suite de cet indigène des régions polaires, entraînant avec elle ce jeune garçon à qui elle devait de sages résolutions en retour de son affectueux dévouement?

L'aimable Anglaise se persuada qu'elle arrivait juste assez tôt pour retenir Blanche-Neige au bord de l'abîme.

— Peut-on vivre dans cet abri dont tu me parles, demanda-t-elle à cette dernière; j'entends, pourais-je y vivre avec toi jusqu'à l'expiration de ce délai de trois jours? Je n'ai guère vu de Lapons d'un peu près et jamais de sorcier. Je croyais même qu'il n'existait plus de ces sortes d'imposteurs, moitié devins, moitié prêtres, que chez les populations nomades du nord de l'Asie... où on leur donne le nom de chamans.

Miol assez embarrassée pour faire les honneurs de l'île où elle était venue vivre durant quelques jours dans une sorte de retraite, et où rien ne se trouvait des commodités de la vie, exposa à son amie les difficultés d'un séjour pour une personne comme elle, la pénurie de vivres, l'absence de tout meuble.

C'était sur la roche qu'il fallait manger, et se contenter encore de la roche pour dormir...

Ces détails, loin de décourager miss Beresford, lui parurent charmants. Comment donc? vivre en anachorète! dormir sur la dure! manger du pain d'avoine et boire de l'eau! mais c'était ravissant... surtout auprès de sa Blanche-Neige retrouvée — et avec la perspective de faire connaissance d'un sorcier, d'assister à quelque scène de magie et d'enchantement...

Miss Beresford entama avec sa gouvernante une explition orageuse, de laquelle il résulta que la respectable demoiselle au voile vert devrait reprendre sa karriole, retourner par le plus court chemin au dernier relais et y attendre les ordres — les caprices plutôt — de sa jeune maîtresse.

— Je reste avec Miol, dit-elle résolument... dans l'île des Esprits, ajouta-t-elle avec un franc rire.

La docile miss Barbara dut consentir à tout. Elle fit toutefois une réserve : c'est que son écervelée d'élève — elle l'avait toujours annoncée comme telle! — lui garderait la fraîcheur de ses sensations et, le cas échéant, le récit de ses actes, pour les impressions d'un *Voyage en Norvège* destinées à un grand Magazine britannique.

Dix minutes après ces arrangements, les deux karrioles retournaient au relais, emportant et secouant de plus belle la gouvernante de miss Beresford, qui se rappellera longtemps à quelles épreuves fut mise sa charpente osseuse, dans la journée consacrée à Tannfôrsen.

Les karrioles disparaissaient bondissantes, versées semblait-il dans quelque « ornière » de vingt pieds de haut...

Sarah et Miol se tournèrent du côté du lac. Nouvelle embrassade, nouvelle explosion de joie de se revoir après tant d'années et tant d'évènements !

Mais comment se rendrait-on dans l'île ? La pirogue ne pouvait contenir qu'une seule personne.

La Norvégienne expliqua à l'Anglaise la façon dont on s'y était pris en arrivant. Il s'agissait alors de transporter dans l'île son compagnon et elle-même.

Mais Kéino le devin s'était présenté, s'offrant de nager pour remplacer l'aviron.

— Eh bien ! où est-il, ce Kéino indispensable ! fit l'Anglaise.

— Ici ! fit une voix.

Vivement, toutes deux elles se retournèrent : le Lapon se tenait debout derrière elles, ôtant déjà son vêtement de peau.

Depuis un moment le devin observait, sans se montrer l'embarras des deux jeunes filles. Leur attitude devant la pirogue exprimait aussi clairement que la parole, la singularité de la situation.

Kéino entra dans le lac, frappant l'eau comme un chien qui nage, ou plutôt comme un chien qui se noierait. Alors s'engagea un combat de courtoisie entre Miol et Sarah. Miol offrait de passer la première pour montrer à son amie que le trajet pouvait être fait sans aucun danger. Sarah nullement peureuse ne craignait qu'une chose : laisser Miol en arrière.

Elle tenait à s'assurer d'elle, et pour cela, quoi de plus sûr que cet internement dans l'île : Miol dût, la première prendre place dans la pirogue. Kéino revint bientôt à l'aviron, prit à « son bord » la jolie Anglaise et recommença son office d'hélice vivante.

En abordant dans l'île, la jeune lady trouva Miol — et Christian, qu'aucune recommandation ne put retenir sur sa couche.

Miss Beresford offrit au Lapon une légère gratification : quelques ores, équivalant à environ un franc de notre monnaie. Mais il refusa, donnant à entendre qu'il accomplissait « un devoir » d'hospitalité... qu'il était chez lui ; qu'un Lapon n'a pas besoin de récompense...

— Alors, lui dit la rieuse miss Sarah, c'est toi qui héberges les Esprits ? J'espère qu'ils n'auront point peur d'une Anglaise qui aime beaucoup la Norvège, et qu'ils manifesteront leur présence par quelque brillant échantillon de leur savoir faire ?

Le devin vit bien que la jeune fille se moquait.

Il attacha sur elle un regard scrutateur. La flamme de ses yeux noirs s'éteignit sous leurs paupières toujours rougies. Il réfléchissait. Et tout de suite, il vit qu'il allait avoir affaire à forte partie. Il se sentait forcé de modifier ses combinaisons. C'est à cela qu'il allait rêver.

Il entra sous l'abri de rochers, — comme pour y prendre quelque chose — et on ne le revit plus.

— Comprends-tu ? fit Miol, bien aise d'avoir si vite pour Sarah un fait à invoquer, capable de justifier une crédulité peut-être excessive.

— C'est un vrai sorcier, répondit celle-ci, sans être moins incrédule.

Seul Christian eut pu dire par quel chemin le Lapon s'était évanoui.

## CHAPITRE XXVII

#### RAPT DE CHRISTIAN

Ce jour-là, on ne revit pas Kéino.

Christian, dont la blessure ne gênait pas trop les mouvements prit à cœur de se rendre utile. Avec le couteau du Lapon, devenu la propriété de Miol, il abattit une quantité de petites branches d'une sorte d'arbuste résineux pouvant servir à établir des couches, bien mieux que les feuilles sèches.

Il transporta tout cela dans la hutte, — et beaucoup de bois avec les ramures.

Miol lui en fit l'observation, — ce dont le jeune garçon tint compte en séparant les fortes branches et les rameaux flexibles. Ce qui était résistant, il l'empila — sans s'expliquer sur son intention — dans une fissure ouverte entre les parois, et Miol ne put s'empêcher de faire tout haut la remarque que Christian amassait du bois de chauffage pour l'hiver.

Le gentil garçon accepta l'observation en riant, les deux sœurs rirent plus fort que lui — mais le lecteur comprend fort bien que Christian tenant le devin en suspicion obstruait l'entrée du passage du souterrain.

Il y avait encore dans la hutte d'assez abondantes provisions : viandes fumées, langues, poisson salé, anchois, galettes d'avoine, mûres sauvages. On pouvait donc ne pas mourir de faim.

Christian et les deux jeunes filles causaient gaiement.

Une douce brise soufflait sur leurs têtes et les vapeurs de la cascade venaient jusqu'à eux.

Le soir, Christian voulut abandonner aux jeunes filles

Christian transporta toutes les branches dans la hutte.

le peu de place que l'étroit monument des cultes païens laissait entre les roches à demi ensablées que surmontait la « table » des sacrifices. Il avait mieux, disait-il, que des feuillages pour couche, un hamac un peu dur, mais qui bercerait son sommeil, la pirogue enfin, — dont il entendait conserver la possession.

Il fallut en passer par là...

Le devin appréhendant de s'exposer aux railleries de l'étrangère, dont il devinait la nationalité et anxieux sur un parti à prendre, rôdait autour du lac.

Il pensait avec raison que la jeune Anglaise ne laisserait pas s'éloigner Miol et que ses efforts allaient consister, non plus à entraîner Christian en s'aidant de l'inconsciente Miol, mais à détacher le jeune garçon de sa compagne. Se faire craindre de l'enfant, frapper son esprit, ne suffisaient plus: il lui fallait se faire aimer...

Il s'en alla à la recherche de Jonas.

Le bon Lapon ne fut pas difficile à trouver: il ne s'éloignait pas du lac.

Kéino travailla à se débarrasser de lui.

— Il y a du jeune monde, lui dit-il en l'abordant mystérieusement: une fille étrangère... et qui n'a pas la lèpre... pas plus que l'autre... Seulement il faut des vivres... Ces Anglaises ne se nourrissent pas avec plaisir de poisson salé ni fumé. Tu vas aller pêcher quelques uns de ces poissons à la chair fine et blanche qui se trouvent à mille pas d'ici dans la rivière qui sort du lac. Tu as ce qu'il faut pour pêcher... n'attends pas le plein jour.

Jonas fit quelques objections, sur des points de détail; puis il s'éloigna.

Alors Kéino s'assit à l'endroit même d'où il l'avait débusqué: c'était dans un taillis clair, bordant le lac au nord, — tout à fait à l'opposé de la rive d'où la pirogue avait successivement amené les hôtes de l'île.

Et il se mit à chanter.

Son chant ressemblait assez, par le rhytme lent d'une mélodie plaintive, aux « lieders » du pays scandinave;

mais la voix possédait des intonations bizarres, successivement rauques et aiguës.

Cette chanson, flottant dans l'air au milieu d'un silence si complet, causait une singulière impression ; un mélange de tristesse et d'inquiétude.

Avec plus de sincérité et d'expansion, la voix de Kéino eut prêté des sentiments et une âme à la puissante nature de pierre environnante.

Christian reconnut la voix du devin. Et loin d'en être troublé, il lui sembla que la protection de ce veilleur de nuit s'étendait sur lui et sur les deux jeunes filles.

Miol aussi comprenait d'où venait ce chant... Elle nomma le devin à sa compagne, et celle-ci lui avoua qu'il ne lui déplaisait pas d'entendre, de loin, cet affreux Lapon. Elle s'expliqua mieux: d'entendre qu'il se tenait assez éloigné d'elles.

Le chant du farouche fils des montagnes où l'Alten prend sa source, n'eut pas sur les jeunes filles autant d'influence que sur Christian. Celui-ci ne dormait pas pour écouter ces courtes strophes balancées sans fin, avec reprises des paroles au commencement de chaque couplet.

Quant à Miol et à Sarah, d'autres choses plus intéressantes les tenaient éveillées.

Miss Beresford, son bras passé autour de la taille de Miol, penchée vers elle, parlait à « sa sœur » de « leur père » l'excellent et attristé Ole Borneman Bull.

— Je le trouvai, dit-elle, en arrivant il y a quinze mois, aux Tydske Bodurne, toujours dans son étroite maison à pignon pointu, peinte en rouge. Il était bien désolé de ton départ ! Quelle ne doit pas être sa douleur à cette heure, après tant de mois écoulés sans nouvelles de toi !

— Je suis impardonnable ! murmura Miol.

Et elle regarda sa main — où la tache n'était plus visible à ses yeux.

— Impardonnable ! répéta-t-elle avec plus de force.

Sarah lui donna des nouvelles de ses deux cousines, les malheureuses filles. « Pauvre Liva ! Pauvre Bertha ! »

Elle était allée les voir à l'hôpital, — toujours à l'ancien hôpital Saint-Georges — puisqu'il a fallu en ouvrir un second ! Une vieille masure, au bout de quantité de rues tortueuses... Il pleuvait... comme tous les jours à Bergen... Elle les trouva résignées, les pauvres cousines ! Le docteur lui dit cependant qu'elles ne guériraient pas...

— Oh ! tais-toi ! tais-toi ! s'écria la Belle Lépreuse, encore trop sous le coup de craintes qui depuis quelques heures seulement ne lui semblaient plus fondées.

— Parle-moi, plutôt, de tes voyages à travers la Norvége... ajouta-t-elle.

L'entretien se porta alors sur les diverses parties du pays visitées par miss Beresford, en deux saisons d'été et l'automne précédent. Quelques unes de ces régions étaient maintenant connues de Miol.

La jeune Norvégienne avait pris les mains de Miss Beresford et elle les embrassait en répétant sans cesse :

— Oh ! que tu es bonne d'être venue !.. Mais je ne puis croire que ce soit toi !.. Tu ne m'abandonneras point, n'est-ce pas ?

Et elle fondit en larmes.

Sarah attira doucement la tête de la jeune fille contre sa poitrine, espérant calmer son chagrin.

Miol s'était rapprochée tout près d'elle, semblable à l'oiseau qui se cache sous la feuille, pour trouver un abri, pour se dérober à un danger.

L'aimable Anglaise émue de tant de confiance montrée par sa sœur de lait, de son bras lui entoura la taille, comme pour lui promettre la protection qu'elle cherchait.

— Oh! comme tu as dû souffrir, ma Blanche-Neige! lui dit-elle.

— Oui, c'est vrai... Mais maintenant cela paraît loin !

Ce besoin de me fuir moi-même, ces rêves étranges, ces désirs impossibles à satisfaire, ce n'était plus moi : ainsi j'avais envie de couper mes cheveux, de prendre le vêtement des hommes et de partir pour la guerre... mais il n'y avait de guerre sur aucune frontière.

Pauvre et triste fille ! n'étais-je pas mieux à ma place assise sur un rocher, au bord d'un lac, tressant en couronne les fleurs cueillies un peu partout, — moins sauvages que la Belle Lépreuse...

Un dimanche, le soir, tandis que les jeunes gens d'un gaard causaient doucement, je cueillais des fleurs sur une pente à la faveur d'un restant de jour. Le pied me manqua... on me tira de l'eau profonde... Il y a toujours un lac, ici, sous des pieds imprudents...

On aurait mieux fait de me laisser au fond du lac... Ce fut du moins ce que je pensais alors, ajouta Miol, se reprenant.

Que de fois dans la longue nuit d'hiver qui réduit le jour à quelques heures — j'ai été surprise, sur les sentiers blancs de neige durcie, par les lueurs de l'aurore boréale.

A travers le ciel voilé au Nord de nuages, courait une lumière rougeâtre, qui envoyait coup sur coup de clairs rayons au-dessus de ma tête; d'autres fois, cette lumière se déroulait, secouée comme une immense draperie...

Leurs paupières s'alourdissaient déjà, et les deux jeunes filles se faisaient encore part de leurs impressions...

Le Lapon chantait toujours.

C'est peut-être son chant monotone qui les invitait au sommeil. Quant à miss Beresford, il est bon de noter, en outre, que l'excursion en karriole valait pour dormir ce que vaut une promenade à pied pour ouvrir l'appétit...

Sarah et Miol avaient fermé les yeux, lorsque le devin fit entendre trois sifflements aigus, — prolongés et espacés.

Christian les prit pour un appel.

C'était, en effet, avec le désir de l'attirer à lui que Kéino changeait sa gamme.

Le jeune garçon ne fut pas long à se décider.

D'une poussée, la légère pirogue se trouva au milieu du lac, — avant même qu'il eut pris une résolution réfléchie. Le besoin de mouvement indispensable à son âge y était pour quelque chose. Cinq ou six coups de son aviron, et il se trouvait assez près de la rive pour parler avec le Lapon, savoir de lui ce qu'il voulait...

Celui-ci le vit diriger la pirogue de son côté, et, quittant le massif d'arbustes qui masquait sa présence, il s'approcha de la rive. La pirogue se trouvait éloignée de deux fois sa longueur.

— Cette blessure ? demanda-t-il à Christian.

— Guéric ! fut la réponse.

— Depuis que je chante, n'est-ce pas ?

— C'était donc pour moi... que tu chantais ?

— C'était afin de te rendre les Esprits doux et amis... Il y a du nouveau. Cette Anglaise... c'est l'obstacle prédit par moi, dit le rusé Lapon.

Comme tous les imposteurs, il s'était ménagé une éventualité, et l'arrivée inattendue de miss Beresford justifiait ses précautions.

Il reprit, en poussant un soupir hypocrite :

— Tu ne seras, je le crains, jamais riche, ni puissant... à un autre l'or des rivières laponnes ?

— Mais pourquoi ? dit Christian déjà alarmé.

— C'est que Miol ne voudra plus venir avec nous.

— Ce serait mal... Je me suis bien attaché à elle... pour ne pas la laisser seule !...

— L'Anglaise ne consentira pas à son départ pour « nos » pays... Elle l'emmènera... Leurs pieds légers ne laissent pas de traces...

— Eh bien, je partirai ! je partirai sans elle... je te suivrai.

— Ce n'est pas possible... moi, je ne veux pas.

Christian ne vit pas le piège.

— Que crains-tu ? demanda-t-il.

— De me faire, de cette Norvégienne, une ennemie. Mieux vaut pour toi retourner avec elle à Trondhiem, à Bergen....

— Mais comment m'y recevra-t-on dans ma famille ? Kéino ton art a-t-il jamais été utile à quelqu'un ? Ce sera alors à moi, si tes yeux ne sont pas arrêtés par les distances et si tu lis dans l'avenir...

— Mes yeux percent les distances.. et voient dans l'avenir, surtout quand cet avenir... c'est demain... mais je découvre des choses qui... me ferment la bouche.

— Pourquoi ?

— Parce que je commençais à m'attacher à toi... et que si l'on te faisait du mal, je sentirais le coup que tu recevrais.

— On veut donc me faire du mal ?

— Je ne l'ai pas dit... Ce qui t'a obligé à franchir les vallées et les montagnes...

— Eh bien ?

— Ce doit être oublié... depuis tant de saisons froides ou chaudes écoulées. Et puis ne saurais-tu pas expliquer les choses à ton avantage, maintenant que tu es devenu grand ? Il le faudrait ; car on serait cruel et l'on te punirait en se réglant sur ton âge...

— L'âge que j'avais ?

— L'âge que tu as... Tu es un grand garçon, presque un homme...

Christian donna un dernier coup d'aviron et sauta à terre.

— Kéino, dit-il, si tu t'intéresses à moi... tu m'emmèneras du côté de tes rivières. Miol n'a plus besoin de mon assistance. Elle a retrouvé sa sœur de lait, une Anglaise très riche. Je puis l'abandonner sans me montrer ingrat.

— Ingrat? mais c'est toi qui as beaucoup fait pour elle!.. Alors, tu consens à venir où Kéino te conduira? Tu ne reculeras pas devant la route qui s'allonge à mesure qu'on avance? devant la besogne trop rude? C'est qu'il faut plus d'un jour et plus d'une lune pour ramasser assez d'or pour contenter un Norvégien... qui veut être riche !

L'ironie habituelle à Kéino perçait sous ses paroles; mais Christian n'était plus en état de s'en apercevoir. Il se livra à discrétion, assurant cent fois le Lapon qu'il était prêt à partir.

— Eh bien! s'il en est ainsi, finit par dire le fanatique devin, qui voyait la réussite de son abominable projet assurée, s'il en est ainsi, va dire adieu à ta compagne et reviens: je ne bougerai pas plus de cette place que l'île du milieu du lac.

Christian réfléchit un instant, partagé entre le désir de revoir encore une fois Miol et la crainte d'être retenu par elle.

Il sauta dans la pirogue et le Lapon pût croire qu'il allait lui échapper; mais Christian se contenta d'attacher la minuscule embarcation à une roche pointue comme un pieu.

Ce fut sa réponse.

— Non, dit-il en revenant, je n'irai pas dans l'île; Miol

ne voudrait pas me laisser partir... et si je la voyais avoir de la peine à cause de moi... je resterais.

— Tu resterais ? Tu abandonnerais le seul moyen de revoir ton père, de faire la paix avec ta famille et les

Je me fie à toi. Montre-moi le chemin, dit Christian.

hommes de ta race ? de ton pays ? Car il faut que tu y retournes avec tes épaules chargées de richesses, avec de l'or..., beaucoup d'or... si tu veux qu'on oublie tes fautes...

Ce raisonnement parut juste au jeune garçon. Il eut un geste énergique.

— Non, non, fit-il. C'est décidé, je te suis dès à présent. Je me fie à toi. Montre-moi le chemin.

Le devin se trouvait au comble de ses désirs.

— Cette nuit t'a-t-elle procuré quelque repos ?

— Suffisamment.

— Ta blessure... elle ne te fait pas trop souffrir ?

— Je n'y pensais seulement plus !

— Alors en route !... Je guérirai ton épaule entamée par ce couteau de Miol, que j'emporte.

— Montre-le moi ! fit Christian.

Il le regarda, non sans émotion.

— Ce sera un souvenir de ma Blanche-Neige, dit-il. Tu me le donneras, Kéino ?

— A ton âge, tu n'as pas besoin d'arme, répliqua le Lapon.

Et il ajouta, avec une intention marquée :

— Un enfant ne peut que trop déjà en tuer un autre !

Christian comprit et se tut.

— Et maintenant, murmura le devin je l'ai ! je le tiens !

Par Joubmala et Pékel ! aucune puissance de la terre ne me fera lâcher ma proie !!

## CHAPITRE XXVIII

### LA FAUTE DE JONAS

Quand le soleil dora les cimes neigeuses de l'Areskutan, Jonas revint vers les bords du lac avec le produit de sa pêche : de belles truites encore toutes frétillantes.

Il chercha des yeux Kéino, et ne le vit nulle part. Mais il aperçut la pirogue attachée à la rive : ce fut pour lui un trait de lumière !

— Partis ! s'écria-t-il, partis ! Kéino a emmené le jeune Norvégien.

Alors il s'assit, frappé de stupeur — car il craignait pour Christian — et il se montrait pourtant fort irrésolu sur un parti à prendre...

Fallait-il courir après Kéino, lui enlever l'enfant Le devin était plus fort que lui, réputé invincible grâce à la protection des Esprits. S'il ne voulait pas abandonner sa capture, plaintes, ni prières, ni reproches ne serviraient à rien : Kéino se contenterait de hausser les épaules, en se moquant de sa naïveté.

— Puisse-t-il pourrir sous les pierres, murmura Jonas. Il n'y a pas de serpent qui soit aussi faux que Kéino, c'est un reptile...

Prévenir Miol... qui sans doute ignorait l'enlèvement de son jeune ami... c'est ce qu'il ferait le plus tôt que cela lui serait permis. Mais pouvait-il se hasarder à aller dans l'île sans y être appelé ? Ce serait agir trop librement. Il fallait attendre qu'on l'y invitât...

Il demeura assis... ne perdant pas de vue les alentours de l'autel des anciens cultes...

Ah ! s'écria l'honnête Jonas, que Kéino soit maudit !

De temps en temps il s'essuyait les yeux, où de grosses larmes qui ne coulaient pas, finissaient par remplir la paupière. Ses pénibles réflexions les faisaient naître ; son regret surtout d'avoir si mal répondu à ce que le jeune maître du gaard des Sorbiers attendait de lui ! Après avoir éprouvé tant de fois la bonté d'Arnold Kiérulf, après avoir été tant de fois traité par lui avec générosité, il se serait montré incapable de lui rendre le premier service qu'il lui demandait !

— Ah ! s'écria l'honnête Jonas, que Kéino soit maudit !
Il pensa à Miol.

Elle aussi, la fille norvégienne, aurait le droit de lui adresser des reproches quand elle saurait comment il avait trahi la confiance d'Arnold — car il allait être obligé de lui avouer sa faiblesse coupable à consentir aux exigences du devin... Miol apprendrait alors que le méchant Kéino s'était mis à la place du confident d'Arnold, avec de mauvaises intentions, sans doute, — puisque sans la consulter, il lui enlevait son compagnon, séduit par des promesses perfides et que déjà une fois, elle avait dû lui arracher le couteau à la main.

Enfin il vit paraître la jeune Anglaise.

Elle s'approcha des bords de l'île, écartant les touffes d'un laryx, et, l'ayant aperçu, — il pouvait le croire — elle avait couru bien vite signaler sa présence à Miol.

Le moment redouté par le Lapon était venu.

Miol se précipita vers la crique, la trouva vide...

Un second coup d'œil lui fit voir la pirogue se balançant, attachée à la rive, à quelques pas de Jonas — qu'elle reconnut.

Elle appela Christian à plusieurs reprises.

Christian, hélas ! était loin de pouvoir l'entendre !

Le Lapon fit signe à Miol qu'il avait à lui parler, et celle-ci l'appela de la main.

Il entra dans la pirogue — où déjà son poisson reluisait dans un étroit filet. En dix coups d'aviron, il abordait l'île.

— Te voilà, Jonas ? lui dit Miol, avant même qu'il eut sauté à terre. Pourquoi es-tu ici... et sans Christian ? ajouta-t-elle alarmée. Où est-il ? parle !

— Ah ! tu l'apprendras !

— Que veux-tu dire, Finn ?

— J'avais promis de te protéger toi et l'enfant... d'écarter de votre route tout malheur...

Miol lui saisit le bras et le secoua rudement.

— Parle, explique-toi enfin, comme un être raisonnable; où est l'enfant ? que lui est-il arrivé ?

— Accable-moi de reproches !

— Mais, malheureux, me diras-tu ce que j'ai à redouter ? ce que je dois me préparer à entendre ?

— Fille... si le jeune garçon est parti avec Kéino le devin... c'est ma faute.

— Eh ! quoi ! le méchant Finn l'a emmené ?

Jonas fit signe que oui.

Miol étendit la main.

— Tu ne peux vouloir me tromper ! Dis-moi... quand l'enfant est-il parti ? dis-le...

— Cette nuit...

J'avais été éloigné par Kéino... j'ai eu le tort de l'écouter.

— Parti... lorsque je l'aimais tant déjà ! s'écria Miol.

Puis par un brusque retour :

— Le pauvre enfant ! où va-t-il ainsi ? A sa perte, peut-être ! Parti ! Et moi qui n'attendais que sa blessure guérie pour le ramener à Trondhiem ! Ah ! si mon couteau avait plus profondément entamé sa chair !... il serait encore là, forcément...

Mais, dis moi...... pourquoi le Finn l'a-t-il emmené ? et pourquoi l'enfant l'a-t-il suivi ? Christian court-il un grand danger ?

— Joubmala seul peut le savoir !.. dit le Lapon sur un ton si chagrin que Miol s'alarma davantage.

— Tu me caches quelque chose, Finn !

— La vérité est assez douloureuse, affirma Jonas ; mais

écoute-moi, jeune fille ; écoute-moi et aie confiance : je le retrouverai ; je te le rendrai...

— Mais que feras-tu ?

— Fie-toi à moi, tout ce qu'un homme peut faire je le ferai... Je n'ai pas tout dit : j'avais été chargé par le noble gaardsmœnd du gaard des Sorbiers de te préparer ici un gîte, de ne te laisser manquer de rien, ni l'enfant non plus ; de veiller à votre sûreté à tous les deux. C'étaient mes ordres jusqu'à l'arrivée d'Arnold... Je n'en ai exécuté que la moitié.

— Arnold Kiérulf doit venir ! s'écria Miol.

Et un éclair brilla dans ses yeux.

— Il doit venir, répéta Jonas d'une voix sourde. Si je sais encore compter après tant de trouble, ajouta-t-il, le soleil d'aujourd'hui ou de demain couchera son ombre sur la mousse.

La jeune fille jeta un coup d'œil involontaire sur les rives du lac, du côté du sud, dans la direction du gaard des Sorbiers.

— C'est qu'il faut trois jours pour le voyage ! reprit Jonas, heureux de pouvoir dire enfin quelques mots ne devant provoquer ni chagrin, ni reproches.

— Je le sais, répliqua Miol. Alors, il viendra ? Tu le crois ? Kéino soutenait le contraire et m'a fait beaucoup de peine. Je l'ai cru, parce que le fils de Kiérulf n'a pas donné signe de vie, après avoir promis d'envoyer des provisions...

— Le noble Arnold Kiérulf a tenu sa promesse.

— L'a-t-il fait ?.. Mais alors comment ne l'aurais-je pas su ?

— C'est Kéino qui a reçu les vivres apportés du gaard ; le pain que tu manges a été pétri aux Sorbiers ; le renne fumé est le produit de la chasse d'Arnold et le poisson salé est sorti vivant de ses filets... Ce n'est pas moi, chétif qui aurais pu satisfaire aux besoins de ta vie, et mon triste abri ne contient pas toujours de quoi apaiser la faim...

— J'ignorais... balbutia Miol toute confuse. C'est donc ici que tu es établi ?

— J'ai fait ici une halte qui durera peut-être bien des années ! Ceux de ma famille, de tous temps ont gardé le secret d'entrer dans cette île sans y être vus. Kéino, m'a arraché ce secret, et du même coup m'a dépossédé. Et maintenant je ne suis que trop sûr, que c'était avec de mauvaises intentions.

— Cet homme exerce donc sur toi une bien grande influence, pour que ta soumission soit entière ?

— Il me remplit de crainte. Il n'y a personne dans sa tribu qui ne lui accorde une science surnaturelle...

La jeune fille n'écoutait plus le Lapon, son esprit franchissait les distances. Elle refaisait en imagination ce voyage de trois jours et revoyait le jeune gaardsmœnd passant une veste de voyage, bouclant ses guêtres mettant sa carabine en bandoulière, et cherchant son bâton blanc pour venir la trouver.

Il faut bien l'avouer, Christian était un peu oublié.

— Et, si depuis que le devin m'a ensorcelé, tout ce que je dis et ce que je fais, reprit Jonas en regardant vers les hauteurs du sud, ne tournait pas contre moi... je dirais que c'est Arnold Kiérulf qu'on voit le long des roches luisantes, et j'irais au devant de lui.

— Tu dis... qu'Arnold ?... fit la jeune fille en plongeant son regard dans la direction indiquée par le Lapon.

Jonas ne répondait pas ; il restait immobile et regardait.

— Je dis que je ne suis plus sûr de rien, et que mes yeux ne sont pas dignes de voir un honnête garçon... Mais oui, c'est lui !

Miol demeurait muette de saisissement.

— Vois-tu, Miol, dit Jonas, j'ai du poisson pour toi, dans la pirogue... et puis une prière à t'adresser.

— Parle, fit-elle d'une voix tremblante.

— Ne dis rien au gaardsmœnd ! laisse-lui croire que j'ai fait tout ce qu'il m'a commandé : il sera toujours assez tôt pour que je m'accuse moi-même, peut-être en me punissant durement; mais je ne veux pas rencontrer son œil irrité.

Arnold, en effet, se montrait à découvert sur les bords, formés de blocs énormes, d'un torrent blanc d'écume. Parfois, il disparaissait derrière ces quartiers de roche pour reparaître soudain sur l'autre bord. Pour abréger le chemin, il accomplissait une descente réclamant un pied sûr et un jarret solide.

— Et maintenant, dit encore le Lapon, laisse-toi consoler et, crois-moi, l'enfant te sera rendu.

Miol fut touchée, elle promit tout ce que voulut Jonas.

Intimidée par la présence — encore fort lointaine — du fils de Halfdan Kiérulf, elle s'esquiva et, d'un bouquet d'arbustes à l'autre, elle se glissa jusqu'à la hutte.

C'était autant pour se cacher, qu'avec le désir de mettre l'aimable Sarah au courant des événements.

Jonas la suivit, portant une véritable charge de poisson.

— C'est vivant, disait-il à l'une et à l'autre des jeunes filles, tout en saluant miss Beresford.

Le Lapon se remettait un peu de ses alarmes. Il parlait de se punir; mais il avait son idée déjà ancrée dans son cerveau ; il s'était laissé enlever l'enfant confié à sa garde, il saurait le réclamer à son ravisseur, dut-il n'y parvenir qu'au prix de sa vie.

En ce moment, Miol saisit dans les siennes les mains de Sarah.

Elle prêtait l'oreille.

— N'as-tu rien entendu ? demanda-t-elle.

— Si... un coup de feu ! je crois... et un appel...

— C'est sans doute ton ami Arnold qui nous envoie un salut... et un avertissement.

Une de ces grandes mouettes noires à la poitrine neigeuse, qui volent des fiords jusqu'aux lacs, s'éleva en poussant un cri strident, tourna autour de leurs têtes et monta de plus en plus, jusqu'à ce qu'avec le même cri elle disparut dans la nue.

Le jeune gaardsmœnd avait tiré sur la mouette noire.

Jonas suivit longtemps des yeux l'oiseau sauvage...

— Qui t'envoie ? murmura-t-il tout bas. Es-tu la messagère d'Ayra, le dieu sombre, qui tient dans ses mains le malheur ? Et poussant un soupir, il se dirigea vers la pirogue.

Alors Miol reprit avec sa sœur de lait le chapitre des confidences. Arnold y tenait une grande place : il fallait se hâter puisqu'il arrivait.

— Ne t'avait-il pas assuré que tu serais guérie, dit la jeune Anglaise, si tu venais dans cette île plus ou moins mystérieuse ? Eh ! bien, il a dit vrai, tu es guérie !

Miol sourit :

— O Sarah ! murmura-t-elle.

— Que veut dire cette exclamation, mon amie ?

— Que c'est toi qui auras été la bonne fée, l'elfe secourable et aimante ?

— Je pense que le... lutin... des Sorbiers y aura aussi contribué.

— Le gaardsmœnd ? fit Miol rougissante.

— Le noble Arnold.

— Si le pauvre Christian ne s'était pas enfui ! s'il n'avait pas été entraîné... dit la jeune Norvégienne pour dissimuler sa confusion. Où est-il à cette heure ? Ces chants du devin maudit l'ont entraîné à sa perte... Ce Kéino est un homme redoutable par ses maléfices !

— Si je t'avouais que je m'intéresse davantage à ton Arnold ?

— Oh ! non, vois-tu, Sarah ; j'éprouve une véritable peine.

— Arnold nous donnera un bon conseil.

— Tu crois ?

— Ou bien, il n'est pas celui que tu dis. Va commander à Jonas de nous l'amener... Il serait peut-être mieux d'aller au devant de lui ?

Miol se déroba, heureuse d'échapper à l'observation de sa sœur de lait.

A la pointe occidentale de l'île, le brave Jonas se démenait depuis un bon moment, accomplissant une besogne singulière, — inexplicable. Il avait fait glisser la pirogue entre un fouillis de ronces qui pendaient sur l'eau, — comme s'il voulait se cacher.

Qui l'eut observé eut pu voir remuer toute cette verdure épineuse... Enfin le rideau de verdure s'ouvrit de nouveau, et cette fois, le Lapon reparut accroupi sur une sorte de radeau, portant aussi la pirogue.

Formé de quatre troncs d'arbre assez gros, équarris et liés l'un à l'autre par de flexibles branches de bouleau, ce radeau, œuvre du Lapon Jonas, pouvait rendre de plus grands services que l'étroite pirogue qui seule, jusqu'ici, avait servi, sur le lac, au transport des acteurs de notre drame.

Lorsque Miol arriva près de lui, Jonas souriant se leva, assuré de causer à la jeune fille une surprise agréable.

— La pirogue était trop petite, dit-il.

— Et tu as fait ?...

— Ce radeau... oui, avec l'aide de mon père, il y a bien des années ! Il est construit comme on fait chez les hommes de ton sang. Ils ne craignent pas de traverser des fiords même agités. Sur le lac avec un peu d'adresse, on peut ne pas se mouiller les pieds. Je le tenais caché. Jamais il n'aura été utile comme ce jour, où celui qui vient vers

La pirogue était trop petite, dit Jonas.

toi va trouver ses pas arrêtés par les eaux du lac.

— De qui parles-tu, Finn ?

— De celui dont la pensée est remplie de ton image, depuis, qu'en te voyant, il a senti battre son cœur.

A ces mots, les joues de Miol se couvrirent d'une rougeur brûlante.

Miss Beresford survint, et Blanche-Neige, encore toute troublée, essaya de lui expliquer les facilités que donnait ce radeau tiré de sa « cache » par le Lapon. Elle se rappelait les incidents de son arrivée dans l'île, sa traversée au moyen de la pirogue avec le sorcier aux cheveux jaunes et aux yeux rougis pour pilote.

L'Anglaise sauta aussitôt sur le radeau qui vacilla légèrement sous son poids. Ce que voyant, elle engagea Miol à y prendre place aussi. Il n'en coûta guère à celle-ci de se rendre à ses désirs, et elle pria Jonas de les conduire sur l'autre rive.

— Asseyez-vous toutes deux dans la pirogue, dit celui-ci et ne remuez pas. Je réponds de vous.

Le Lapon marcha vers l'avant du radeau, muni de l'aviron, assez long encore pour pouvoir être manié par un homme debout, et tout doucement, il imprima une impulsion à ce primitif spécimen d'embarcation.

Le radeau enfonçait si peu à chaque coup de rame, que c'est à peine si le frémissement de l'eau venait jusqu'aux chaussures de peau du nautonnier.

C'est en vain que Sarah et Miol, cherchaient des yeux le voyageur au bâton blanc : Arnold avait disparu dans des plis du terrain, ou derrière des arbres ; mais il ne devait pas se trouver bien éloigné maintenant de la cataracte de Tannförsen, sur le murmure de laquelle il dirigeait sa marche.

## CHAPITRE XXIX

### LARMES ET SOURIRES

Une heure plus tard, à quelques pas de la hutte des temps préhistoriques qui occupait le centre de l'île, on aurait pu voir, assis sur la mousse, et se partageant des mets placés devant eux, Sarah, Miol et le jeune gaards-mœnd Arnold, sa gibecière et son fusil à ses côtés.

Arnold Kiérulf regardait vaguement un peu partout pour voir s'il n'apercevait pas le petit Christian : Miol lui avait dit que le jeune garçon battait le pays, accompagné par un Lapon connu de Jonas. C'était pour ne pas avouer tout de suite la vérité.

Jonas allait et venait, très affairé. Il préparait à la mode de son pays le poisson pêché par lui sans beaucoup de peine, — car il est à remarquer combien cet aride pays de Norvège couvert de forêts, de rochers, de glaciers, d'espaces envahis par les eaux, où la terre cultivable est si rare, le climat si rigoureux, combien ce pays est riche en poissons de toutes sortes ; ses mers, ses fleuves, ses lacs y contiennent en abondance les espèces les plus ordinaires comme les plus délicates.

Les plus belles pièces, embrochées à de petites baguettes, rôtissaient sur des charbons ardents, après avoir été entaillées plusieurs fois entre tête et queue pour les empêcher de s'ouvrir.

La graisse des poissons dégoutait sur les braises, et remplissait la cuisine et la salle à manger à ciel ouvert, c'est-à-dire les quelques mètres carrés où se faisaient la préparation des mets et leur consommation, d'une odeur fort appétissante pour des estomacs à jeun.

Jonas faisait cuire les poissons pêchés par lui.

Arnold regardait tour à tour Miol et la jeune Anglaise, mais sans en perdre une bouchée.

Ayant apporté les deux derniers poissons, Jonas s'assit à une distance respectueuse. Il reçut sa part des mets fumants et savoureux figurant sur le tapis de mousse et qui lui étaient dûs, grâce à son double rôle de pêcheur et de cuisinier.

Les regards du Norvégien allaient, curieux, de miss Beresford à Miol. Ils s'adoucissaient en tombant sur celle-ci et perdaient de leur assurance.

Blanche-Neige soutenait mal ce regard : elle rougissait, détournait un peu la tête ou semblait, en reportant les siens vers miss Sarah, réclamer son aide.

Mais la jeune lady se faisait un jeu de prolonger son embarras. Elle l'appelait en riant « Belle Lépreuse » pour la dégouter de ce surnom trop facilement accepté.

— Mais regarde donc ta main ! lui disait-elle aussi pour se moquer, lorsque la confuse Miol involontairement allait chercher la tache invisible.

Rarement la jolie Anglaise s'était montrée plus enjouée.

Son mignon petit nez, aux narines roses et mobiles, s'avançait provocateur, soutenu par des yeux pétillants de grâce espiègle, et une bouche spirituelle comme les yeux, aux lèvres d'un corail humide.

Son menton, d'un modelé merveilleux, soulignait chacune de ses saillies, d'une fossette gracieuse comme on n'en voit que sur des visages d'enfant.

De l'extrême jeunesse, elle avait aussi les joues d'un velouté frais et rosé. Sa tête charmante secouait une chevelure d'un châtain pâle, à reflets blonds et cendrés dans ses ondulations, — des cheveux longs et soyeux, dont le désordre de la nuit, mal réparé en ce lieu, accusait l'abondance.

Arnold admirait cet ensemble séduisant... Il était peut-être encore plus impressionné par la distinction si complète et si parfaite de la jeune lady, son air aristocratique.

Mais dès qu'il reportait son attention sur la jeune Norvégienne, il rencontrait en elle quelque chose de plus intime, peut-être tout simplement parce qu'étant de sa race, elle semblait plus près de devenir de sa famille.

Miol, délivrée de l'obsession qui la troublait, lui paraissait en quelque sorte transfigurée. Une douce expression de tendresse et de candeur rayonnait sur ce clair visage si longtemps rembruni et agité par la crainte. Des pensées nouvelles devaient éclaircir ce front charmant, d'où semblait envolée la tristesse sans espoir, pour faire place à une mystérieuse rêverie.

Seule, la bouche demeurait sérieuse; mais les joues empourprées, la vive étincelle du regard, voilée par les longs cils de ses yeux à demi baissés, disaient assez qu'aux idées sombres, aux déterminations terribles avaient succédé la confiance et le calme.

Elle avait noué dans ses beaux cheveux bruns un étroit ruban de velours noir, présent de miss Sarah, ainsi que la petite flèche d'argent qui retenait ses nattes et que l'aimable Anglaise avait arrachée de sa tête.

Avec moins de vivacité que la jeune lady, elle montrait comme elle une grâce infinie dans toutes ses allures, quelque chose d'inimitable et d'inattendu jusque dans les moindres mouvements.

Arnold était venu à l'île « sacrée » dans un costume plus coquet que ne l'eut exigé un simple voyage.

Il n'était assurément pas fâché d'exhiber aux yeux de l'étrangère les beaux habits d'un riche gaardsmœnd, mais il tenait bien davantage à paraître devant Miol sous des dehors avantageux.

Il faut dire que son vêtement de velours gris faisait valoir sa taille souple, flexible et vigoureuse à la fois, et que son bonnet de fourrure noire, orné de trois boucles d'acier qui maintenaient une plume d'aigle, donnait de l'éclat à ses yeux.

Ses guêtres montantes, couvertes de poussière, et ver

dies par la mousse des rochers, disaient assez que le solide marcheur, se fiant à l'élasticité de ses muscles, n'était pas venu par des routes frayées.

L'entrain de ce repas sur la mousse blanche des rennes — presque aussi blanche qu'une nappe de fine toile — par cette belle journée d'été, déliait toutes les langues...

Par moments, ils parlaient tous à la fois — y compris Jonas qui faute d'auditeurs se parlait à lui-même.

Arnold quitta son bonnet, laissant flotter en liberté ses longs cheveux blonds.

Miss Beresford excitait le jeune Norvégien pour l'amener à faire connaître ses sentiments et ses intentions à l'égard de Miol : dans un vif entretien il se livrerait peut-être, et elle saurait alors s'il fallait encourager sa sœur de lait dans ses espérances où la ramener par le plus court chemin à des vues moins ambitieuses.

Et justement, le jeune homme ne demandait pas mieux que de s'expliquer sur les pensées caressées par lui. Il cherchait par quelle voie il y parviendrait. Il y arriva... par eau, en racontant son voyage de Trondhiem à Bergen, le seul qu'il eut jamais fait à travers la Norvège.

L'aimable Anglaise lui apprit qu'elle était née à Bergen, et cette circonstance rendit l'entretien plus intime. Le jeune homme finit par déclarer que le gaard des Sorbiers suffisait à son ambition.

— Mes pères, ajouta-t-il, y ont eu le centre de leur établissement. Dans ma famille, on n'a pas toujours été des paysans... On s'y souvient encore des iarls des anciens temps, véritables maîtres du pays... mais que demanderais-je de plus ayant noblesse et fortune ?

Miol avait baissé la tête.

Jonas parlait encore de la meilleure manière d'embrocher le poisson gras et de le présenter à un brasier ardent...

Miss Beresford porta au jeune homme un coup droit.

— Et par un riche mariage, tu peux gaardsmœnd, doubler, tripler ton avoir...

Arnold laissa s'écouler quelques secondes avant de répondre. Pendant ce temps il observait l'attitude de Miol.

— Je ne songe à rien de semblable, dit-il enfin. Halfdan Kiérulf, mon père, n'est guère tourmenté par le désir de voir nos biens s'accroître par mon mariage.

— Peut-être dans tes voyages parmi les villes t'es-tu fiancé à une femme qui t'est chère ?...

— Nullement, répondit le Norvégien en souriant. Les jeunes filles de nos villes ne suivraient pas volontiers un mari dans nos solitudes.

Miss Beresford sourit, et pour mieux donner au gaardsmœnd un moyen de s'expliquer franchement, elle répliqua :

— Tu te trompes et tu parles aussi avec trop de modestie ; une jeune fille est déterminée dans son choix par d'autres considérations...

— Tant mieux s'il en est ainsi ! fit Arnold Kiérulf. Et si tu tiens, miss, à connaître ma pensée tout entière, je ne demanderai qu'une chose à celle qui m'aura pris mon cœur : de me le rapporter en dot... Trop heureux si elle y consent !

Cette profession de foi matrimoniale ainsi présentée, équivalait à une déclaration.

— Est-ce sagement raisonné, cela, gaardsmœnd ? fit miss Beresford. Qu'en dis-tu, Belle Lépreuse ? ajouta-t-elle pour forcer sa jeune amie à se prononcer à son tour.

— Je pense, dit celle-ci en s'exprimant lentement et comme avec difficulté, — je pense qu'Arnold Kiérulf est aussi noble par le caractère que par la naissance, et je plains la fille qui ne s'en apercevrait pas.

En disant ces mots, ses joues se couvrirent d'une

ardente rougeur, sa poitrine se gonfla et de grosses larmes perlèrent dans ses yeux.

— *All right!* fit miss Sarah : dans sa satisfaction elle s'oubliait à parler anglais.

L'affection de miss Beresford faisait de Miol presque son égale.

A son tour Arnold rougit ; — il rougit de plaisir et d'émotion. Trop timide pour désirer poursuivre un si périlleux et à la fois si doux entretien, il questionna l'étrangère, plus hardiment peut-être que ne le permettait la bienséance, sur son séjour en Norvège. Il désirait savoir, non par avidité mais par une curiosité assez explicable, quelle était la force de son attachement pour Miol.

L'intéressante jeune fille, livrée la veille à tous les hasards venait, semblait-il de retrouver une famille considérée. L'affection de miss Beresford la faisait presque l'égale de la jeune Lady. Mais jusqu'où saurait aller cette tendresse montrée à celle dont il voulait faire sa femme?

Il est certain que s'il en était donné des preuves non équivoques, le vieux gaardsmœnd, son père, s'en réjouirait en son cœur. Miol, bien que fille d'un petit artisan de Bergen, devenait la filleule, la protégée d'une grande dame anglaise; une charmante lady l'avouait pour sa sœur de lait et la traitait peut-être comme une sœur véritable. Quel bonheur dans ces circonstances pour Miol et pour lui!

Il avait donc hâte d'entendre parler miss Beresford, autant que celle-ci s'était montrée désireuse de provoquer une explication entre les deux jeunes gens.

Et il s'épanouit d'aise lorsque la charmante Anglaise raconta les impressions de ses premières années.

Elle expliqua l'interruption de toute relation entre les siens et la famille de Miol par l'envoi, dans l'Inde, de lord Beresford, avec de hautes fonctions diplomatiques. Lady Beresford y avait suivi son mari, après avoir confié sa fille à la direction maternelle d'une sœur du noble lord. C'est ainsi que la mort de la mère de Miol avait passé comme inaperçue, connue seulement très tard et très loin.

Mais les parents de Sarah, une fois rentrés en Angleterre, s'étaient enquis du sort de Blanche-Neige, la sœur de lait de leur fille.

Et cette dernière, poussée encore par son amour des voyages, encouragée par sa connaissance de la langue norvégienne, apprise en son enfance, d'une femme de chambre ramenée en Angleterre par lady Beresford, était venue à Bergen pour renouer une tendre amitié, et n'avait trouvé aux Tydske Bodurne que le pauvre Ole Borneman Bull, doublement affligé de la mort de sa femme et de l'éloignement de sa fille...

Miss Beresford avait cherché une consolation dans le mouvement, la vue des sites si pittoresques de la Norvège. Depuis deux saisons d'été elle abordait l'antique terre des Scaldes et des Vikings.

Elle pensait souvent à la fugitive Miol, sans espoir de la rencontrer nulle part. Elle la croyait morte misérablement, et ne pouvait éloigner de sa pensée l'image de la pauvre fille s'échappant de Bergen, à défaut de chemins, par les rares sentiers creusés par les pluies, dans les falaises de trois à quatre mille pieds de haut, composant le massif rocheux au bas duquel s'éparpillent les maisons de la ville.

Miol protesta : elle connaissait ces hauts plateaux l'hiver d'avant sa fuite ; elle avait tenté de s'évader, allant jusqu'au plus profond des montagnes. La preuve c'est qu'en marchant sur la neige nouvellement tombée, elle avait effrayé sans le vouloir une volée de jeunes ptarmigans qui, en s'envolant, obscurcirent l'air devant elle. Ils étaient blancs, blanche était la forêt, la terre était blanche aussi, tout cela à l'unisson de son nom, la Blanche-Neige!

Et la jeune fille rit d'un joli rire, très gai d'abord, qui s'attrista soudain au souvenir de son infortune si prolongée, et finit dans un radieux regard à l'adresse de Sarah et d'Arnold — qui la comprenaient si bien!

— Cette fois-là, ajouta Miol, il lui avait fallu rentrer chez son père, — se remettre sous les yeux les souffrances de ses pauvres cousines! Mais comme elle se promettait de s'enfuir pour tout de bon, dès que l'été lui donnerait la chaleur et la lumière!

Arnold écoutait, attentif à ne pas laisser s'égarer la conversation. Il savait maintenant que miss Beresford était revenue en Norvège pour Miol. Mais que ferait pour celle-ci la mère de la jeune Anglaise ? Il tenta de le savoir par d'adroites questions.

Sarah dût deviner son intention et fut très explicite.

— Voici, dit-elle. Ma mère m'a dit d'obtenir Miol de son père et de l'emmener avec moi en Angleterre. Elle est disposée à la considérer comme sa seconde fille.

— Et tu irais, Miol ? fit Arnold tout interdit.

Miol ne répondait rien.

— Moi, je l'engagerai à me suivre, dit la jeune Anglaise, c'est pour son bonheur, — à moins, ajouta-t-elle vivement qu'elle ne songe à épouser un brave garçon de ce pays... As-tu quelque inclination, ma Belle Lépreuse ?

L'embarras de Miol augmentait visiblement.

— Il faut le dire !.. Dans ce cas, ma mère ne trouverait pas le voyage trop fatigant : elle viendrait à Bergen, désireuse de remplacer auprès de toi la mère que tu as perdue.

L'orgueil d'Arnold se trouvait satisfait. Fils des iarls, il épouserait la filleule, — presque la fille — d'une pairesse des Trois-Royaumes, — mais la pauvre Miol pleurait.

— Miol !.. fit le Norvégien.

Il posa doucement sa main sur la tête de la jeune fille.

— Ne pleure pas !

— Ne vois-tu pas, noble gaardsmœnd que c'est de joie qu'elle pleure ? dit l'aimable Anglaise. De la joie de se sentir aimée !..

La situation allait avoir son dénouement. Sarah jugea prudent de ne pas le précipiter.

— Car je l'aime bien ! ajouta-t-elle malicieusement.

Miol et Arnold relevèrent la tête, évidemment soulagés

de n'avoir pas à s'expliquer davantage sur leurs sentiments.

Toutefois Miol prit dans ses mains les mains d'Arnold. Elle le remercia, se mit à rire...

La joie illuminait son visage à travers quelques larmes que la peine ne faisait pas couler : de ses yeux débordait la félicité de son cœur.

Le Lapon profita de cette éclaircie dans l'entretien pour mettre fin à son soliloque et élever la voix.

— Petit père, dit-il en s'adressant à son protecteur, quel poisson préfères-tu... le dernier que je t'ai porté, pêché dans le grand torrent à mi chemin du gaard, ou celui du lac, que tu viens de manger ?

Arnold eut une exclamation et un geste significatif.

Le meilleur poisson assurément devait être celui qu'on lui avait servi en compagnie de Blanche-Neige et de miss Beresford ; — mais il l'avait mangé si distraitement !

## CHAPITRE XXX

#### UN CAMPEMENT DE NOMADES

Cependant Christian suivait son mauvais génie — ce Lapon fanatique et imposteur qui l'entraînait vers les terres de la Laponie suédoise, si peu habitées qu'il s'y trouve des centaines d'hectares pour un seul homme.

Dans leur fuite, — car c'était une véritable fuite, compliquée d'un rapt — ils avaient déjà perdu de vue les hauteurs de Tannforsen, — la cataracte ainsi que le lac supérieur d'où elle s'échappe.

En redescendant des hauts sommets sur la terre désormais suédoise, ils croisèrent une douzaine de karrioles courant à la suite l'une de l'autre avec un grand bruit de grelots secoués.

Les voyageurs s'interpellaient, se renvoyaient des plaisanteries, se jetaient des bouts de phrase; et la course n'en semblait que plus animée. Une telle réunion de karrioles sur les routes étroites et médiocrement carossables de la Suède tient lieu de l'ancienne « diligence » de nos grands chemins.

Le courrier de la poste occupait la tête de la colonne.

Dans les rires et les quolibets échangés entre les voyageurs, le Lapon put faire sa part, méritée par son air rébarbatif, justifiant presque le dédain montré aux hommes de sa race.

Kéino, furieux, et son œil bilieux plein de haine, injecté

de sang, abandonna la route où de pareilles rencontres, si fâcheuses pour son ascendant pouvaient encore se produire, et il entraîna le jeune garçon par des sentiers à

Kéino entraîna Christian par des sentiers à peine tracés.

peine frayés, à travers les futaies de sapins, retrouvées dès une moindre élévation du sol.

Un mince rideau de ces arbres cachait toute une région où l'image de la dévastation attristait le regard : une forêt détruite jonchant le sol de ses débris, des troncs calcinés partout, des racines noircies, des monceaux de cendres... ces incendies sont fréquents en Scandinavie.

Quelques sapins demeuraient debout ; mais leur tronc dépouillé de son écorce, leur feuillage roussi par la flamme, les faisaient ressembler à des blessés mortellement atteints se relevant sur un champ de bataille : leurs troncs mutilés, difformes, noircis par le feu se tordaient dans des attitudes désespérées...

Cette forêt sans arbres — si ce n'est ces débris — traversée par eux, ils se retrouvèrent sur le rebord d'un plateau d'où l'œil découvrait vingt lacs à la fois, enserrés par le fond des vallées, remplissant les creux des collines, présentant des espaces unis où le ciel se reflétait, au milieu d'une région tourmentée, couverte de forêts. Sur le dernier plan, des montagnes émergeaient de la brume, dessinant sur un fond clair leurs sommets bleutés.

Sous l'influence de ces horizons où la nature du Nord présente des aspects d'une grâce tranquille et d'un charme reposant, Christian un peu apaisé dans sa soif enfantine des richesses qui donnent de la force à la volonté, sentait déjà croître en lui le regret d'avoir si vilainement abandonné sa compagne.

A un moment, au dessus d'un de ces lacs dont les mille sinuosités se noyaient dans une brume transparente, ils virent s'élever lentement à la surface des eaux, une buée qui ondula dans l'espace laissé libre entre les collines. Condensée par la brise, elle prenait diverses formes d'apparence humaine...

Christian, très ému, montra du doigt ces apparitions à son farouche compagnon, et se mit à crier :

— Les Elfs ! les Elfs !..,

Superstitieux comme tout véritable Scandinave, il croyait entrevoir de doux visages de jeunes filles et des corps diaphanes à demi-vêtus de brume...

Et avec son imagination surexcitée, ce fut partout à ses yeux l'image cent fois répétée de la Blanche-Neige.

Le devin vit bien aussi les mêmes figures, mais dans sa pensée, il leur donna d'autres noms, et leur présence eut pour lui une tout autre signification qu'aux yeux du petit Norvégien: leur accueil pacifique était une première récompense de ses efforts.

Avec le soir, ils étaient arrivés au bord du plus élevé de ces ravissants petits lacs encadrés de joncs et d'herbes jaunâtres qui s'étagent sur le versant suédois des Alpes scandinaves. Un touriste les a comparés à un escalier gigantesque, dont les gradins seraient des nappes liquides, s'élevant l'une au dessus de l'autre et séparés par des rampes escarpées.

A quelques pas du lac, se trouvait établie une station de rameurs, — comme ailleurs, au bord des routes, des relais pour chevaux.

Le Lapon demanda à y passer la nuit, — ou plutôt à y prendre un repos de quelques heures, car ils n'avaient même pas à attendre l'aube pour jouir de la lumière.

De très grand matin, — Kéino semblait pressé d'augmenter la distance qui le séparait de Tannförsen — de très grand matin donc, il loua un bateau et deux rameurs pour le mettre avec sa candide victime, sur la rive opposée du lac.

De la paille fraîche tapissait le fond de l'embarcation ; ils y prirent place et, les rameurs accompagnant leurs mouvements cadencés d'un de ces chants doux et monotones chers aux populations du Nord, Christian vit fuir les rives, les promontoires, les montagnes laissés en arrière et augmentant la distance qui le séparait de Miol.

Dans cette originale navigation, ils se trouvaient à une altitude de plus de deux mille mètres au dessus de la mer.

A la pointe du lac, plusieurs karrioles dessinaient leur maigre silhouette. Deux de ces véhicules furent immédiatement attelés, avant même le débarquement des « voyageurs ».

Kéino, dont la bourse paraissait suffisamment garnie, prit place dans une de ces karrioles, Christian dans l'autre, et, par un chemin en lacet, taillé dans le flanc de la montagne, ils descendirent jusqu'à un autre lac, pourvu aussi de canots et de rameurs attitrés.

Le troisième jour, les moyens de locomotion manquèrent.

Ils avaient laissé Ostersund bien loin sur leur droite, et montaient à marches forcées vers le nord, en suivant les derniers contreforts de la chaîne du Kiolen. Leur route se trouvait souvent coupée par une rivière qu'il fallait traverser à l'aide de bacs, ou en allant chercher en amont, en aval quelque pont de bois. Les très nombreux lacs et étangs dont la région est couverte, créaient de plus grands obstacles en les obligeant à les contourner.

Enfin, ils allaient atteindre, après plusieurs jours de voyage, le campement établi, près d'un grand étang et d'un cours d'eau, affluents du fleuve Angerman, par un gros de Lapons accourus vers les montagnes du sud, à l'occasion de la foire de Lavanger, et qui n'avaient pas osé pousser jusqu'à cette ville.

Ils attendaient là les plus hardis d'entre eux, envoyés pour trafiquer des produits de chasse et de pêche réunis par la tribu entière : peaux, cornes, poissons fumés, jambons de renne, plumes d'eiders, et rapporter certaines denrées, notamment du café, devenu indispensable à des peuplades parmi lesquelles tout commerce des spiritueux a été interdit.

Ces Lapons étaient originaires de la région montagneuse

où l'Alten commence à réunir les eaux qu'il va porter à l'Océan Glacial.

Kéino, tenu par eux en grande estime, était pour ainsi dire leur chef.

Ils avaient dressé leurs tentes et parqué les rennes, faisant partie de la caravane, sur une langue de terre assez étroite, arrondie, suffisamment vaste pour leurs troupeaux, qui s'avançait dans le milieu de l'étang, disposition stratégique ayant pour avantage de les tenir à peu près hors de portée des représentants d'une autre tribu, que la foire mettait aussi en mouvement et qui avaient craint également de trop s'aventurer en descendant vers le sud.

Ceux-là s'étaient arrêtés sur un plateau herbeux à une lieue de l'étang.

Hostiles aux Lapons ou Sames de l'Alten, ils étaient à cette distance des voisins incommodes et qu'il fallait surveiller.

Malgré tout, ces nomades ne montraient pas une bien grande hardiesse. Des familles laponnes vivent à demeure au cœur du Jemtland, c'est-à-dire près de ces mêmes lieux occupés momentanément par leurs frères venus du Nord, et sous la même latitude — le 63° degré ; — peut-être s'avanceraient-ils davantage vers le sud si leur domaine n'était rigoureusement limité par la disparition de la mousse dont les troupeaux de rennes font leur principale nourriture, et si les immigrants suédois et norvégiens ne cessaient de les refouler, continuant ainsi, sans violence, la spoliation des populations autochtones par les envahisseurs scandinaves, aux temps anciens.

Christian n'avait jamais vu de campement de Lapons. Il savait seulement qu'ils vivaient sous des tentes. Il regardait donc d'un œil curieux cette installation, à laquelle d'autres gens, moins habitués que ces nomades à se déplacer, eussent peut-être laissé un caractère de provisoire et qui avec eux semblait devenue définitive.

Comme au centre de leurs territoires préférés, leurs abris coniques se dressaient solidement fixés en terre par des perches réunies au sommet à l'aide de liens de cuir tordu et de chevilles, ou simplement croisées en faisceau.

Sur cette charpente, des lambeaux d'une grossière étoffe de laine étaient jetés, et, à certains endroits, afin d'obtenir plus de confortable, par dessus cette couverture incomplète s'étendaient des peaux de renne luisantes d'huile de poisson.

La fumée sortait de l'intérieur de la tente par toutes les issues, — et surtout par le vide ménagé au sommet, à la jonction des perches.

L'élévation de ces abris eut paru médiocre à Christian, et suffisante seulement à un peuple nain, si, à certaines attitudes de plusieurs Lapons, montrant envers lui de la curiosité, autant que lui-même à leur égard, et qui apparaissaient à mi corps hors des tentes, il n'eut deviné que le sol en avait été creusé à l'intérieur.

Il compta les tentes : sept, — disposées sans ordre apparent.

Sur deux points du campement s'élevaient des espèces de niches carrées en bois posées sur des poteaux à dix ou douze pieds du sol, et dans lesquelles les Lapons déposent leurs vivres, leurs pelleteries et leurs vêtements de cuir, pour les mettre à l'abri de la voracité des gloutons, des renards et de plusieurs espèces de rongeurs.

Une quinzaine de Lapons, hommes, femmes et enfants venaient au devant de leur vénéré ami le devin.

Ces pauvres gens, aux jambes arquées, roulant comme des navires qui cherchent sans cesse l'équilibre, n'avaient rien de bien repoussant, malgré leurs visages ridés comme de vieilles pommes, leurs yeux obliques aux paupières rougies, le nez épaté à l'extrémité, les pommettes saillantes à crever la peau. Mais ils regardaient le jeune Norvégien avec du dédain, si ce n'est de la haine, et leur

Une quinzaine de Lapons, hommes, femmes et enfants venaient au-devant de leur vénéré ami, le devin.

accueil parut à Christian tout à fait dépourvu de bienveillance.

Un peu alarmé, il ne lui restait que la ressource de dissimuler son inquiétude et sa gêne, en feignant d'examiner attentivement le costume des gens qui l'entouraient.

Les hommes portaient une longue et ample blouse de vadmel, sorte d'étoffe de laine. Ce vêtement sous lequel on ne soupçonnait aucune ligne du corps, était serré à la taille par une ceinture de cuir. Un couteau large et court pendait à la ceinture. Les visages ingrats, triangulaires, encadrés de longs cheveux châtains ou noirs, paraissaient écrasés sous d'énormes toques carrées et rondes, sous de volumineux bonnets pointus.

Les pantalons faits de même étoffe que la blouse, s'enfonçaient par le bas dans les hautes tiges de lourdes chaussures de peau — des komagers — à pointe relevée, semblables à des patins.

La partie féminine de cette assistance hostile se montrait habillée de même façon, le vêtement de vadmel gris ou de peau de renne, seulement un peu plus long et pouvant réclamer le nom de robe. Un ceinturon de cuir indiquait la taille. Des cordons y rattachaient de menus objets et des ornements en plumes, en coquilles, en pierres, ou encore formés de ces graines rouges et dures des Antilles que les eaux chaudes du Gulf-Stream apportent jusqu'aux rivages du cap Nord de Norvège, où elles sont recueillies précieusement par les Laponnes pour servir d'amulettes.

Les petits enfants, fagottés dans une enveloppe sans nom et sans forme, taillée dans une pelleterie, donnaient l'impression de bêtes à tête humaine.

La coiffure des femmes ainsi que des fillettes, quand elle ne consistait pas en une cape pointue, offrait l'imitation d'un casque recourbé en avant à sa partie supérieure. Ce haut bonnet se composait de morceaux de calicot de diverses couleurs.

Deux de ces femmes portaient sous le bras, suspendu par une courroie, un berceau de forme primitive. L'une d'elles dut s'asseoir par terre pour calmer les cris d'un nouveau né, en le berçant avec accompagnement d'une mélopée plaintive psalmodiée d'une voix gutturale.

L'autre femme, promenait dans cette couchette de branches de bouleau entrelacées, ornée autour de sa capotte d'une triple rangée de grains de verroterie, et rembourée de fines peaux, un gros garçon curieux et timide, — disons le mot : sauvage, — dont la tête coiffée du bonnet pointu, semblait aussi forte que la tête de sa mère.

Autant ces Lapons montraient peu de sympathie à Christian, autant ils donnaient au sorcier des marques de respect et d'affection.

Kéino n'avait pas menti.

Aimé et redouté parmi les siens, il jouissait de l'autorité des sorciers d'autrefois, oracles des tribus, médecins aussi, grands évocateurs d'âmes qui, en faisant ronfler le tambour magique, rappelaient dans les corps débiles les âmes soupçonnées d'une escapade dans les régions souterraines, d'une visite aux morts regrettés.

Les Lapons jouissent d'une bonne réputation. Au rapport des voyageurs, ils sont doux, honnêtes et hospitaliers. Bien que toujours errants, il ont atteint un certain degré de civilisation. Convertis pour la plupart au luthéranisme, ils savent lire et écrire. Les idiomes suédois et norvégiens leur sont familiers.

On peut dire qu'en général leur front large et haut est un indice d'intelligence et de sentiments élevés, ils ont la bouche souriante, l'éclair du regard est vif et bienveillant. Le dédain que les Scandinaves leur montrent, n'est donc pas toujours justifié...

Mais il y a aussi parmi eux des tribus, des peuplades entières moins bien partagées qui parviennent mal à dissimuler les mauvais instincts des sauvages.

Les Sames, au milieu desquels Kéino avait entraîné

Christian, sans avoir un plus mauvais renom, laissaient grandement à désirer sous bien des rapports.

Donc, rien d'étonnant qu'au premier abord ils eussent déplu à Christian.

C'est pourtant avec ces gens-là, pensait le jeune garçon, qu'il lui faudrait s'habituer à vivre, au moins pendant un temps — le temps de ramasser beaucoup d'or.

Mais pourquoi donc eux-mêmes semblaient-ils si pauvres? Est-ce qu'on s'enrichit au milieu de gueux?

Il se rappela ce que lui avait dit le sorcier : les Lapons dédaignaient l'or; il leur suffisait de posséder des rennes, ces animaux fournissant à toutes les nécessités de la vie, — de leur vie à eux, et non de la vie qu'il ambitionnait de mener à Bergen et du rang auquel il aspirait afin de rentrer dans le monde par la grande porte.

En route, lorsque la jambe se faisait lasse, le sorcier lui avait raconté que ses parents et ses amis, pour suivre une vieille coutume, enterraient l'or qu'ils possédaient; mais il savait grâce à ses enchantements, où se trouvaient leurs cachettes, et il les lui montrerait. Un véritable Same n'a pas besoin de trésors dans la seconde existence, pour se la créer douce et facile, lorsqu'il a su garder la protection de l'homme sage et croyant : l'homme sage et croyant c'était évidemment lui, Kéino.

Le sorcier avait une tente à lui. Il la partageait avec sa vieille mère accablée de maux et d'ans. Aucune fumée ne s'élevait de cette tente...

Plusieurs invitations étaient adressées à Kéino, par des signes non équivoques.

Il se dirigea vers la plus haute des tentes, devant laquelle une femme berçait un nouveau-né.

Justement l'état de l'enfant réclamait les conseils du sorcier...

Christian poussé dans l'intérieur de cette tente, y fut

suffoqué par la fumée noire qui tourbillonnait, s'échappant du foyer établi au milieu pour la préparation des aliments. Pour ne pas étouffer, instinctivement il se courba jusqu'à terre : là seulement, il trouva un peu d'air respirable.

Alors, il osa jeter un regard dans cet intérieur sordide.

Sur un terrain détrempé, jouaient, grouillaient plusieurs enfants à la figure simiesque. Accrochés aux nœuds saillants des perches, — vu la rareté du fer en Laponie et par suite la cherté des clous — quelques ustensiles, des instruments de pêche et de chasse, des arcs et des arbalètes, des filets où des cailloux enveloppés dans un morceau d'écorce de bouleau remplaçaient les plombs de lest ; enfin des objets de formes bizarres et dont on n'aurait pu dire tout de suite l'usage. C'étaient des boîtes à allumettes, des gaînes de couteau, des cuillers, des navettes en os éclatés, taillés en pointe... le tout en os de renne ornés de dessins géométriques patiemment tracés.

Il y avait aussi, tressés avec des branches et des racines de bouleau nain, des paniers, des bouteilles pour la provision du sel, même une boîte à ouvrage de femme.

Dans un coin s'empilait la seule richesse de l'habitation quelques fourrures — bien usées — de renard, d'ours polaire et de loup.

Il venait de finir cet inventaire rapide, lorsque le sorcier l'appela. Il l'emmena dans sa propre tente, où, d'après les rapports reçus à la ronde, il savait que sa mère gisait sans aucun changement dans son état.

Et Christian vit, étendue sur une couche de peaux de renne, une vieille femme dont les membres gonflés et tuméfiés, la peau durcie et rugueuse, justifiaient l'appellation de la maladie connue sous le nom d'éléphantiasis. Son visage, épargné peut-être par le mal, portait des marques de sa souffrance : des yeux rougis, des rides profondes et nombreuses. Cette femme ne trahissait la vie que par ses gémissements.

— Celle-ci, se dit Christian, c'est la vraie lépreuse, la Laide Lépreuse, et son mal n'est pas imaginaire.

Dans la triste demeure, aucun préparatif pour la réception du maître et de son jeune hôte. Kéino conduisit Christian sous la tente où déjà il avait pu ébaucher une liaison avec les marmots accroupis sur le sol.

C'était la tente de Kuifui, riche naguère encore d'un troupeau de deux mille rennes dispersé par les loups à la dent cruelle, ruiné aujourd'hui.

Là, on préparait le repas, la soupe de sang de renne faite de farine et de sang mêlé de caillots. Ce sang, la ménagère, peu appétissante par elle-même, le tirait d'une outre en estomac de renne. Cette soupe n'était guère à la convenance du jeune garçon. Il allongea un doigt vers une écuelle de bois où refroidissait du lait de renne, et indiqua sa préférence pour ce lait. On le lui donna, et il le but avec avidité, mais en lui trouvant « un goût ».

Enfin il y était chez les Lapons ! — mais avec quel regret ! Comme il était puni d'avoir quitté sa Blanche-Neige ! Sans doute, elle devait avoir de la peine à cause de lui, mais jamais autant qu'il en éprouvait de sa légèreté, de sa faute ! Il serait donc toujours le même ! Et cependant il avait cru bien agir.

Mais pourquoi manquait-il tout à coup absolument de confiance en Kéino le devin ?

## CHAPITRE XXXI

### ARNOLD KIÉRULF

Arnold Kiérulf, très satisfait de sa venue aux lacs de Tannförsen, dès que le repas qui les avait tous réunis fut terminé, annonça à Miol et à miss Beresford son intention de se mettre immédiatement en route, pour rentrer au gaard des Sorbiers...

Longue course pendant laquelle il lui faudrait deux fois demander l'hospitalité à des pâtres dont les sœters eussent paru inaccessibles à la jeune Norvégienne et à son petit ami, lorsque eux-mêmes s'étaient dirigés un peu au hasard vers le lac aux eaux salutaires.

— Et toi, Miol ? Aimable étrangère, et toi ? vous n'allez pas demeurer ici plus longtemps ? La guérison de notre « chère » amie est achevée...

— En effet, dit la jeune lady en reprenant son air mutin, la Belle Lépreuse n'a plus rien à faire ici. Elle peut donc partir... Moi, je reste.

Le visage d'Arnold exprima la surprise.

— Je reste, reprit la jolie Anglaise, parce que je dois attendre à la cascade de Tannförsen — ou au relais le plus proche, celui où j'ai renvoyé miss Barbara — le guide que ma mère, nous a donné à toutes deux, le bon et loyal John.

— Ce doit être lui que j'ai aperçu, un soir, il y a cinq jours ! s'écria Jonas.

Ne pensant nullement être indiscret, il assistait les mains derrière le dos, à ce petit débat. Il ajouta :

— Réponds à ton serviteur, miss : Il voyage en karriole?
— En karriole, dit Sarah.

C'est la saison où les ours descendent des hauteurs avec leurs petits.

Elle poursuivit :

— Je l'ai envoyé en avant, au delà de la frontière; peut-être poussera-t-il jusqu'à Ostersund. Je devais, d'après son rapport, décider si oui ou non j'entrerais en Suède cette année. Après la rencontre inespérée de ma

Blanche-Neige, je renonce à aller plus loin... Mais je ne puis m'éloigner beaucoup de ces lieux avant le retour de John.

— Alors, observa le jeune gaardsmœnd, je dois renoncer à la proposition que j'avais à faire.

— Quelle proposition ? demanda Miol.

— Me détourner un peu de mon chemin... pour t'accompagner toi et celle que tu appelles ta sœur, jusqu'à ce que vous soyez à peu près sur la route de Lavanger.

— C'était une offre acceptable! fit miss Beresford.

— On voyage sans aucune crainte dans notre pays, les habitants de la vieille Norvège sont bons et hospitaliers; mais c'est la saison où les ours descendent des hauteurs avec leurs petits pour paître l'herbe des vallons... Deux femmes s'effrayent si vite !

— Oh ! Miol a de l'intrépidité pour deux ! s'écria la charmante Anglaise. Comment aurait-elle fait sans cela pour échapper à tous les dangers de ses pérégrinations ? Dans la saison des pluies, avec les torrents débordés, les rivières élargies, le moindre ruisseau devenu rivière ou torrent, l'hiver, au milieu des tempêtes, lorsque les chemins disparaissent sous plusieurs pieds de neige, avec un pâle jour de quelques heures, ou plutôt une nuit sans fin éclairée seulement par les aurores boréales,... traversant les plaines gelées, les glaciers des montagnes, côtoyant des précipices invisibles, se hasardant sur la surface durcie des fiords et des lacs... Plus d'une fois n'a-t-elle pas été obligée de s'accroupir dans le creux d'une roche en secouant de moment en moment de ses épaules la poudre blanche qui obscurcissait l'air, aveuglait la vue et préparait un suaire à l'imprudente qui se fut endormie ?..

— Oui, tout cela est vrai ! fit la jeune Norvégienne. Elle ajouta :

— J'ai plus peur à l'entendre dire que je n'ai jamais eu

peur. Il me semble que maintenant je n'aurais plus le courage de recommencer une telle existence.

— La pauvre Miol! dit Sarah. Ne pouvant, croyait-elle demeurer nulle part sans danger pour qui l'eût gardée, elle demandait l'hospitalité partout.

— Un bon génie l'a conduite au gaard des Sorbiers, dit avec émotion le descendant des iarls.

— Tu crois? fit Miol en tendant une main au jeune homme.

— J'en suis sûr! affirma celui-ci avec force.

Et avec force aussi, il serra loyalement, non sans une nuance de tendresse, cette main qu'on lui offrait.

— Vous me plaisez tous deux! s'écria miss Beresford.

Et, plus sensible qu'elle n'eut osé l'avouer, avec des larmes plein ses yeux, elle embrassa sa sœur de lait, et à son tour, serra la main du jeune gaardsmœnd.

— Petit père, observa Jonas, je ne sais si je me trompe, mais il me semble qu'il va y avoir du nouveau dans le pays... du côté du gaard.

— Tu ne te trompes pas, répondit Arnold, et tu seras récompensé... comme tu le mérites.

— Parle, lui souffla à l'oreille la Blanche-Neige. Parle Jonas, le moment est favorable pour avouer tes torts.

— Petit père, dit alors Jonas, il faut que tu me pardonnes... Ma cuisine...

— Est excellente, gourmand! interrompit Arnold.

— Ma pêche...

— Abondante et de choix... Tu connais les bons endroits, Finn.

— Je ne dis pas non, petit père, mais...

Et, trouvant enfin le gaardsmœnd attentif, il lui avoua comment il avait manqué à une partie de ses instructions. Il osa enfin parler de Kéino, des menaces du sorcier, du rôle qu'il avait dû lui abandonner...

Arnold Kiérulf devenu sérieux, gronda Jonas. Miol et Sarah durent parler en sa faveur.

Les aveux du Lapon furent pour le jeune homme un trait de lumière.

C'est pour cela, s'écria Arnold Kiérulf, l'œil en feu, que le petit Christian, a disparu

— C'est pour cela, s'écria-t-il, l'œil en feu, que le petit Christian a disparu. Miol, tu t'es laissé enlever le pauvre garçon par quelque méchant rôdeur aux cheveux jaunes d'au delà des monts...

— Un sorcier, rectifia Jonas.

— Raison de plus pour craindre ! Il se montrait pourtant brave et décidé, cet enfant ; disposé à te suivre partout pour te rendre service... Ah ! Miol, c'est une faute de n'avoir pas mieux veillé sur lui.

— C'est Kéino qui l'a ensorcelé... séduit, sans doute... répliqua la jeune fille, confuse et humiliée. Il est parti avec lui pendant la nuit même de l'arrivée de ma chère Sarah. Qui aurait pu croire que cet enfant n'attendait qu'une occasion de s'enfuir !

Arnold réfléchit un moment, regarda tour à tour miss Beresford, Miol et Jonas comme pour recueillir une inspiration soudaine. Tous les visages demeuraient abattus.

— Le mal est fait ! dit alors le jeune gaarsdmœud.

Arnold Kiérulf ne pouvait s'éloigner sans provoquer une autre explication.

Ce qu'il avait compté savoir en questionnant les deux jeunes filles chemin faisant, il dut le demander, et cela coûtait à sa timidité. Il eut préféré affronter plusieurs loups, plutôt que d'engager avec ces aimables jeunes filles cet entretien si décisif pour son bonheur... Il dut s'y résoudre.

Un quart d'heure après, il y avait plus entre Miol et Arnold qu'un échange d'idées : il y avait engagement de part et d'autre de vivre désormais avec une pensée, une intention commune.

C'étaient de véritables fiançailles.

— Tu vois mes sentiments, lui dit-il en la quittant ; je devine les tiens. Compte sur moi, car dès ce moment je suis à toi. Adieu !

Miol devait retourner à Bergen, accompagnée par miss Beresford, voyageant elle-même en la société de sa gouvernante et sous la protection d'un serviteur choisi. Le voyage s'effectuerait en karrioles jusqu'à Trondhiem — où la jeune lady avait laissé une partie de ses bagages — et, de ce port à Bergen, par un des nombreux bateaux à vapeur qui font escale le long des rivages échancrés de fiords du littoral norvégien.

Arrivées à destination, les deux sœurs donneraient de leurs nouvelles, au très impatient jeune gaardsmœnd. Au printemps suivant, — entendons la fin de mai — le fils de Halfdan Kiérulf irait à Bergen demander à Ole Bornman Bull la main de sa fille.

Sarah promettait d'être de retour en Norvège pour cet heureux moment, apportant au jeune couple « l'adhésion » de lady Beresford.

— Tu verras, ma Blanche-Neige, ce que j'entends par ce mot, ajouta miss Sarah. A la rigueur, comme ma mère est ta marraine et que ta bonne mère n'est plus de ce monde, ça pourrait être un consentement s'ajoutant par surcroît, ce qui ne gâte rien, au consentement donné par ton père... Mais l'adhésion dont je parle... c'est autre chose... ce ne sera pas la couronne des fiancées...

— Nous en possédons une très riche au gaard, murmura Arnold.

— Je l'ai vue... fit Miol en rougissant.

Il ne restait plus qu'à se séparer, ce qui se fit non sans émotion...

Jonas parlait d'accompagner son « petit père » un bout de chemin. Ce fut lui qui mena à terre le riche fermier dont il était le client. Le radeau servit à effectuer la courte traversée.

Ce « bout de chemin », ce fut de six à sept lieues. Le Lapon ne reparut que le lendemain.

Il n'était pas seul.

## CHAPITRE XXXII.

#### OÙ L'ON REVOIT JEAN-FRANÇOIS

En revenant, Jonas avait rencontré à deux lieues du lac un de ces marins étrangers à qui il avait enseigné la direction à prendre pour atteindre, au gaard des Sorbiers, le jeune garçon qu'ils avaient mission de chercher, et qui devait se trouver avec la Belle Lépreuse.

Ces deux marins, à ce que comprit Jonas, s'étaient séparés à la suite d'un désaccord.

Le Lapon, amené à donner de nouveaux renseignements sur la Belle Lépreuse et le jeune garçon fugitif et plus insaisisable que jamais, fut prié par le marin de le conduire auprès de la Norvégienne. Il était venu de loin, affirmait-il, il avait tant fait, qu'il voulait, foi d'homme! en avoir le cœur net.

Voilà comment Jonas reparut devant Miol et miss Beresford, accompagné d'un marin breton : il croyait présenter à l'Anglaise un de ses compatriotes.

C'était Jean-François Legoff, de Saint-Servan.

L'étonnement des jeunes filles avait commencé en voyant un étranger sauter avec assurance sur le radeau laissé contre la rive par Jonas, et diriger la manœuvre.

— Ça me connait ça ! criait Jean-François sans se soucier d'être compris par le Lapon. Je suis tout de même sur la bonne piste, et Josillon n'aura qu'à naviguer sur un autre lac... Il n'en manque pas !..

Mais le radeau allait aborder la petite île. Devant le marin breton deux jeunes filles se tenaient debout... Jean-François, en même temps qu'il ôtait son bonnet, reconnaissait en l'une d'elles, cette voyageuse anglaise à qui il avait rendu service sur le chemin de Lavanger, et dans l'autre, la Norvégienne à qui il avait demandé le chemin du gaard des Sorbiers.

Miss Beresford et Miol reconnurent aussi le Breton.

Jean-François, jamais timide, fit savoir en deux mots à la jeune lady ce qui l'amenait de bien loin. Comme déjà il lui avait parlé en français, c'est en cette langue qu'il l'entretint.

Il lui raconta comment il avait ramené des îles Lofoden un jeune garçon tout à fait dépaysé, et comment après avoir été planté là par ce petit marsouin, il était venu à sa connaissance que cet enfant appartenait à une bonne famille de Bergen qui le faisait chercher partout, et se montrerait reconnaissante envers ceux qui le lui rendraient.

Tandis qu'il parlait, le Breton laissait aller ses regards dans toutes les directions, avec l'espoir d'apercevoir le jeune garçon objet de ses recherches, car il n'avait pas bien compris les explications fournies par le Lapon, chemin faisant.

Jean-François conservait encore un doute sur l'identité du petit fugitif et du neveu de l'armateur de Bergen, et allait demander des éclaircissements lorsque Jonas signala l'arrivée à la cascade du domestique de miss Beresford.

Il s'agissait d'aller au devant de lui. Le Breton réclama l'honneur de conduire au rivage l'Anglaise et la Norvégienne. Le Lapon, toujours humble, lui céda sa place à l'avant du radeau... et la traversée s'effectua paisiblement.

John, dès qu'il eut vu le radeau se détacher de l'île, vint à pied vers sa jeune maîtresse.

OU L'ON REVOIT JEAN-FRANÇOIS

Son skyds — un garçon de douze à quatorze ans — marchait à côté de lui, et le cheval suivait, docile, pas à pas, traînant la karriole.

— Mais c'est notre skyds du voyage de Lavanger! s'écria miss Beresford s'adressant à Jean-François. Puis en

Ah! ah! se dit Jean-François, je vais savoir de quelle hune descend ce moussaillon-là

anglais : Eh bien, John, il y a du nouveau, du changement... Vous me ferez votre rapport plus tard. Il ne s'agit plus d'aller en Suède, mais de rétrograder.

John s'inclina.

La jeune lady lui fit connaître les dispositions prises par elle.

Il s'agissait pour John d'atteindre en karriole le prochain relais — où il retrouverait miss Barbara — et d'y demander l'envoi de deux karrioles au lac de Tannförsen, une pour son amie et une pour elle-même, on sait qu'un seul voyageur peut prendre place sur ces véhicules rapides mais de proportions exiguës.

Tandis que miss Beresford donnait des ordres à John, le Breton ne perdait pas de vue le skyds de la karriole.

Il reconnut enfin, à ne pouvoir s'y tromper, le jeune garçon déjà rencontré sur la route de Lavanger, conduisant les chevaux montés par les deux Anglaises, ce petit Ivar dont Jorgen Moë, le maître du relais de Benserude, avait constaté l'absence au retour des chevaux, et dont, Magnus s'était emparé triomphalement, peu après, en croyant avoir mis la main sur le neveu de Lars Andersen.

— Ah ! ah ! se dit Jean-François, je vais savoir de quelle hune il descend ce moussaillon-là !

Et il l'entreprit.

Aux questions succédaient les questions.

Le Breton acquit tout de suite la certitude, bien que le skyds se donnât comme originaire de Bodoë, qu'il n'était nullement le jeune garçon cherché.

— J'aurais dû le passer à Josillon ! murmura-t-il. Toute la chance — bien peu de chance maintenant ! serait pour moi avec l'autre — celui qui court des bordées en Laponie. Seulement, attrape à courir ! Vas y voir !

Cette constatation faite, Jean-François n'eut plus qu'un désir : obtenir de celle qu'il appelait encore la Belle Lépreuse, quelque indication ayant assez de valeur pour le fixer sur l'identité du petit fugitif et de l'enfant réclamé par sa famille.

Justement la jeune lady, reconnaissante au Breton de son intervention obligeante dans une des journées de son voyage — si on se le rappelle, c'était au passage d'une rivière — la jeune lady, disons-nous, se concertait avec la sœur de lait sur l'opportunité d'une politesse à offrir au jeune marin, sous la forme d'un « lunch », — toujours bien venu en voyage dans un pays peu habité.

Miol ne trouva aucune objection à faire, et Jean-François fut invité à venir se rafraîchir et se reposer dans l'île.

Celui-ci ne se le fit pas dire deux fois.

Miol avait entendu le skyds parler de Bodoë. A ce nom, se rappelant les confidences de Christian et comment il avait dû s'éloigner de Bodoë en toute hâte après une querelle, à son tour elle questionna le jeune garçon. Elle eut un soupçon.

— Pourquoi as-tu quitté Bodoë ! demanda-t-elle. Parle franchement.

— Parce que je m'étais battu, répondit Ivar.

— C'est bien ça ! Et que tu as jeté à l'eau un gamin de ton âge ?

— Il s'est noyé.

— Il ne s'est pas noyé ! s'écria Miol.

Et, grandement surprise, elle réfléchissait à ce singulier concours de circonstances qui lui permettait de connaître la vérité sur ce fait si important pour Christian, lorsque le pauvre petit, errant et fugitif dans la crainte des suites d'une faute qu'il n'avait pas commise, ne pouvait plus profiter d'un témoignage établissant son innocence.

— Où pourrais-je te trouver... si j'avais besoin de toi ? demanda Miol à Ivar.

— Au relais de Benserude... où je suis rentré... Jorgen Moë a la main lourde... mais c'est un bon maître, il m'a pardonné !..

— C'est bien Ivar... mais je te le répète, l'enfant qui est tombé avec toi dans la mer ne s'est pas noyé, peut-être un jour le reverras-tu... et tu pourrais alors retourner sans crainte à Bodoë.

Elle acheva mentalement : Comme lui à Bergen.

John ayant reçu ses instructions, remonta en karriole, avec Ivar à califourchon sur la planchette établie derrière le siège ; en même temps que Jonas et le Breton ramenaient à l'île les deux jeunes filles.

Cette fois Jean-François avait cédé au Lapon l'honneur de manier l'aviron à l'avant du radeau. Pour lui, accroupi à l'autre extrémité, il se bornait à « godiller » avec sa main, imprimant à l'informe embarcation la direction voulue...

Sarah, toujours rieuse, et Miol redevenue gaie, s'amusaient de se voir si attentivement conduites.

— C'est Miss Barbara qui voudrait être à ma place ! observa la jolie Anglaise. Quelle émouvante page elle ajouterait à ses impressions de voyage ! Elle en ferait le radeau de la *Méduse*. Heureusement pour nous que ça n'y ressemble nullement, et que, grâce à ton Arnold et à notre Jonas, notre garde-manger est largement pourvu, Il n'y manque guère qu'un roast-beef, un pouding... et du pale-ale.

— C'est-à-dire, à peu près tout ! fit Miol.

— Qu'importe ! puisque nous avons, toi et moi, d'assez solides quenottes pour croquer le flat-brod !

A peine débarqué, — et pendant que Jonas réunissait les éléments d'un goûter qui, pour le marin à jeun, représentait le premier et le second déjeuner, — Jean-François, se ménageait un moment d'entretien avec Miol, et il apprenait d'elle entre autres choses intéressantes, que le jeune ami qui l'avait abandonnée, se nommait Christian Andersen et non pas Axel Lillesand, comme il l'avait dit longtemps.

En deux mots, elle le mit au courant de ce qui s'était passé à Bodoë. Malheureusement, ajouta-t-elle, Jonas se l'était laissé enlever par un autre Lapon à qui il était

Furieux, Jean-François saisit le Lapon et l'envoya rouler sur la mousse.

permis de prêter de cruels desseins. Jonas influencé, avait cédé... ce qui était bien coupable...

Le Breton ne put s'empêcher de proférer une exclamation, trop spéciale au « langage goudronné » pour que mention en ait été conservée.

Il y avait, en effet, bien de quoi pester et jurer pour

Jean-François. Il trouvait la trace certaine du précieux enfant, il constatait son existence — malgré l'anecdote du corps pétrifié des mines de Falun, — et cela au moment précis où il lui était interdit d'espérer jamais de mettre la main sur cet abominable mauvais sujet, qui semblait se faire un jeu de rendre inutile toute bonne volonté.

— Ah ! foi d'homme ! comme Josillon s'était montré moins serin jaune en rebroussant chemin, en lâchant prise avant l'extinction des forces et le retranchement des vivres de la cambuse !

Puis le Breton tourna sa colère contre Jonas — il lui fallait quelqu'un à molester en ce premier quart d'heure de déconvenue. Incapable dans son état d'animation de trouver les mots dont il avait besoin, il saisit le Lapon par la nuque au moment où, penché, celui-ci disposait des vivres par terre, et il l'envoya rouler sur la mousse, à plus de vingt-cinq pas.

Jonas se releva plus surpris qu'irrité, se mettant toutefois sur la défensive.

Sarah et Miol allaient s'interposer.

— Pardon excuse, mam'zelle, dit le Breton à miss Beresford avec qui il pouvait au moins soulager son cœur dans sa propre langue additionnée de métaphores ; voyez-vous, ça me démantibule quand je pense que ce failli chien-là, s'est laissé entortiller, par ce maudit Lapon dont il nous parle ! Foi d'homme et de Breton ! si le respect ne me retenait pas, devant vous, ma lady, je lui casserais la margoulette et je le réduirais en marmelade.

Jonas demeurait ahuri.

Miol lui expliqua les motifs de l'exaltation de l'étranger — motifs qu'elle devinait. — Elle s'associait du reste à cette colère qui, indirectement, l'atteignait comme un reproche.

Jonas revint un peu de sa stupéfaction.

Il protesta : Jonas n'était pas habitué à être ainsi traité...
Il était mal récompensé d'avoir servi de guide à l'étranger. Il ajouta :

— L'enfant norvégien n'est pas perdu ! Il n'est pas perdu... si l'on veut !

— Comment, pas perdu ! Comment, si l'on veut ! exclama le Breton, qui, un peu plus maître de lui, essayait de se faire comprendre du Lapon. — Il n'est pas perdu ! non, mais il est au bout de la terre ! il est au pôle nord ! au milieu de mécréants de ta race qui ne le lâcheront jamais !

Comment peux-tu dire que si l'on veut on l'arrachera à ces coquins aux cheveux filasse, aux yeux en coulisse !

Il faudrait savoir où il a été conduit ce malheureux et incorrigible gars !

Il faudrait pouvoir chausser des bottes de sept lieues pour le rattraper.

Vère ! mon pauvre Jonas, tu as grand front, mais guère de cervelle.

— Ce n'est pas la distance qui est infranchissable, observa le Lapon ; ni l'ignorance de l'endroit où il se trouve qui soit une difficulté ; mais il manque autre chose pour le ravoir, ce garçon qui me vaut tes injures, étranger prompt à t'irriter...

— Et que manque-t-il donc, foi d'homme ! hurla le Breton ; dis-le un peu pour voir...

— Il manque... il manque.

— Voyons ?... Quand tu agrandiras tes écubiers pour mieux me voir !... achève !..

Jonas piqué au vif et humilié de se sentir malmené devant Miol et l'Anglaise, finit par dire :

— Il manque la force... Tu n'oserais pas, je n'oserais pas non plus le demander à ceux qui l'ont auprès d'eux, et partagent avec lui leur soupe de sang et leur renne fumé.

— Ah ! tu crois cela, toi ! Ah ! tu crois cela ! Tu t'imagines que sachant où est Christian Andersen, j'hésiterais une minute à aller le réclamer à des gueux qui le retiennent malgré lui.

Regarde-moi ; je suis Breton — et Jean-François se frappait la poitrine, qui sonnait creux comme un tambour. — Je suis Breton et je te le dis à jeun : ce n'est ni dix, ni vingt coquins de ta race qui me feront reculer quand il s'agit d'un devoir d'honnêteté !

Ah ! malheureux ! tu savais où il faut aller et non seulement tu n'y allais pas, mais tu n'enseignais pas aux autres le chemin !... Tu vas marcher devant donc... Et n'essaye pas de m'échapper. En route ! Mettons le cap sur la bonne direction !

Ce fut au tour de Miol d'accabler le Finn. Comment ! il voyait la peine éprouvée par elle au sujet de cet enfant depuis sa disparition, et il n'avait eu aucun avis utile à lui donner ! Il avait laissé Arnold Kiérulf s'éloigner sans rien avouer de ce qu'il savait !

— Miol, c'est la force qui n'y est pas ! répétait Jonas.

— Tu avais déjà beaucoup à te reprocher Finn ! reprit Miol.

— Je te dis que c'est la force : le sorcier n'est pas un homme... c'est un sorcier. Il connaît les maléfices... Et puis il n'est pas seul. Il y a ceux de sa tribu, pour le soutenir... parce qu'il est craint... je te dis que Kéino est puissant. Il peut faire beaucoup de bien et beaucoup de mal aussi. Si j'avais cru qu'on put lui résister, je ne l'aurais jamais laissé approcher d'ici, — car l'île est à ceux de ma famille depuis des temps et des temps... Si Kéino avait été un homme comme moi ce n'est pas de lui que j'aurais eu peur... mais s'attaquer à un sorcier c'est s'attirer la vengeance des Esprits qui lui obéissent.

Jonas, en voyant Miol ébranlée par son raisonnement, se tourna vers le Breton, et lui dit, mystérieusement comme une chose importante, oubliée :

— Kéino est un sorcier !.. il est puissant parmi les hommes de sa tribu.

— Que veux-tu dire ? fit Jean-François qui devinait à moitié.

— Que celui qui a emmené l'enfant... est un sorcier, un devin qui sait se faire redouter...

— Ah ! foi d'homme ! je n'en ferai qu'une bouchée de ton sorcier ! cria le Breton. S'il tient à sa carcasse, il n'a qu'à se faire numéroter les os, car je me prépare à le démolir.

De la part de tout autre que de notre Breton, ces paroles eussent passé pour de la jactance. Mais Jean-François paraissait si décidé, qu'on le voyait bien prêt à s'exposer à tout pour la réparation d'une violence commise à l'égard d'un faible.

A ce moment, ce n'était point l'appât de la prime promise par l'oncle Andersen qui le faisait agir ; c'était l'élan de sa nature généreuse. Carina, bien qu'il ne l'eut pas oubliée, ne pesait pas davantage dans les résolutions du brave garçon.

Il voulait partir tout de suite — avec le Lapon. Cela ne faisait pas les affaires de celui-ci, qui tenait à goûter aux bonnes choses préparées pour la collation.

Miss Beresford comprit le reste d'hésitation que montrait Jonas. Elle se serait reprochée aussi d'avoir laissé le jeune marin se mettre en route à jeun, comme il l'avait dit. Elle insista donc pour que, sans disputer davantage, on prît en commun un substantiel repas.

Jean-François céda.

Tous quatre assis sur la mousse blanche des rennes, les longues jambes du Breton se croisant presque avec les non moins longues jambes du Lapon, la paix se fit, en même temps que le partage des mets.

Sans en perdre pour cela une bouchée, Jonas tout en mangeant, se rattrapait du mutisme gardé d'abord par lui, relativement au rapt de Christian. Il savait beaucoup de choses ; il savait tout. D'un signe de tête, il indiquait tantôt le nord-est, c'est-à-dire la terre suédoise d'au-delà des montagnes, tantôt le couchant, en prononçant souvent le nom de Lavanger.

Jean-François comprit qu'il parlait de la foire de cette ville ; mais comme il ne voyait pas la relation que cette foire pouvait avoir avec ce qui l'intéressait si vivement, il ne prêtait qu'une médiocre attention à ce flot de paroles, débitées par le loquace Lapon.

Miol vit bien qu'il ne saisissait pas toute l'importance des confidences tardives de Jonas. Et, patiemment, elle entreprit de lui expliquer que le jeune Christian n'avait pas été entraîné plus loin qu'un campement de Lapons venus du Nord, à l'occasion de la foire de Lavanger et attendant prudemment à distance — une prudence inutile — le retour de quelques uns des leurs.

Cette communication fut reçue par le Breton avec des démonstrations de joie.

De nouveau, il pensa à Carina et aux mille species-dalers : Jean-François n'était point parfait.

Jonas sentait qu'il reprenait de l'importance. Le besoin de parler faisait naître en lui des idées.

— Veux-tu que je te dise ? fit-il en s'adressant au marin. Les amis de Kéino sont au bord de l'étang de Storkiok ; mais les amis de Jonas, qui avaient aussi des marchandises pour la foire, sont sur le plateau d'Oeren qui fait face à l'étang. Ceux de Kéino et ceux de Jonas ne s'aiment pas beaucoup... S'il faut te donner un coup de main, on te le donnera : Jonas veut réparer sa faute...

— Il fallait donc le dire, Jonas de mon cœur! s'écria Jean-François tout ragaillardi. Serais-tu point parent de la baleine qu'un autre Jonas avait avalée ? C'était un gaillard celui-là, et qui pouvait nager quarante jours sans se reposer. J'en aurais fait mon matelot... Jonas, tu seras le mien !

## CHAPITRE XXXIII

#### DÉLIVRANCE

Il y avait six jours que miss Beresford et Miol abandonnant leur retraite de l'île de Tannförsen, avaient pris en karriole la direction de l'ouest.

Un Lapon se présentait devant le campement de l'étang de Storkiok, et demandait la tente de Kéino.

— Quand tu auras trouvé le sorcier et vu l'enfant tu me feras signe, lui avait dit Jean-François en se dissimulant derrière un bouquet de bouleaux nains.

Le protégé d'Arnold et le Breton venaient d'arriver au grand étang en passant par le plateau d'Oeren, où les Lapons de la tribu de Jonas, avaient, eux aussi, dressé leurs tentes ; et ce dernier s'était assuré l'assistance de ses amis, le cas échéant.

Kéino aperçut de loin Jonas, par une fente de toile de sa tente et, se glissant sur les mains au dehors, il lui cria en marchant à sa rencontre :

— Que viens-tu faire, ici ? Je te défends de mettre un pied de plus devant l'autre.

— Je t'obéirai, s'il le faut, dit Jonas qui déjà faiblissait ; mais j'ai voulu savoir... si tu étais arrivé chez toi en échappant à tout danger de voyage...

— Je devais arriver, fit le sorcier en redressant sa taille.

— Et... l'enfant ?

— L'enfant aussi.

— La route est longue et mauvaise... Il est content... chez toi ?

— Autant qu'un Norvégien peut l'être sous la tente d'un Same méprisé. Il est près de ma mère. La pauvre femme ! si je l'avais laissée dans les montagnes de l'Alten, aurait-elle retardé jusqu'à mon retour pour commencer le grand voyage ?... Christian se tient près d'elle, comme un chien de garde.

Jonas roulait des yeux inquiets.

— Je ne savais pas, dit-il enfin, combien serait grand le vide laissé par l'enlèvement de cet enfant. J'ai vu couler des larmes de femmes et bouillonner des colères d'hommes. Le regret de t'avoir laissé faire m'est venu...

— Parle franchement. Qui t'envoie ?

— Je te le dis, Kéino, c'est surtout le regret d'avoir été trop faible vis-à-vis de toi qui m'a mis à la main le bâton de voyageur.

— Et moi je vais te dire autre chose. Tant que je t'ai montré où était ton devoir, tu m'as compris et tu m'as obéi. Tu as trop vite oublié mes enseignements.

— Mais, répliqua Jonas, tu parlais comme si tes actes étaient dans l'intérêt du jeune Norvégien.

Je ne pensais pas qu'il eut aucune chose à redouter... Il semblait qu'il devait être utile à toi et aux tiens, sans qu'il lui arrivât rien de mauvais. Crois-tu que sans cette confiance en son frère Kéino, Jonas lui aurait livré un enfant sur lequel il avait promis de veiller ? Qui a pu te donner de moi une aussi méprisable opinion ?

Le farouche devin saisit ses cheveux à deux mains. La fermeté du langage de Jonas l'étonnait et l'alarmait. Il cherchait des paroles convaincantes et conciliantes. Il se calma un peu, réfléchit et lui tint ce langage :

— Jonas, fais taire ce méchant esprit de révolte que tu as en toi et demeure mon ami. Je soulèverai pour toi un pan de ma tente, et tu prendras ta part de la soupe de sang...

Après quoi, tu retourneras vers ceux qui t'ont envoyé ici.

En t'éloignant, tu ne penseras à autre chose qu'à retrouver ton chemin.

Il serait bien audacieux celui qui voudrait m'arracher cet adolescent, dont j'ai eu tant de mal à me faire suivre !

Jonas aurait certainement cédé une fois de plus, tant était puissant l'ascendant exercé sur lui par Kéino ! Mais il résistait encore, en pensant à la colère du Breton s'il lui rapportait une réponse trop vague.

Il aurait voulu que le sorcier lui fournît une bonne parole à pouvoir répéter, et cette parole, fut-elle mensongère, il ne désespérait pas de l'obtenir.

Mais il comptait sans l'impatience de son compagnon de route.

Jean-François s'irritait de si longs pourparlers... et sortant du rideau d'arbustes qui masquaient sa présence, il se dirigea vers le campement des nomades.

Jonas prévit aussitôt des complications...

— Qui est cet homme, lui demanda Kéino et que veut-il ?

— C'est un de ceux qui réclament l'enfant, répondit Jonas ; ses poings valent bien tes maléfices.

Le sorcier affecta de sourire et prit un air dédaigneux ; au fond il n'était nullement rassuré.

— Assez causé ! fit le marin breton. Où est-il ce petit, donc ? Je ne suis pas venu jusqu'ici pour voir tes cheveux jaunes, sorcier... Montre-moi Christian, et que je sache si c'est volontairement qu'il reste avec toi.

Kéino ne comprenait qu'à demi ; sa contenance le disait.

— Jonas, mon ami, reprit Jean-François, explique-lui ça à ta manière. Je veux voir le gars ! Et pas demain... Foi d'homme ! c'est tout de suite !

Jonas se mit en devoir de dire au devin, dans un dialecte plus familier à eux deux, la prétention de l'étranger.

Tandis que Kéino faisait durer l'explication afin de gagner du temps, Jean-François eut pu voir le jeune Christian se tenant sur ses mains, à l'endroit où s'ouvrait la tente du devin.

Sa tête s'avançait curieuse sous la peau de renne soulevée. Il cherchait à deviner le motif de la venue de Jonas et de Jean-François, — cet aimable marin qui l'avait ramené des îles...

Il ne lui fallait pas beaucoup de perspicacité pour s'arrêter à l'idée que sa chétive personne était en cause.

— Finiras-tu par te faire comprendre ! s'écria Jean-François impatienté de la longueur du débat.

Et il secoua vigoureusement Jonas dont le visage prit une expression lamentable.

— Je vas lui parler moi à ton copain, ajouta le Breton. Avance à l'ordre, vieux brigand ! Cet enfant que tu as volé... où est-il ?

— L'enfant ?

— Oui, l'enfant !

Kéino pâlissait ; mais il était décidé à la résistance.

— Étranger, tu me parles en oubliant le respect qui m'est dû, et que chacun m'accorde ici... Après cela, apprends que Kéino n'abandonne pas, sur une menace, une résolution qu'il a prise. J'ai des raisons pour garder le petit Norvégien... et je le garderai, par Joubmala et Pékel ! malheur à qui voudrait user envers moi de violence.

Le sorcier tira son couteau pour appuyer de sa lame nue l'effet de ses paroles.

— C'est bon ! se dit Jean-François. Espère un peu mon

vieux, on va te régler ton compte. Mais tu aurais trop beau jeu, donc; la partie n'est pas égale.

Et s'adressant à Jonas en norvégien.

— Le moment est venu, lui dit-il, d'amener tes amis du plateau... Tu es assez solide marcheur pour aller en moins d'une heure réclamer leur promesse de nous appuyer. Vas-y donc, et je ferai ici bonne garde pour qu'on ne nous enlève pas Christian.

Jonas partit, et le Breton se posta à l'endroit étroit où l'on pénétrait sur la langue de terre où le campement des Sames de l'Alten se trouvait établi. Muni d'un fort bâton, il allait et venait en faisant de terribles moulinets.

Alors le sorcier, se mit à courir d'une tente à l'autre, réclamant du secours. En quelques minutes, il parvenait à réunir une douzaine de Sames, grands et solides, fort en état de le soutenir dans sa résistance.

Le devin vint examiner de très près le Breton, ayant auprès de lui deux jeunes Lapons à l'air menaçant. En voyant s'éloigner Jonas, et le Breton se placer en observation, Kéino n'avait pas eu de peine à deviner que le « traître » Jonas était allé se concerter avec les Lapons du plateau, et il se préparait à le voir revenir accompagné de quelques uns d'entre eux.

Moins confiant dans l'assistance qu'il rencontrait autour de lui, — malgré les plus chaudes promesses exprimées — que dans sa propre habileté, le devin comptait beaucoup sur l'effet de sa parole pour détacher de l'étranger les amis de Jonas et Jonas lui-même, toujours facile à influencer par des promesses et des menaces.

Il regardait donc le Breton avec assez d'assurance, le toisait d'un air narquois qui, sur son visage, déplaisait étrangement au camarade de Josillon.

Jean-François redoublait de vigueur dans l'exécution de ses moulinets et prodiguait au prétendu sorcier les plus énergiques appellations de son répertoire : les vieux marsouin des fiords, les chat-huant du Finmark, les failli merle, et les failli chien, toutes expressions que Kéino ne pouvait comprendre mais qu'il soupçonnait dépourvues d'aménité.

Puis, le Breton interpella directement le Lapon, il lui reprocha ses méfaits, moitié en norvégien dont l'autre saisissait à peine le sens, moitié dans son langage de bord ou des côtes de Bretagne.

Kéino haussait les épaules, ce qui est une marque de dédain dans tous les pays, et la fureur de Jean-François s'en augmentait. On eut dit que le Breton entretenait sa colère avec intention, comme pour garder l'élan acquis dans cette course rapide à travers la région ; de même qu'il continuait ses moulinets significatifs à seule fin de ne pas laisser s'engourdir son bras.

— Voyons ! finit par dire Jean-François dans un moment où le devin s'approchait ; une fois, deux fois : veux-tu me rendre le gars que tu as arrimé dans ta cambuse ?

Le Lapon ne comprenant guère ces mots traduits à la norvégienne, le regarda avec un sourire moqueur.

— Sale tête ! poursuivit le Breton. Le voyez-vous avec son gréement de filasse, autrement parler sa tignasse d'étoupe ! Ça se dit sorcier ! Si tu es sorcier, tu devrais savoir que je vais avoir l'honneur de te redresser l'échine avec la trique que je tiens et tu te dépêcherais de rire ton saoûl avant de pleurer.

Comme le Breton joignait le geste à la parole, Kéino, soudain hors de lui, fit deux pas vers l'étranger et de nouveau tira son couteau — le couteau de Miol, beaucoup plus long que le couteau des Lapons.

— Mais avance donc, avec ton coupe-choux ! vociféra Jean-François.

Ils allaient en venir aux mains, lorsque Jonas se montra au bout de la plaine, suivi de six Lapons de sa tribu, tous de grande taille comme lui.

En quelques minutes, ce groupe rejoignit le Breton.

Foi d'homme! c'est maintenant qu'on va savoir ce que parler veut dire!

Celui-ci se sentit en force.

Il éleva la voix :

— Foi d'homme! c'est maintenant qu'on va savoir ce que parler veut dire!... Demande-lui, Jonas, si oui ou non il veut nous rendre Christian Andersen. Préviens-le que s'il le refuse, nous irons le prendre.

Jonas, très humble, la tête baissée devant le regard impérieux et menaçant du devin, expliqua à celui-ci, avec toutes sortes de ménagements que le mieux pour lui était de livrer l'enfant.

Sur un signe de Kéino l'un des deux Sames qui se tenaient près de lui, se détacha pour aller réunir les hommes qui avaient offert de prêter main forte au devin.

Kéino, en répondant à Jonas, employa des précautions oratoires, destinées à gagner du temps, et tout à la fois à influencer les compagnons amenés par lui, et qui n'étaient pas gens — le devin le croyait — à risquer leur peau pour sauver celle d'un Norvégien.

Il prit un accent solennel, un geste hiératique, et chercha à établir le droit de représailles de tout Lapon libre à l'égard des hommes d'une race cruelle et spoliatrice.

— Les fils doivent payer pour les pères! répétait avec conviction ce fanatique.

Et il regardait autour de lui, les comptant un à un, les Sames qui venaient le soutenir.

— C'est justice! ajouta-t-il.

Les amis de Jonas et Jonas lui-même ne disaient pas non; leur contenance n'avait rien de trop belliqueux.

Jean-François le constata et s'indigna. Il comprit que le devin, s'il lui en laissait le loisir, était de force à triompher.

— Suffit! cria-t-il. Pour toi, Jonas, je dirai à ceux qui croient te connaître... je leur dirai ce que tu vaux. Place! place! tas de mécréants! Branle-bas de combat!

Il jeta à Jonas un coup d'œil furieux, comme si le trouvant indigne, il renonçait à son aide, et reculant de deux pas, il se mit à couper l'air de son bâton, à droite et à gauche et avec des mouvements souples et multipliés, une aisance parfaite, comme en une salle d'armes.

Les Sames de Kéino reculèrent.

Jonas, séduit autant que ces derniers se montraient effrayés, n'hésita pas davantage à appuyer le Breton. Un instant il avait faibli : il voulait racheter cette défaillance..

Il tira son couteau et ses amis l'imitèrent.

Jean-François vit tout de suite qu'on ne le laissait pas s'engager tout seul — et son bâton s'abattit lourdement sur les solides crânes qui se trouvaient à sa portée.

Quelques rudes coups appliqués sur les mains armées faisaient lâcher prise à ses adversaires. Ils se baissaient pour ramasser leur couteau et le bâton blanc du Breton les atteignait à la tête ou aux épaules.

Kéino avait réuni une douzaine d'hommes très décidés, et dont plusieurs déjà se mesuraient corps à corps avec les amis de Jonas, bien moins nombreux.

Mais Kéino lui-même, que Jean-François cherchait à atteindre, Kéino se dérobant dès les premiers coups échangés, se dirigea vers les tentes.

Qu'allait-il faire ?

Sur le seuil des huttes, les femmes éplorées s'arrachaient les cheveux, se tordaient les bras, faisaient entendre des gémissements. Les enfants poussaient des cris affreux. Perdus dans leurs vêtements de peau ils avaient quelque chose de bestial.

Le Same, son couteau à la main, s'avançait du côté des tentes, se dirigeant vers la sienne.

Christian le vit accourir, brandissant son long couteau, l'égarement dans les yeux, le visage contracté et il prit peur. Il s'arma du premier fer qui lui tomba sous la main, éventra la tente du côté opposé à l'ouverture, et se déroba.

Un petit canot apporté de loin à dos de renne, comme « en cas », flottait sur l'étang. Christian s'y glissa et l'ayant détaché, il gagna le large, échappant ainsi à la mort violente qui lui réservait sans aucun doute le farouche Lapon.

Pendant ce temps, la mêlée était devenue confuse. Les Sames de Kéino l'emportaient par le nombre et la force. Fanatisés de longue date par ce dernier, combattant sous les yeux des femmes de la tribu et des enfants, ils apportaient aussi dans la lutte plus de conviction, plus d'énergie.

Les Lapons du plateau d'Oeren reculèrent jusqu'au delà de l'étranglement de terrain qui formait pour ainsi dire la gorge de l'étroite presqu'île occupée par le campement.

Mais Jonas avait suivi le Breton ; il tenait à distance, en les menaçant de son large couteau, deux Sames qui tentaient de tomber sur les flancs de Jean-François tandis que celui-ci tenait tête aux trois combattants qui lui faisaient face.

Kéino, en pénétrant dans sa tente, n'y trouva plus que sa mère, toujours étendue sur son grabat. La vieille femme aussi méchante que son fils, comprit qu'il cherchait l'enfant et, d'une main décharnée qui semblait sortir d'un cercueil, elle lui désigna l'endroit par où il venait de s'enfuir.

Pris d'une rage folle, le devin s'élança par la même issue.

Il vit Christian la rame haute, prêt à gagner le milieu de l'étang, et observant par les vides laissés entre les tentes les incidents du combat. Le jeune garçon battait des mains pour encourager l'étranger et faire signe de vie.

Le devin le menaça de l'arme qu'il tenait à la main.

— Ah ! chien ! Ah ! chien galeux ! faisait-il.

Mais l'enfant demeurait à sa discrétion...

Kéino rebroussa donc chemin et revint en courant au

milieu des siens. Et s'adressant à eux, il les encouragea à la résistance ; il fallait n'épargner personne...

— Tue ! tue ! criait-il. Ils sont ennemis de notre tribu...

Décidé à s'engager de nouveau, il courut sur Jonas, trop attentif à couvrir le Breton, et il lui planta sa lame entre les deux épaules.

Jonas poussa un cri, s'affaissa sur le sable.

Jean-François le vit tomber à ses côtés.

Les six Lapons du plateau le virent aussi tomber, et prudemment, ils reculèrent, n'abandonnant cependant le terrain que pas à pas.

Le Breton comprit que bientôt il allait être seul à soutenir tout le poids de la lutte.

— Ah ! c'est comme ça ! disait-il entre ses dents ! Ah ! c'est pour de bon ! Dix contre un, alors ! Ça ne me fait pas encore si peur ! Je vas leur casser la margoulette... donc ! leur démolir la boussole sans plus marchander, foi d'homme !

Et tout en se campant solidement pour une reprise décisive, il retroussa davantage la manche de sa vareuse et affermit son bâton dans sa main.

Autour de lui, les Lapons de Kéino formaient un cercle comme les chasseurs autour d'un loup cerné, que l'on n'ose pas attaquer de trop près.

— A lui ! à lui ! criait Kéino pour les exciter.

Mais le cercle ne se resserrait guère vite. Le Breton faisait voltiger de côté et d'autre son redoutable bâton, — dont plusieurs crânes avaient déjà senti les atteintes — et aussitôt, le vide s'agrandissait autour de lui. Il tentait de se donner de l'air, pour parler comme les tacticiens, — pour se porter ensuite tantôt vers un de ses adversaires, tantôt vers un autre.

Kéino qui avait vu couler le sang de Jonas, grisé de cet affreux succès, exaspéré aussi de la résistance opposée par un seul homme, se mit à injurier cruellement ses amis. Il leur reprocha leur couardise, les assurant qu'avec la protection des Esprits ils n'avaient rien à craindre. D'un geste, il leur montra Jonas étendu sur le sable devant lui. Tout cela très rapidement. Puis il eut un mouvement atroce : il posa son pied sur la poitrine du pauvre Jonas encore pantelant.

Ce fut comme un signal qui enleva ses hommes. Tous à fois, ils se précipitèrent sur le Breton.

En ce moment retentirent au loin les sons d'un cornet.

Ils descendaient des hauteurs du sud.

Jean-François, réduit à la défensive, pirouettant sur lui-même pour faire face à tant d'ennemis, aperçut la Belle Lépreuse dévalant d'une colline au pas de course. Accourait-elle à son secours ? Ne venait-elle pas plutôt assister à sa défaite.

Toutefois il eut une lueur d'espoir; cette belle et brave fille de Norvège n'était peut-être pas seule...

Elle sonnait du cor d'un endroit d'où la « bataille » était en vue, et ce devait être pour l'encourager à tenir ferme. Ah ! oui, il tiendrait ferme, — et son bâton manié avec une adresse infinie, mit hors de combat deux ou trois de ses adversaires, qui, avec un front ouvert, un bras cassé ou une côte enfoncée, furent entraînés par les Laponnes éplorées. Les femmes formaient un deuxième cercle d'où partaient des noms appelés, des exclamations de pitié et des invocations à tous les dieux de l'Olympe glacé.

Et toujours Miol sonnait du cor.

Les sons se rapprochaient sensiblement...

Mais Jean-François, éprouva une secousse : il venait de recevoir un coup de couteau à l'épaule gauche.

Il chancela; en le voyant faiblir ceux des combattants qui restaient debout — il y en avait sept encore en comptant Kéino — montrèrent plus de hardiesse et plus d'ardeur.

Médiocrement courageux, ils se concertaient du regard pour savoir qui d'entre eux se jetterait le premier sur l'étranger à la main rude.

C'en était fait de Jean-François s'il eut faibli un seul instant. Son regard attentif aux mouvements de tous, tenait en respect cette multitude.

Dans sa périlleuse situation, il résistait donc encore ; mais il allait infailliblement succomber. Cependant, l'espoir ne l'abandonnait pas.

— Tue ! tue ! criait Kéino à ses compagnons.

Une Laponne, véritable virago de la région polaire, apportait un filet de nerfs de renne, devant servir, dans sa pensée, à envelopper ce trop énergique assaillant. Elle le présenta à l'un des Lapons.

Jean-François ne se doutait pas de la perfide intervention de cette femme.

— Ah ! si Josillon était là, murmurait-il, à nous deux quelle belle besogne !

Soudain, il lut sur les visages promptement alarmés de ses agresseurs, qu'un changement allait se produire. Il devait de toute évidence arriver de l'aide...

Les Sames en reculant un peu lui donnèrent le temps de jeter un coup d'œil en arrière.

Était-ce une illusion ? Josillon accourait vers lui... Et à courte distance, Miol le suivait, ramenant au combat les Lapons du plateau qui avaient lâché pied...

Jean-François ne se trompait pas ; c'étaient bien Josillon et Miol. Mais comment et par quel hasard son camarade survenait-il si justement à point pour le tirer de péril ?

Le lecteur se fait sans doute la même question. Il est indispensable d'y répondre.

Josillon s'était trouvé sur le chemin de la Belle Lépreuse lorsqu'elle s'en retournait à Trondhiem. Il avait questionné la jeune fille, et appris d'elle tout ce qui se rapportait à Christian et à Jean-François.

Le Malouin, sans la moindre hésitation décida de rejoindre son camarade, et de s'associer à son expédition. Ils s'étaient quittés brouillés, il est vrai, mais l'importance de l'entreprise et l'idée du danger que pouvait courir Jean-François fit tout oublier à Josillon.

Même il s'étonna du peu d'ardeur que montrait Miol pour ce jeune garçon si dévoué à son égard — elle l'avouait — et, dans son langage plus expressif que mesuré, il lui en fit reproche.

Si bien que lorsque Josillon s'informa de la route à suivre pour rattraper Jean-François, Miol déclara à miss Beresford qu'elle voulait, elle aussi, tenter quelque chose pour Christian, et seconder ces braves marins si prompts à se dévouer.

La jeune lady avait alors mis obligeamment aux ordres de sa sœur de lait le très correct John, très capable de servir de guide. Sous la direction de ce dernier, et en prenant trois korrioles au relais de Bcnserude, il devenait aisé de passer la frontière...

Les informations recueillies çà et là permirent de mener à bonne fin cette équipée, c'est le mot : tant de choses semblaient livrées au hasard! mais enfin l'honnêteté de l'intention sauvait tout.

Le voyage avait eu lieu avec la plus extrême vitesse, sans prendre aucun repos nulle part. Miol voyageait le jour ainsi que la nuit — une nuit claire — et le Malouin bouillait d'impatience.

La Norvégienne, le Breton, et l'Anglais poussèrent jusqu'à Ostersund ; puis, grâce à des renseignements obtenus là sur le lieu des deux campements de nomades lapons, ils avaient pris à travers plaine et collines les voies les plus courtes.

Un moment vint où les karrioles ne pouvant plus avancer faute de chemin tracé, Miol franchit à pied la distance qui la séparait des Sames, Josillon en fit autant, mais c'est avec beaucoup de peine qu'il suivait de près la jeune fille, bien qu'elle courut nu-pieds à travers les débris de roches et les plantes épineuses, ou peut-être à cause de cela même.

Tout en courant, et jugeant que la mêlée entrevue de loin était occasionnée par la réclamation du Breton, Miol sonnait de son cornet pour annoncer son approche — faire espérer une intervention utile.

Et quand Jean-François aperçut la jeune Norvégienne, son teint blanc animé par la course, ses cheveux bruns en désordre, ses jupes un peu remontées dans sa ceinture de cuir pour mieux courir, le couteau aux flancs, les pieds nus dans le sable et la mousse, il eut l'impression d'une « force » se déclarant en sa faveur. Cette impression, les Lapons de la tribu de Jonas venaient de l'éprouver également avec assez d'intensité pour se laisser ramener au combat.

Mais pendant que Miol les rassemblait, Josillon la dépassant enfin, tombait sur les Sames comme une avalanche de coups de gourdin.

Sa main armée d'un fort et court bâton, — une sorte de casse-tête, — s'abattait sur tous, ne faisant nulle différence entre les hommes et les femmes, habillés à peu près de même de longues blouses, partant assez mal aisés à distinguer.

— Ah ! Jarnigod ! Jarnigod ! vociférait Josillon, tout en jetant un coup d'œil à la dérobée sur son camarade, as pas peur, ma fille ! J'en vas faire un de chambardement... un chambardement général...

— Bravo Josillon ! lui criait son ami. Feu partout !
Babord et tribord ! Va bien ! Espère un peu, que je m'y
remette !

Jean-François avait besoin de reprendre haleine... et il

Christian accourut armé de son aviron.

s'y mit, — ou pour mieux dire, il s'y remit. Et les coups
furent distribués de sa part avec un redoublement
d'énergie.

Plusieurs Lapons gisaient sur le sol poussant des

gémissements destinés à attendrir leurs vainqueurs; quelques femmes les aidaient à se relever.

Josillon tapait ferme, mais des Laponnes courageuses arrivant justement à la rescousse armées de perches et de gaules, lui tombèrent dessus. Il ne recula pas d'une semelle. On eut dit qu'il ne sentait pas les coups. L'enragé Malouin se démena si bien qu'il mit en fuite la troupe féminine. Ah! dame! il lui en cuisait!

Mais un nouvel acteur venait d'entrer en scène.

C'était Christian.

Le pauvre garçon n'avait pu assister plus longtemps inactif à cette scène de carnage, et en apercevant Miol — quelle surprise! — il se rapprocha de terre, sauta hors du canot et accourut armé de son aviron. Il voulait en être, lui aussi!

La femme au filet l'avait révolté. Elle fuyait maintenant et, pour son malheur en prenant de son côté. Il lui allongea sur le dos un coup d'aviron qui l'envoya rouler par terre toute étourdie.

Ce fut le dernier fait de la lutte.

Les Sames étaient vaincus et leur attitude piteuse.

Alors Christian rejoignit Miol.

Il lui sauta au cou. Dans le même moment, les deux Bretons se donnaient une poignée de main qui n'en était pas moins cordiale pour être donnée de la main gauche.

La belle Norvégienne mit promptement Christian au fait de ce qui le concernait. Elle lui apprit qu'il était l'objet de recherches de la part de sa famille; l'excellente fille ne voulut pas attrister cette rencontre, en lui apprenant la mort de son père. — Elle lui donna en outre l'assurance qu'il pouvait retourner à Bergen sans avoir rien à craindre, attendu que le jeune Ivar, son agresseur de la presqu'île de Bodoë, loin d'avoir été noyé, vivant et bien vivant, servait en qualité de skyds au relais de Benserude.

Josillon tout en geignant un peu, brandissait encore son énorme gourdin.

— Où est-il ce sorcier... que je le démolisse ! c'est lui, ça ?

Il montrait le cadavre de Jonas.

— Ah ! non... c'est Jonas ! dit Jean-François, tué par Kéino. Le pauvre Jonas a payé pour sa faiblesse... trop cher.

Miol et Christian se penchèrent vers le Lapon. Il ne respirait plus.

— Oh ! l'abominable sorcier ! Il ne mourra que de ma main ! s'écria le Malouin. Qu'on me le fasse voir tant seulement ! ajouta-t-il.

Les Sames étaient ramenés en désordre jusqu'à leurs tentes par les amis de Jonas.

— Il se cache, bien sûr ! dit encore Josillon.

— Le voilà !... sur l'étang... cria soudain Christian.

Tous regardèrent dans la direction indiquée. Kéino, en effet, après s'être jeté dans l'étroit canot abandonné par le jeune Norvégien, à l'aide de l'unique aviron restant, s'éloignait du campement aussi vite que cela lui était permis.

— Il s'ensauve, le lâche coquin ! s'écria Josillon.

— Laisse-le partir, lui dit son camarade. Nous tenons l'enfant.

— Avance à l'ordre, monsieur le moussaillon, commanda le Malouin... Mais... oh ! la, la ! comme ça me démange dans le dos, fit-il, en se frottant les reins d'une main que déjà il avait portée à son front saignant.

Son front ouvert coulait et beaucoup plus son nez encore.

— Oh ! la la ! mes bonnes gens ! s'écria Josillon, un

verre d'eau... ou tout au moins une petite goutte de quelque chose de sec... Voulez-vous pas que je meure au bout de mon sang?

Cependant il regardait longuement Christian qui s'était approché.

— Alors... c'est le bon? demanda-t-il à son ami. Je connais ton oncle, petit... ton oncle Lars Andersen...

— C'est le bon, le vrai, répondit Jean-François; mais tu ne sais pas, je suis blessé... à l'épaule... ah! les loups jaunes!

— Nous te guérirons, moi et Carina, dit Josillon sans raillerie aucune.

— Comment arranges-tu les choses donc? Et les mille speciesdalers?

— Part à deux! dit Josillon imperturbable.

— Savoir! fit Jean-François.

Mais il réfléchit un instant.

— Tu connais tes intérêts, Josillon mon gars; mais je peux bien en convenir, sans toi j'étais mort.

— Et cette belle et brave fille? s'écria le Malouin. Jarnigod! en voilà une qu'il est bon d'avoir à son bord!

— Foi d'homme! je sais bien que je lui dois beaucoup!

— Et Jean-François s'adressant enfin à Miol dans la seule langue qu'elle put entendre, la remercia chaleureusement.

La jeune fille lui demanda avec beaucoup d'intérêt s'il souffrait de sa blessure. John resté en arrière allait les rejoindre, porteur d'une gourde d'eau-de-vie. Elle promit au vaillant marin de le panser dès qu'il serait arrivé.

Pendant ce temps, Josillon étudiait la physionomie de Christian.

— Ah! tu vaux mieux que le gars Ivar! finit-il par lui dire.

Et il ajouta dans son langage breton, et comme se parlant à lui-même :

— Celui-là c'est le garçon d'un armateur, l'autre n'est qu'un moussaillon de la moussaille.

Les amis de Jonas, un peu éclopés, saignants aussi — l'un d'eux avait le visage balafré d'un coup de couteau — mais en somme pas trop maltraités, se tenaient auprès des principaux acteurs de cette scène. Les deux Bretons leur distribuèrent force poignées de main.

— Ils aimeraient mieux la gourde de John ! observa Josillon... c'est comme moi.

Miol se trouva en état de leur adresser dans le danois des îles — l'un de leurs idiomes — de sincères remerciements. En retour, les Lapons offrirent à la Norvégienne « aux pieds légers » et à ses amis, l'hospitalité dans leur campement du plateau. Miol se concerta avec les deux Bretons, et tous trois tombèrent d'accord qu'ils ne pouvaient refuser cette offre sans s'exposer à un retour offensif des Sames à qui ils enlevaient Christian.

En ce moment, John se trouvait en vue. Et avec lui, qui encore ? Le skyds, Ivar, pas fâché de voir son ancien antagoniste, pour qui tant de monde se remuait, et désireux de renouer connaissance avec lui — pas de la même façon. Venu avec Miol depuis Benserude, il avait laissé sa karriole à la garde d'un des deux autres skyds demeurés en arrière.

L'Anglais et le skyds approchaient.

— Mais c'est lui ! je le reconnais ! s'écria Christian.

Et il courut au devant du jeune garçon de Bodoë.

— Tu diras la vérité, n'est-ce pas ? tu la diras ? répétait Christian.

L'autre toujours un peu sauvage, secouait la tête, ne disait pas non.

Trois Lapons ramassèrent le corps de leur ami défunt,

et l'on se mit en marche vers le plateau d'Œren ; mais pas avant que Josillon eut adressé une dernière menace au sorcier, en lui montrant son énorme gourdin.

Kéino se tenait à bonne distance, il ne dut être complètement rassuré qu'en voyant les étrangers et les Lapons de la tribu ennemie, s'éloigner de son campement.

Mais tous ses efforts, toutes ses ruses, tous ses mensonges, pour se rendre maître de la vie du petit Norvégien étaient pour lui peines perdues...

Et pendant que le devin se livrait à ces réflexions désagréables, Josillon tout en marchant derrière les Lapons, disait à son camarade en lui montrant ses souliers plus qu'usés par tant et de si violentes courses :

— Faut pas mentir, ma fille ! v'là mes doigts de pied qui se mettent à la fenêtre par les crevasses du cuir.

## CHAPITRE XXXIV

### CONCLUSION

Huit jours plus tard, Miol et Christian rejoignaient miss Beresford à Trondhiem, où le rendez-vous était fixé. La jeune fille et son petit ami avaient fait le voyage en karrioles, accompagnés par John, et laissant en arrière les deux Bretons.

Ceux-ci suivaient la même route, cheminant à pied, à petites journées, légers de bagage — Christian avait voulu se charger de ce qui ne leur semblait pas indispensable — très joyeux du résultat de leur hasardeuse entreprise si bien menée, ajoutons tout à fait réconciliés et d'une façon durable. Ne s'étaient-ils pas donné mutuellement plus d'une preuve de bonne amitié ?

Les mille speciesdalers convertis d'avance en monnaie française, devenaient dans leurs propos de route, le point de départ de nombre de projets. En principe, le partage était admis. Deux mille cinq cents francs pour chacun, ce n'était pas rien ! comme l'observait avec raison Josillon. Avec tant d'argent blanc, qu'on en ferait des choses douces et mignonnes en Bretagne !

Josillon, gourmand incorrigible, pensait à des bombances de crêpes de sarrasin, arrosées de bolées de cidre ; il se voyait « dans le mitan » de joyeux garçons, fêtant son retour.

— Hola, hé, houp ! fricot partout !

Jean-François, plus sérieux et grave à l'occasion, inclinait du côté de la propriété. Ce n'était pas un clos et une vache qu'il lui fallait, mais une maisonnette soigneusement couverte, tout au bord de la mer. Avec le surplus de la somme reçue on achèterait un bateau. S'il restait de l'argent un filet, des engins de pêche, des lignes ; s'il en restait, une belle longue-vue pour « dévisager » les navires passant au large, et s'il en restait encore... eh bien ! pour en voir la fin on ferait un présent à la Société des bateaux de sauvetage.

Au milieu de ces rêveries à la Perrette, que devenait Carina ?

Carina, dont ni l'un ni l'autre ne prononçait plus le nom, représentait tout ce que l'avenir renfermait de fâcheux, le point noir à l'horizon de ces marins naviguant de conserve.

On ne parlait pas davantage de Magnus, — le troisième larron — si ce n'est quand Josillon, se butait aux aspérités du chemin et éprouvait le besoin de décharger sa courte colère sur un être vivant. Alors, pour un moment, le magister redevenait le failli merle qu'on a connu au cours de ce récit.

Mais de Magnus Lindeman à Carina Nordall la transition était si aisée — si glissante — que Jean-François, prudemment ramenait le conversation sur un autre sujet. Les souvenirs de Bretagne se présentaient en foule à leur esprit, et les aidaient admirablement à se maintenir en communauté d'idées.

Parfois, ils se regardaient fixement, chacun cherchant à deviner la pensée qui préoccupait l'autre : c'était la blonde Norvégienne de Trondhiem peut-être, et les fronts se rembrunissaient...

Et cependant Carina et la Bretagne comme cela s'accordait mal !

C'était pourtant afin d'être en état de demander avec

succès la main de la fille du vieux loup de mer, qu'ils avaient mené avec tant d'activité cette rude campagne, où certainement le service comptait double ! Eh bien, maintenant, Jean-François demeurait convaincu que s'il n'avait pas pour rival Josillon, il renoncerait à la blonde fille sans un trop grand effort.

Et Josillon se raisonnant, s'avouait franchement que s'il tenait encore à la jolie Carina, c'était pour faire « rager » Jean-François et ne pas céder dans une question d'amour-propre. Saint-Malo ne pouvait baisser pavillon devant Saint-Servan.

En passant par le relais de Benserude, les deux jeunes gens renouvelèrent connaissance avec le discret Jorgen Moë et l'odoriférant « gamle ost ».

Miol avait laissé Ivar au relais, mais non sans avoir obtenu du maître de poste la promesse d'écrire, au nom de son jeune skyds, aux autorités de Bodoë, afin de les informer de l'existence d'un enfant dont la famille devait déplorer la mort.

Et cette démarche, elle l'avait conseillée dans l'intérêt de Christian tout autant que du skyds, destiné, s'il n'était pas rapatrié, à devenir un incorrigible mauvais sujet.

Vers le milieu d'une journée de marche, les premières maisons de Trondhiem furent en vue. Bientôt après, les pas des deux marins résonnèrent sur le pont de bois situé à l'entrée de la ville.

Le plus pénible du voyage était fait.

Une fois encore, ils se regardèrent pour s'étudier.

Il fallait bien prendre quelques ris avant la bourrasque !

On se redressa, on s'épousseta, on se requinqua un brin. La tenue de campagne laissait à désirer. Bah ! au petit bonheur !

Jean-François n'était plus qu'un peu gêné par sa blessure à l'épaule, admirablement pansée par Miol, et qui se guérissait à vue d'œil. L'ami Josillon se ressentait bien peu des renfoncements reçus dans les côtes, et quant à la bosse qui crevait son front, le bonnet coquettement posé de travers pouvait la cacher.

Il est vrai qu'on ne peut pas toujours garder le bonnet sur la tête... mais Jarnigod ! il y a d'honorables blessures. N'est-ce pas pour mam'zelle Carina après tout, qu'on s'était fait rebrousser le poil ! Lavanger, Tannförsen, Ostersund c'avait été les pénibles étapes pour arriver par le plus court à la petite maison de bois de Trondhiem, où la Norvégienne aux yeux bleus passait son temps, derrière la vitre, à faire jouer ses aiguilles à tricoter.

Chaque réflexion, chaque pas rapprochait nos jeunes gens de la demeure du patron Nordhall. Maintenant, ils l'apercevaient... Un moment après ils s'arrêtaient devant la fenêtre, souriants et avec de bons visages, et Carina assidue à son travail, levait la tête et souriait aussi.

Elle courut bien vite leur ouvrir...

En entendant parler les deux Bretons à la fois, le patron Nordhall, de sa petite pièce du fond se mit à aboyer des paroles de bienvenue, confuses, inintelligibles, avec des « oût » joyeux où les effets du brandevin marquaient autant leur influence que la satisfaction de revoir des amis.

Les demandes et les réponses s'entre-croisèrent.

Pourquoi il n'était pas encore parti pour la pêche aux harengs ? C'est qu'il attendait par le télégraphe électrique l'annonce de l'arrivée des bancs — un emploi inattendu de l'électricité ! — on n'avait pas encore vu la mer luisante de leurs écailles, épaisse et solide au point qu'un bâton tiendrait debout au milieu de tant de poisson.

Johan Nordhall parlait librement et avec feu, mais Carina semblait embarrassée.

— Et le petit ? demanda le vieux marin.

— De bonne prise ! fit Josillon.

— Et amariné ! dit son camarade.

— Faut pas mentir, il a été dur à crocher ! ajouta le le Malouin.

— Et où est-il ? fit le père de Carina subitement curieux.

— Avec les demoiselles, donc ! répondit Jean-François, dans du coton... avec une belle Anglaise et une belle Norvégienne...

— Belles, oui dà ! Mais pas aussi jolies que mam'zelle Carina, observa Josillon, qui reprenait son ancien rôle.

La fille du patron de plus en plus embarrassée, rougit, retourna à son tricot...

Son père s'aperçut de sa contenance.

— Josillon, vois-tu, et toi Jean-François, dit-il, que je sois changé en requin, s'il n'est pas tout à fait inutile maintenant de lui débiter des douceurs à cette enfant...

Jean-François reçut bravement le coup, en pleine poitrine.

— Et pourquoi ça, mon vieux marsouin, demanda Josillon devenu blême tout de même.

— Parce que c'est chose décidée.

— Quelle chose ? murmura Jean-François.

— Son mariage... avec Magnus Lindeman, le maître d'école.

— Je l'avais bien dit qu'il avait l'assiette au beurre devers lui, ce failli dindon ! s'écria le Malouin... Ah ! mais c'est que je n'ai pas le cœur à chanter sur ce ton-là !

Et il fit explosion... pirouettant, gesticulant, regardant tour à tour avec des yeux furieux le patron et sa fille, avec des jarnigod et tous les jurons, toutes les malédictions de son répertoire.

— Vère ! finit-il par dire, il ne l'a pas volée.

— Quoi donc ? demanda vivement le patron Nordhall.

— Dame ! la flaupée que je lui ai adjugée près de

Lavanger. Il ne s'en est pas vanté, de sûr et de vrai, auprès de mam'zelle Carina !

— C'est dommage ! dit à son tour Jean-François, nous rapportions les mille speciesdalers.

Et il poussa un profond soupir.

— Serrez bien cet argent, mes enfants... quand vous le tiendrez... Il y en aurait toujours eu un de mécontent, toi Jean-François ou toi Josillon, pas vrai ?

— Faut pas mentir, c'est la vérité, s'écria Josillon sensiblement radouci.

— Par toutes les morues du Vest-fiord ! je vous croyais partis du côté de la Bretagne, moi, reprit le patron Nordhall ; partis pour toujours... Et puis, voyez-vous, chacun son pays. Celui qui serait devenu le mari de Carina, aurait regretté sa Bretagne ? Pour moi, jamais je n'eus consenti à me séparer d'elle... pas plus que de mon autre *Carina*... ma goélette si finement spalmée. Vous viendrez la voir, parée à prendre la mer... Ah ! mais, ça ne m'empêche pas, mes braves amis, de fêter le verre en main votre succès !

Il chercha sa fille des yeux, fit quelques pas pour l'appeler, évidemment pour lui commander d'apporter une bouteille de quelque chose de bon ; mais elle s'était retirée dans la pièce du fond, dès les premiers indices que l'entretien allait rouler sur elle et peut-être s'aigrir.

Comme Nordhall revenait vers ses visiteurs Magnus Lindeman parut sur le seuil.

— Mes garçons, dit le vieux marin en s'adressant aux Bretons, je vous présente celui que Carina a choisi. Il est son fiancé depuis quelques jours... Vous avez laissé passer le délai qu'elle s'était fixé à elle-même... Mais, croyez-moi, tout est pour le mieux.

— Il a peut-être raison, tout de même, dit Jean-François à son camarade. D'abord, ça c'était une fâcherie entre nous; et il n'en faut pas, donc! Après ces coups de main qu'on s'est prêtés moi et toi, nous devons rester amis toujours.

Josillon approuva :

Carina s'inclina toute confuse.

— Holà, hé, houp! c'est ça qu'est bien dit, Jean-François.

Et s'adressant au maître d'école :

— Norvégien de mon cœur, faut pas mentir, je voulais

te rouer de coups ; mais puisque Carina la belle t'a préféré, vis au complet avec tous tes membres.

Magnus prit la chose pour un compliment, salua, avança sa main que Josillon et Jean-François serrèrent tour à tour, et détacha à haute et intelligible voix cette sentence :

— Où il n'y a pas d'amitié, il n'y a pas de joie.

Le tout pour la plus grande satisfaction de son futur beau-père, qui déjà remplissait les verres en criant :

— La paix est faite ! Il y a des hommes sages ! Carina, ma fille, viens prendre ta part de ma joie, la paix est faite !

La jeune fille parut. Le maître d'école la prit par la main, lui fit faire deux pas comme pour la présenter, et elle s'inclina toute confuse.

— Oût ! oût ! répétait Johan Nordhall. C'était son cri d'allégresse.

On trinqua, le Malouin et le vieux marin avec entrain, Magnus en y apportant la dignité de son état, tout en jurant par la barbe de saint Olaf, Jean-François avec le cœur navré.

Le grand et beau garçon, tout pâle, détournait ses regards de Carina. Josillon le remarqua :

— Et les mille... tu sais bien ?

— Les mille speciesdalers, donc !

— Jarnigod ! il y a de quoi nous consoler !

— Ah ! foi d'homme ! que je voudrais être hors d'ici clair et net ! murmura Jean-François.

— Espère un peu... mon vieux ! fit son camarade. Mes braves gens, la cuisine de votre pays ne convient guère à mon estomac. Les chagrins d'amour en plus, me v'là devenu sec comme foin. C'est pas pour vous quitter... je me languis de savoir s'il y a sur le port un bateau en partance pour Bergen... Viens-tu Jean-François ?

— Aujourd'hui même, il en part un ! s'écria Magnus Lindeman, avec un véritable soulagement.

— Vieux amis et vieux flacons sont vraiment de bien bons vieux, observa le père de Carina en remplissant

Quelle joie pour le vieux Ole Borneman de revoir sa chère Blanche-Neige !

encore une fois les verres. Mais je ne dois pas vous retenir.

Il ne restait plus qu'à se dire adieu. Johan Nordhall et Jean-François se donnèrent rendez-vous aux pêcheries d'Islande. Ça pouvait se trouver ! Josillon dit au vieux marin que si un jour, un bon vent le poussait jusqu'à Saint-Malo, il le ferait monter au clocher de Saint-Sauveur. Magnus et Carina offrirent des souhaits et en reçurent même de sincères.

Il s'agissait pour les deux Bretons de retrouver — chose facile — Miol et les Anglaises, ainsi que Christian, logés sans doute à la meilleure hôtellerie de la ville.

Ils allèrent d'abord faire un tour sur les quais, s'assurèrent que le maître d'école les avait bien renseignés, et d'un bond, ils furent auprès de leur monde...

Jean-François et Josillon étaient attendus. Pour satisfaire au vif désir de chacun de se retrouver à Bergen, on s'embarqua quelques heures plus tard.

Christian, seul, se montrait triste et soucieux : Miol n'avait pu différer plus longtemps de lui apprendre la mort de son père.

. . . . . . . . . . . . . . . . . . . . . . . . . . . .

En débarquant à Bergen, Miol accompagnée de miss Beresford, courut aux Tydske Bodurne.

Quelle joie pour le vieux Ole Borneman de revoir sa fille, et ramenée par la chère enfant que sa femme avait nourrie ! quelle fête aussi de la retrouver saine et sauve, heureuse et gaie, ne pensant plus à cette contagion dont la peur lui avait troublé l'esprit.

A qui donc fallait-il faire l'honneur de cette cure ? Le bon vieux père de Miol le sut bientôt.

Dès les premiers mots échangés entre les deux jeunes filles, le nom d'Arnold Kiérulf sonna aux oreilles de Borneman. Ce nom revint tant de fois en quelques instants sur les lèvres de miss Beresford, qu'une explication fut nécessaire.

— Arnold ? un gaardsmœnd... très noble... très riche... très généreux... le fils du maître du gaard des Sorbiers,

— un domaine important... On le verrait au printemps suivant...

Ole Borneman comprit.

L'incarnat seul des joues de la Blanche-Neige aurait suffi pour lui faire deviner l'objet de la visite projetée.

— Ma fille, il sera le bienvenu, dit-il simplement.

Autour de lui, on faisait en toute hâte mille projets. Depuis longtemps la petite maison aux volets verts, n'avait pas entendu résonner tant de voix babillardes et rieuses.

La jeune lady se promettait de revenir à Bergen au moment des fiançailles. Qui sait même si Miol ne verrait pas avec elle, cette belle dame, cette fée, sa marraine, dont elle avait conservé si vivace le souvenir ? Il en coûterait peu à lady Beresford, assurait sa fille, de l'assister comme une seconde mère ; d'abord elle tenait à la doter... à sa manière, mais d'une façon qui serait du goût de tous.

Pendant que toutes ces explications étaient données confusément, mais pour la plus grande satisfaction de ce bon et malheureux père, rendu enfin à la vie, les deux Bretons ramenaient Christian Andersen à son oncle. De loin, le Malouin reconnut l'armateur à sa haute taille, à sa forte carrure d'épaules. Il se tenait sur le seuil de sa maison, ne se doutant guère de la joie qui allait lui être donnée.

— Le voilà le petit monsieur ! cria Josillon dès qu'il fut à portée de la voix.

Christian était déjà dans les bras de son oncle, à qui l'émotion enlevait la parole ; car il reconnaissait sans peine l'adolescent, si ressemblant au pauvre Henric !

— Celui de Falun... c'était de la momie, reprit Josillon. Ah ! le gueux d'enfant ! on a eu du mal à lui mettre le grappin dessus; tu peux me croire, Lars ! Et voilà mon camarade Jean-François Le Goff, de Saint-Servan, qui m'y a joliment aidé! Pas vrai, fignolet ?.. J'ai des souliers neufs, tu le vois parce qu'il a fallu jeter les autres à Trondhiem... Plus loin qu'Ostersund, je te le dis, nous sommes allés. Et il y a eu bataille !..

— Comment, bataille ! dit enfin l'armateur quand il put parler.

— Bataille ! avec des blessés et un mort, le Lapon Jonas ; je te conterai ça. Regarde cette bosse à mon front. Jean-François a l'épaule traversée. Un sorcier voulait le saigner, ton neveu ! Et Ivar... ce moussaillon de Bodoë... le noyé... retrouvé, polissonnant du côté de Lavanger ! Lars, je pourrais t'en conter jusqu'à demain. Carina, le patron Nordhall, Magnus Lindeman, ce failli merle qui m'a pris ma belle blonde pour se venger d'une flaupée conditionnée... Et Kéino, ce scélérat de Kéino, et Arnold, et miss Beresford avec sa duègne qui m'a fait brasser à culer en passant la rivière... Je te dis que c'est à n'en plus finir ! et quand tu nous auras fait asseoir, je te parlerai aussi de Miol la Blanche-Neige : c'est la fille de Ole Borneman Bull, celle qu'on appelait ici la Belle Lépreuse.

— Foi d'homme ! appuya Jean-François, c'est comme une histoire du gaillard d'avant.

Lars Andersen fit entrer son neveu et les deux étrangers. Et sa maison si longtemps muette et froide, s'emplit aussitôt de joyeux éclats de voix. Une seule note manquait au concert : Christian pleurait devant un grand portrait de son père qui occupait un panneau du salon... Il savait... sa Blanche-Neige lui avait appris son malheur, murmurait-il.

Le contentement dominait malgré tout, et Lars Andersen voulut donner aux jeunes marins bretons une preuve de sa vive gratitude.

— Avant de dîner, mes amis, nous avons à nous occuper d'un petit réglement... Ah! comme on va les faire taire les mauvaises langues! Mon adversaire au « Storthing » qui m'a calomnié après la singulière découverte de Falun en rentrera sous terre — avec ses électeurs.

Il alla à son secrétaire et en tira des liasses de billets de banque.

— Josillon, je t'avais promis une récompense, dit-il.

— Je le sais bien, mais ça n'est pas pour ça que je suis venu, dit Josillon en faisant tourner son bonnet entre ses mains, avec un air emprunté.

L'armateur glissa plusieurs billets dans une grande enveloppe.

— Prends ceci, mon garçon, lui dit Lars Andersen et crois bien que c'est moi qui te dois encore des remerciements.

— Savoir!... C'est que... nous partageons... avec Jean-François... mêmement que c'est décidé. Je voudrais bien que tu fasses le partage, Lars Andersen. Tu ne voudrais pas faire tort à un garçon qui a confiance en toi...

— Prends toujours! dit encore l'oncle de Christian, en forçant Josillon à accepter. Et toi Jean-François, ajouta-t-il, je suis bien aise que notre connaissance se fasse dans une aussi heureuse occasion. Je te dois également beaucoup.

Tout en parlant, le riche armateur introduisait dans une autre enveloppe une nouvelle somme en billets.

— Permets-moi de t'offrir ceci, dit-il à Jean-François, timide maintenant comme une jeune fille et fort hésitant. Je suis trop ému, mes enfants, pour faire ce partage que réclame Josillon. J'aurais peur de me tromper... Je donne à chacun de vous la récompense tout entière, les mille speciesdalers promis.

Josillon esquissa une gambade.

— Vère! dit-il à son ami; tu as eu de la chance de me

rencontrer à Trondhiem ! Tu me dois une fameuse chandelle !

— Foi d'homme ! Je te revaudrai ça, Josillon.

Puis ils remercièrent l'armateur, et celui-ci reçut leurs remerciements d'une façon qui les mit tout à fait à leur aise.

— Vous m'auriez ramené à dix, mon neveu, leur dit Lars Andersen, que j'aurais donné, à chacun de vous dix, les mille speciesdalers, dût ma caisse demeurer vide après cela !

Christian courut embrasser une fois encore cet excellent oncle.

Josillon réfléchissait, se grattait la tête derrière l'oreille.

— Et Miol alors ? dit-il à demi voix à Jean-François, ça serait donc pour elle comme pour nous ?

Sur ce seul nom de Miol, — le jeu toujours expressif de la physionomie du Malouin aidant — Christian comprit qu'il était question de l'associer aux libéralités de l'armateur.

— Il y a aussi ma Blanche-Neige, dit-il à son oncle, la fille de Ole Borneman.

— Tu veux dire la Belle Lépreuse ?

— Elle ne l'a jamais été, mon oncle ; tout va bien pour elle. Miol va épouser un riche gaardsmœnd, une pairesse d'Angleterre a promis de la doter...

— Et moi je te promets, Christian, quand le moment sera venu de songer à sa corbeille de noce...

— Oh ! mon oncle que ce serait bien ! s'écria Christian un peu consolé.

Lars Andersen, tu es un cœur ! conclut Josillon.

FIN

# TABLE DES MATIÈRES

### CHAPITRE PREMIER
Au fond de la mine............................................................ 1

### CHAPITRE II
Un oncle calomnié............................................................ 13

### CHAPITRE III
Le petit Christian............................................................ 21

### CHAPITRE IV
Aux îles Lofoden............................................................. 31

### CHAPITRE V
Deux Bretons en Norvège...................................................... 49

### CHAPITRE VI
La Belle Lépreuse............................................................ 61

### CHAPITRE VII
Enlisement................................................................... 71

### CHAPITRE VIII
Jonas le Lapon............................................................... 81

### CHAPITRE IX
Le Gaard des Sorbiers........................................................ 93

### CHAPITRE X
Trois rivaux................................................................ 103

### CHAPITRE XI
Traité d'alliance........................................................... 117

### CHAPITRE XII
Sur le chemin de Lavanger................................................... 125

### CHAPITRE XIII
Rencontre inattendue........................................................ 133

### CHAPITRE XIV
Au relais de Benserude...................................................... 139

### CHAPITRE XV
Le bateau du passeur........................................................ 151

### CHAPITRE XVI
Sérieuse brouille........................................................... 163

### CHAPITRE XVII
L'instituteur itinérant .................................................. 175

### CHAPITRE XVIII
Égarés ................................................................. 187

### CHAPITRE XIX
Dans la forêt .......................................................... 195

### CHAPITRE XX
Deux rusés compères ................................................... 209

### CHAPITRE XXI
Le serviteur d'Arnold .................................................. 221

### CHAPITRE XXII
La cataracte de Tannforsen ............................................. 229

### CHAPITRE XXIII
Rennes et loups ........................................................ 239

### CHAPITRE XXIV
Les deux Lapons ........................................................ 251

### CHAPITRE XXV
A main armée ........................................................... 263

### CHAPITRE XXVI
La jolie Anglaise ...................................................... 271

### CHAPITRE XXVII
Rapt de Christian ...................................................... 283

### CAHPITRE XXVIII
La faute de Jonas ...................................................... 295

### CHAPITRE XXIX
Larmes et sourires ..................................................... 307

### CHAPITRE XXX
Un campement de nomades ................................................ 319

### CHAPITRE XXXI
Arnold Kiérulf ......................................................... 333

### CHAPITRE XXXII
Où l'on revoit Jean-François ........................................... 341

### CHAPITRE XXXIII
Délivrance ............................................................. 355

### CHAPITRE XXXIV
Conclusion ............................................................. 377

Paris. — Imp. A. Picard et Kaan, 192, rue de Tolbiac. 695 A. D.

PARIS. — IMPRIMERIE ALCIDE PICARD ET KAAN, 492, RUE DE TOLBIAC.

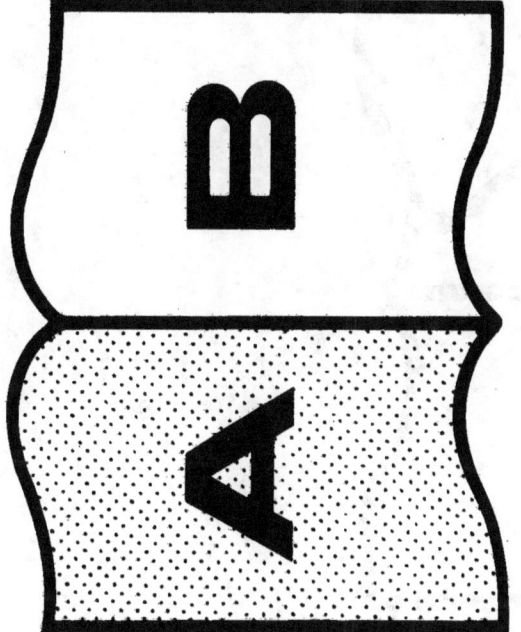

Contraste insuffisant
**NF Z 43**-120-14

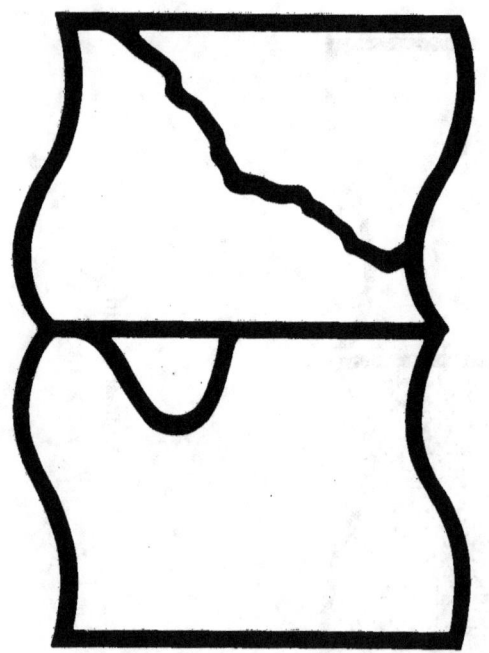

Texte détérioré — reliure défectueuse

**NF Z 43-120-11**

www.ingramcontent.com/pod-product-compliance
Lightning Source LLC
Chambersburg PA
CBHW071859230426

43671CB00010B/1399